W0325360

1781

Carsten Brosda

DIE KUNST DER DEMOKRATIE

Die Bedeutung der Kultur für eine offene Gesellschaft

HOFFMANN UND CAMPE

Sollte diese Publikation Links auf Webseiten Dritter enthalten, so übernehmen wir für deren Inhalte keine Haftung, da wir uns diese nicht zu eigen machen, sondern lediglich auf deren Stand zum Zeitpunkt der Erstveröffentlichung im Februar 2020 verweisen

1. Auflage 2020
Copyright 2020 © Hoffmann und Campe Verlag, Hamburg
www.hoffmann-und-campe.de
Umschlaggestaltung: Vivian Bencs © Hoffmann und Campe
Umschlagabbildung: © Marcel Stammen, 2018;
Courtesy: Boran Burchhardt, Galerie Mathias Güntner;
Boran Burchhardt: Ratlos vor der goldenen Wand, 2018;
Ziegel vergoldet; 22 × 11 × 6,4 cm
Satz: Pinkuin Satz und Datentechnik, Berlin
Gesetzt aus der Albertina und der Futura
Druck und Bindung: GGP Media GmbH, Pößneck
Printed in Germany
ISBN 978-3-455-00840-1

HOFFMANN
UND CAMPE

Ein Unternehmen der
GANSKE VERLAGSGRUPPE

INHALT

»NUR WENIG IST VON DAUER ...« NEUE KULTURKÄMPFE

»Nichts kommt von selbst. Und nur wenig ist von Dauer.« Diese Worte richtete Willy Brandt 1992 an den Kongress der Sozialistischen Internationale in Berlin.[1] Drei Jahre nach dem Zusammenbruch des real existierenden Sozialismus in Osteuropa und in einer Zeit, in der deshalb viel vom Ende der Geschichte die Rede war, fokussierte der ehemalige sozialdemokratische Bundeskanzler und Friedensnobelpreisträger auf die unbedingte Offenheit der Moderne. Er betonte, dass kein gesellschaftlicher oder kultureller Zustand jemals als endgültig erreicht angesehen werden könne, sondern dass die Werte und Normen offener, freiheitlicher und demokratischer Gesellschaften immer wieder aufs Neue begründet und gesichert werden müssten. Nicht einmal die wiederholte Anwendung der in der Vergangenheit erfolgreichen Strategien reiche aus, um Sicherheit und Beständigkeit zu erreichen. »Darum – besinnt Euch auf Eure Kraft und darauf, dass jede Zeit eigene Antworten will und man auf ihrer Höhe zu sein hat, wenn Gutes bewirkt werden soll«, mahnte Brandt.

Alles in der Moderne ist kontingent und muss ständig neu errungen werden – kultur- und geistesgeschichtlich hat der ehemalige Bundeskanzler damit an eine Selbstverständlichkeit aufgeklärter Gesellschaften erinnert. Entsprechend oft sind seine Worte seitdem zitiert worden. Und doch scheint es, als wäre hinter den rituellen Beschwörungen der »Höhe der Zeit« das Bewusstsein für den revolutionären Gehalt dieser Verflüssigung aller Tradition in der Freiheit individueller und gesellschaftlicher Selbstbestimmung unscharf geblieben. Bis heute entzünden sich an der Notwendigkeit, diese Freiheiten in Anspruch zu nehmen und in der Gemeinschaft zum Ausgleich zu bringen, regelmäßig Debatten über Sinn und Selbstverständnis unserer Gesellschaft, ihrer Demokratie und ihrer Kultur. Diese Verständigungsprozesse führen regelmäßig dicht heran an die schwierige Beziehung zwischen individueller Freiheit und gemeinschaftlich vereinbarten Regeln, die Freiheit partiell einschränken, um sie grundsätzlich zu ermöglichen. Sie berühren mithin die Einsicht in das aufgeklärte Miteinander einer offenen Gesellschaft. Schließlich sind es im Verständnis der Moderne die freien Einzelnen, die eine Gesellschaft und ihre Normen formen – nicht auf der Grundlage unhinterfragter Überlieferungen, sondern in vernünftigen Vereinbarungen, die Freiheit und Gemeinsinn ausbalancieren sollen.

Hierbei geht es nicht nur um politische und gesellschaftliche Vereinbarungen. In der Praxis sind es oftmals kulturelle und auch künstlerische Strategien, die an die Bruchkanten dieser antagonistisch aufeinander bezogenen Zusammenhänge heranführen, um allzu selbstverständlich Unterstelltes in Zweifel zu ziehen, individuelles Bewusstsein zu schaffen und gemeinschaftliche Bearbeitung und Verständigung zu ermöglichen. Der Gründer des Zentrums für politische Schönheit Philipp Ruch plädiert leidenschaftlich dafür, diese besondere Kraft der Kunst anzuerkennen. Sie ist für ihn »der dritte Modus neben einer freien Wissenschaft und Presse, sich mit Gesellschaft auseinanderzusetzen« und damit zugleich »der Königsweg […], um die Welt zu verändern«.[2] Leider aber ist das Bewusstsein für die zentrale Rolle kulturellen und künstlerischen Handelns in unserer Gesellschaft oftmals bedauerlich unterentwickelt. Viel zu oft werden Kunst und Kultur nur als schmückendes Beiwerk, manchmal sogar als störende Fremdeinflüsse empfunden.

Ein besonders intensives Beispiel dafür ist das Projekt »Veddel vergolden« von Boran Burchhardt gewesen, das 2017 für aufgeregte Debatten sorgte, weil der Künstler sich in einem der ärmsten Stadtteile Hamburgs daran machte, gefördert von der Kulturbehörde, eine Hauswand mit echtem Blattgold zu belegen.[3] Auf dem Titel dieses

Buches ist einer der Steine zu sehen, mit denen Boran Burchhardt für sein Projekt warb. Die enorme ästhetische Kraft des vergoldeten Ziegels wird auch auf dem Bild spürbar. Das Gold – das unabhängig davon später im kulturellen Raum auch zum Markenzeichen der Initiative »Die Vielen« geworden ist, die sich 2018 gegen die rechten Angriffe auf die Kunstfreiheit gegründet hat – wird vermutlich für die kommenden zwei Jahrzehnte eine ganze Hauswand zum Strahlen bringen.

Nur erahnen kann der Betrachtende, welche Störungen und Widerstände der Künstler überwinden musste, um ein Projekt zu realisieren, das die Diskussionen, den Schaffensprozess und die Nachwehen im Stadtteil ausdrücklich mit einschließen sollte. Nach einer Indiskretion aus der Jury ging es schnell vor allem um die Frage, ob es angemessen sei, 85 000 Euro für ein Kunstwerk auszugeben, solange noch Lücken in der sozialen Infrastruktur des Stadtteils klaffen.

Diese Debatte mutete von Anfang an kleingeistig an. Wer Mittel für Kunst gegen Mittel für Kitaplätze oder soziokulturelle Einrichtungen aufrechnet, der kann gleich die Kulturförderung im Ganzen abschaffen. In öffentlichen Haushalten ist das Geld von vornherein bestimmten Zwecken und Aufgaben gewidmet. Darunter gibt es in der Regel auch einen (meist zu gering dotierten) Posten für Kunst im öffentlichen Raum, dessen Mittel im konkreten Fall über eine unabhängige Kunstkommission von Expertinnen und Experten an Projekte vergeben wird. Das ist sinnvoll investiertes Geld.

Nicht nur im Sinne der Freiheit der Kunst war es genau richtig, an genau diesem Ort, der Veddel, ein solches Projekt wie die Goldene Wand zu realisieren. Es stellt mit künstlerischen Mitteln unsere gewohnten Denkweisen in Frage. Solche Kunstprojekte bringen uns dazu, im Kopf beweglich zu bleiben und den Blick auf Menschen und Orte zu richten, die sich sonst unserer Wahrnehmung vielleicht entziehen. Boran Burchhardt berichtete nach Abschluss der Vergoldung, dass das Projekt – trotz aller Diskussion auch im Viertel – einen zunächst unerwarteten zusätzlichen Effekt habe: Die Leute gingen aufrechter und schauten nach oben. Sozialpsychologisch lässt sich leicht vermuten, welchen Effekt dies auf das Selbstwertgefühl der Passanten haben mag.

Die künstlerische Intervention in den Alltag hinein hat dringend notwendige kontroverse Debatten und Diskurse ausgelöst – darunter neben einer neuerlichen Befassung mit den sozialen Ungleichheiten in der Stadt auch eine notwendige klärende Markierung der Freiheitsräume der Kunst, die eben nicht der demokratischen Zustimmung bedürfen, sondern auch in schroffem Widerspruch zu Partizipationsanliegen stehen können. Und er hat nebenbei auch die Zwänge der Kulturpolitik aufgedeckt, die bei allen grundsätzlichen Erwägungen letztlich immer wieder vor der einen, sehr pragmatischen Frage steht: Wie kann die Gratwanderung zwischen Kunstfreiheit einerseits und gesellschaftlicher Relevanz andererseits bei eigentlich niemals wirklich ausreichend Mitteln für die Kulturförderung gelingen?

Natürlich sind kulturelle und künstlerische Angebote Sand im oft geräuschlosen Getriebe einer an der Oberfläche ordentlich funktionierenden Gesellschaft. Im Sinne Theodor W. Adornos bringt die Kunst Chaos in die Ordnung.[4] Sie hat das Privileg, Fragen stellen zu dürfen, ohne die Antworten darauf finden zu müssen, wie es – zu Recht – von der Politik erwartet wird. Aber genau in dieser Handlungsentlastung begründen sich auch die gesellschaftsprägenden Potenziale von Kunst und Kultur. Sie fordern genaues Hinsehen, Nachdenken, Haltung, Position. Sie streben danach, herauszufinden, was uns ausmacht, in was für einer Gesellschaft wir leben wollen, wie wir Gegenwart gestalten können und welche Verantwortung wir für die Zukunft haben.

Die Mahnung Willy Brandts hat insofern nicht nur eine politische, sondern vor allem auch eine relevante kulturelle Dimension. Gerade aktuell bekommen wir in unserer Gesellschaft eindringlich vor Augen geführt, dass nichts von Dauer ist und dass bereits die nachlässige Unterstellung, es könnte anders sein, das Erreichte umso dramatischer gefährden kann: Mit Blick auf die Freiheit der Kunst und der Meinungsäußerung, die Akzeptanz auch kritischer und kontroverser Positionen und den Respekt vor dem kulturell und sozial Anderen erleben wir derzeit Entwicklungen, die wir noch vor Kurzem nicht für möglich gehalten hätten.

Nicht nur in Deutschland, sondern in vielen Industrienationen lassen sich populistische Rückschritte feststellen; die Beschwörungen traditioneller und oft apodiktischer Positionen von Würde, kultureller Homogenität und nationaler Selbstbestimmung werden zunehmend dröhnender. »Es ist ein Geistesgefecht«, singt Herbert Grönemeyer im Sommer 2019 in seinem Song »Fall der Fälle« und fordert: »Kein Millimeter nach rechts.« Die drängende und schmerzhaft eindeutige Aufforderung des Songtextes hat einen mehr als eindeutigen Hintergrund. Die sich zunehmend verbreitende rechtspopulistische bis rechtsextreme Kritik an den demokratischen Zuständen richtet sich frontal gegen die erreichte Versöhnung der individuellen Freiheit mit dem gesellschaftlichen Zusammenhalt. Sie propagiert stattdessen, dass es unsere Gesellschaft mit der Gewährleistung der Freiheit zu weit getrieben hätte und wir uns wieder stärker um die Gewährleistung einer schützenden Gemeinschaft kümmern müssten.

Schon im Jahr 2017 haben wir in dieser Hinsicht eine Bundestagswahl erlebt, die durchaus als Zäsur betrachtet werden kann – weniger wegen des Wahlergebnisses und des Einzugs einer rechtspopulistischen Partei in den Deutschen Bundestag, sondern vor allem angesichts der vorgebrachten Gründe für dieses Erstarken einer gesellschaftlichen Bewegung, die sich gegen Offenheit, Vielfalt und Freiheit richtet und die damit in letzter Konsequenz einen kulturellen Kampf heraufbeschwört. Die Alternative für Deutschland fokussierte zu diesem Zeitpunkt schon längst nicht mehr nur auf die vermeintliche Aufgabe nationalstaatlicher Souveränität in der europäischen Währungspolitik oder auf einen vermeintlich ungesteuerten Zuzug geflüchteter Menschen in die Bundesrepublik. Vielmehr verknüpfte sie inzwischen zunehmend solch oberflächliche Konturierungen mit einem offensichtlich tiefsitzenden Unbehagen an der freiheitlichen und offenen Gesellschaft der Moderne. Der damaligen Wahltagsbefragung des ARD-Deutschlandtrends zufolge hatten die Wählerinnen und Wähler der AfD zu 95 % große Sorgen, »dass wir einen

Verlust der deutschen Kultur erleben«, und zu 94%, »dass sich unser Leben in Deutschland zu stark verändern wird«. 91% fürchteten überdies, »dass unsere Gesellschaft immer weiter auseinanderdriftet«. Im ARD-Deutschlandtrend vom September 2019 sagen immerhin 52% aller Befragten, dass sie Sorge haben, »einen Verlust der deutschen Kultur und Sprache« zu erleben, 12 Prozentpunkte mehr als im Mai desselben Jahres. Und 83% sorgen sich darum, dass »die gesellschaftlichen Gruppen immer weiter auseinanderdriften«.[5]

Diese Zahlen zeigen: Populistische Strategien greifen eine angesichts der vielfältigen kulturellen, wirtschaftlichen und technischen Umbrüche unserer Zeit offensichtlich durchaus virulente Krisenempfindung vieler Bürgerinnen und Bürger auf. Statt dieses Gefühl aber zu nutzen, um aufgeklärt und selbstbestimmt die Regeln unserer Gesellschaft aus der Vielfalt ihrer Bürgerinnen und Bürger heraus zu bestimmen, propagieren sie die Rückkehr in eine überwundene Form traditionell vorgegebenen Sinns. Dies lässt sich vor allem bei den Identitären oder gar Faschisten beobachten, die am rechten Rand die Rückkehr zur Nation fordern, manches Mal aber auch bei den religiös motivierten Fundamentalisten, die eine Heimkehr in die Geborgenheit einer Glaubensgemeinschaft versprechen. Es geht darum, einzelne Vorstellungen und Werte dem Diskurs zu entziehen und absolut zu setzen. Wir erleben deshalb derzeit eine gesellschaftliche Debatte, die anders als in der Vergangenheit nicht nur wirtschafts- oder sozialpolitisch, sondern tatsächlich in weiten Teilen kulturpolitisch motiviert ist – ohne diese Fundierung explizit zu benennen.

Die Verfechter der für diese Debatte ursächlichen rückwärtsgerichteten Strategien bedienen sich jener Mechanismen der Relativierung von Wahrheitsansprüchen und der Vielfalt der Informationen, die einstmals den Fortschritt der aufgeklärten Gesellschaft ermöglicht haben – und entwerten sie durch Inflation, statt sie offen zu bekämpfen. Sie fluten unsere öffentliche Kommunikation mit einer unüberschaubaren Fülle an nicht nachvollziehbaren und kaum mehr aufzuklärenden Behauptungen und unterminieren gleichzeitig jene Mechanismen, die ehemals zur Bestimmung der Antworten auf der Höhe der Zeit genutzt werden konnten. Indem sie den Relativismus über die inhaltlichen Positionen im Diskurs hinaus auch auf die Rechtmäßigkeit der Verfahren und damit der Freiheit der Kultur- und Medieninstitutionen ausdehnen, bereiten sie den Boden für eine neuerliche Befestigung einstmals klar normierter Setzungen, die hinter die Offenheit der Moderne zurückzufallen drohen. Das Ergebnis dieser Entwicklungen ist mehr als paradox: Wählerinnen und Wähler, die fürchten, in der Vielfalt unterzugehen und kein Mitspracherecht mehr zu haben, wählen deshalb Parteien, die jeglichen Dialog abschaffen wollen. Weil sie fürchten, in einer Flut aus Informationen den Überblick zu verlieren, wenden sie sich Gruppierungen zu, die alle Kanäle mit nicht verifizierbaren Nachrichten fluten. Und natürlich mischen sie sich zunehmend mit denen, die ganz offensichtlich faschistische Positionen für wählbar halten.

Kunst und Kultur geraten als Trägerinnen einer weitgehend unbedingten Freiheit mit als Erste ins Visier der Gegner einer offenen Gesellschaft. Die im Herbst 2018 veröffentlichte »Erklärung der Vielen« ist ein Fanal dafür, wie weit diese bedrohliche Entwicklung schon vorangeschritten ist. In einem zu Recht aufsehenerregenden Schritt haben sich bundesweit viele Kultureinrichtungen wechselseitig der Unterstützung bei rechtspopulistischen und rechtsextremen An- und Übergriffen auf ihre freie Programmgestaltung versichert. Das ist ein beunruhigendes Zeichen dafür, dass es erstarkende Kräfte in unserer Gesellschaft gibt, die versuchen, eine Art Kulturkampf loszutreten, indem sie fortschrittliche und unbequeme Kulturprojekte, Festivals oder Einrichtungen diskreditieren und attackieren. Meist laufen diese Versuche der Einschüchterung (noch?) ins Leere, weil der Konsens der Freiheit stabil ist. Aber wenn Kunst aus Angst vor Auseinandersetzung verhindert wird – wie 2018 bei der Absage des Auftritts der Band Feine Sahne Fischfilet durch das Bauhaus Dessau oder beim Abbau einer vergoldeten Erdogan-Statue bei der Wiesbadener Biennale –, dann wird nicht nur Freiheit einzelner Künstlerinnen oder Gruppen eingeschränkt. Dann werden in einem generellen Sinn die Grenzen des Sagbaren und Zeigbaren verengt und die Möglichkeitsräume der wahrheitsbezogenen Auseinandersetzung schrumpfen. Produktion und Rezeption von Kunst können schließlich immer nur so frei sein, wie es ihre Produzenten und Rezipienten sind.

Es ist daher höchste Zeit, sich aus der demokratischen Mitte heraus der Kultur und ihrer Leistungen für den Grundkonsens unserer offenen, vielfältigen und freien Gesellschaft – mithin für unseren Gesellschaftsvertrag – zuzuwenden. Kurz: Es ist allerhöchste Zeit, auf die kulturpolitische Herausforderung von rechts auch kulturpolitisch zu reagieren.

Es geht dabei um nichts weniger als um die Voraussetzungen moderner Gesellschaftlichkeit. Die Erfahrbarkeit eines auch kulturellen Zusammenhangs ist essenziell für die Positionierung des Einzelnen in der Gemeinschaft. Die Redewendung, dass keine Heimat hat, wer im (digitalen) globalen Dorf zu Hause ist, ist hinlänglich widerlegt: Es gehört zu den liebenswürdigen und hartnäckigen Anachronismen des Menschen, dass er eine Heimat braucht. Sichern können wir sie unter den Bedingungen der Moderne aber nur über den bisweilen anstrengenden Weg von der Freiheit der Einzelnen zur Freiheit in der Gemeinschaft. Dieser Weg führt durch gesellschaftliche Räume, die sich oftmals an kulturellen und künstlerischen Angeboten öffnen. Unsere Kultureinrichtungen sind solche Räume der Freiheit, des riskanten, des spekulativen Denkens, in denen Freiheit in Gemeinschaft erfahren und verhandelt werden kann.

Weil sich aber die wirtschaftlichen, sozialen und kulturellen Freiheiten mit zahlreichen tiefgreifenden und durchaus auch verunsichernden Umbrüchen verbinden lassen, wachsen die gesellschaftlichen Ängste – mit Blick auf den gegenwärtigen Alltag ebenso wie in der zukünftigen Perspektive. Der Philosoph Achille Mbembe beobachtet überall auf der Welt vom Armenviertel bis hin zum Silicon Valley, dass sich das Gefühl in die Menschen hineinschleiche, die Welt könne angesichts der großen Entwicklungen unserer Zeit jederzeit endgültig zu Ende gehen. Bereits 2017 – also weit vor den diese Wahrnehmung noch einmal zuspitzenden Protesten von Fridays For Future – stellte er fest, dass sich die Zukunft dem Nichts öffne und so den Weg für einen negativen Messianismus bereite, der entweder in einen dürren Überlebenskampf oder aber in den kollektiven Selbstmord kurz vor der Apokalypse führe.[6]

Derartig negative Utopien treffen nicht nur unsere Gesellschaft ins Mark, sondern sie fordern gerade Künstlerinnen und Künstler heraus, den Ursprüngen der sich daraus entwickelnden Emotionen nachzuspüren. Hier liegt oft ein Kern anthropologischer Zuversicht begründet, der angesichts solch düsterer Erzählungen an Bedeutung gewinnt. Denn warum sind Menschen überhaupt künstlerisch und schöpferisch tätig? Warum malen, schreiben, spielen wir? Warum schaffen wir Räume jenseits der Realität, in denen wir spekulative Welten erschaffen? Weil wir auf Erkenntnis und auf Erkennen hoffen. Weil wir uns fallen lassen wollen, um aufgefangen zu werden. Weil wir vertrauen und Verantwortung übernehmen. Und weil wir uns jene Geschichten erzählen wollen, aus denen menschliche Gemeinschaft in gemeinsamer Weltsicht entstehen kann.

Das sind Kernfragen einer offenen, modernen Gesellschaft. Und in einer sich stetig, zum Teil in rasantem Tempo wandelnden Gesellschaft müssen wir diese Fragen beständig neu verhandeln. Es ist oftmals die unmittelbare Kraft von Kunst und Kultur, die uns auf diese Fragen stößt und sie mitten in unsere Gesellschaft hineinträgt. Erst in vollständiger und zweckbefreiter Freiheit entfalten Kunst und Kultur die gesellschaftliche Wirkung, die wir nicht funktional erwarten dürfen. Sie lehren uns somit seit Jahrhunderten in allerbester Form den Disput, die Neugier auf andere Sichtweisen und andere Argumente, und sie befähigen uns, die eigene Wahrnehmung zu schärfen und Sachverhalte zu kontextualisieren.

Die Begegnung mit Theater und Literatur, mit Tanz, Kunst und Musik ermöglicht Kommunikation über kulturelle und nationale Grenzen hinweg und öffnet den Weg hin in eine international vernetzte Welt, in der durch die Mittel der Kunst aus und von der Welt erzählt wird. In diesem Sinne kann die Kunst dem negativen Messianismus unserer Zeit eine zutiefst diesseitige und säkulare Botschaft der Hoffnung und der Zuversicht entgegenbringen. Sie wirkt durch die sinnliche Überwältigung unmittelbarer Ganzkörpererfahrungen ebenso wie durch jenen merkwürdig zwanglosen Zwang des besseren Arguments, der unsere Gesellschaften im innersten Kern zusammenhält. Die Auseinandersetzung mit Kunst rationalisiert emotionale Erfahrungen insofern, als sie Strategien eröffnet, sich unter Umgehung klassischer diskursiver Aneignungskommunikation individuell in eine Zwiesprache mit dem Werk zu begeben. Und sie bietet in der Folge einen beinahe unermesslichen Schatz an Anknüpfungspunkten für soziale Kommunikation über das Gesehene und Erlebte. Sie fördert so nicht nur soziale Vernetzung, sondern auch die kommunikative Kompetenz zum Austausch und Verhandeln unterschiedlicher und kontroverser Meinungen.

Immer wieder trifft man Künstlerinnen und Künstler, deren Schaffen getragen ist von dem unbedingten Willen, auf eine bessere Welt hoffen zu dürfen, und die genau deshalb Versuchsanordnungen über die Möglichkeit schaffen, das richtige Leben im Richtigen zu leben. Oft orientieren sich künstlerische Angebote deshalb unmittelbar an der Gesellschaft, in der sie entstehen, prüfen und kritisieren sie und motivieren so zum Nachdenken und zum Handeln. Die Freiheit der Kunst ist immer auch eine Aufforderung, sie auszuleben und auszutesten. Dass ihre Anwendung öffentlich und privat nicht nur abstrakt ermöglicht, sondern auch konkret gefördert wird, ist notwendig und richtig. Denn die unbequemen Wahrheiten auszuhalten, mit denen uns die Kunst konfrontiert, ist nicht nur eine Haltungsfrage, sondern ein Ausweis unserer Demokratiefähigkeit. Hier liegt die Kunst der Demokratie in all ihrer vielfältigen Bedeutsamkeit begründet.

Wer heutzutage die Möglichkeiten der Freiheit und der Vielfalt bewahren will, steht daher zunächst vor der Aufgabe, eben jene realen oder virtuellen Räume zu sichern, in denen das gesellschaftliche Gespräch und damit der stets prekäre öffentliche Vernunftgebrauch stattfinden können. Dabei geht es vor allem um jene abstrakten Verfahren, die auch in Zukunft legitime Verständigungen zwischen den Vielen ermöglichen. Nur so kann es gelingen, den sehr weitreichenden Vernunftprimat der Aufklärung, der die menschliche Gestaltung von Natur und Gesellschaft an die Stelle traditionaler und oftmals transzendental begründeter statischer Normsysteme gestellt hat, in die neue Zeit zu übersetzen.

Dass dies weniger leicht ist, als es in solch einer dahingeworfenen Forderung den Anschein haben mag, liegt auch daran, dass die Vernunft der Aufklärung in ihrer in den letzten Jahren kulturell und technisch auf die Spitze getriebenen Verengung vielfach kritisierbar geworden ist und keinesfalls mehr unumstritten den Königsweg zu einer humanen Gesellschaft weist. Sie muss auf Vorwürfe wie den des Eurozentrismus oder des Technizismus sensibel reagieren, um ihre gesellschaftliche Kraft und Legitimation entfalten zu können. Sie muss sich davor hüten, funktionalistisch und zweckrational zu erkalten, um ihren inneren Bezug zur Leidenschaft eines idealistischen Humanismus zu erhalten.

Dieser Bezug prägt die ästhetisch-expressive Arbeit der Kunst. In der Diskussion über die Möglichkeitsräume künstlerischen Arbeitens und über die Chancen, mit künstlerischen Strategien widerstreitende Perspektiven zu ermöglichen, geht es daher immer auch um die aufklärerische Frage, ob die individuelle Freiheit zur Selbstbeschreibung und Selbstbestimmung die primäre Grundlage oder die primäre Gefährdung des gesellschaftlichen Zusammenhalts darstellt. In den folgenden Betrachtungen soll vehement dafür plädiert werden, dass das radikale und wilde Denken und Handeln der Kunst immer wieder aufs Neue dazu anregt, in der Selbstermächtigung des Einzelnen nach der Grundlage des vernünftigen Miteinanders zu suchen. Gerade aktuell braucht es eine neuerliche diskursive Befestigung der progressiven Position, dass ein gesellschaftliches Miteinander in Freiheit, Gleichheit und Solidarität nur dann möglich ist, wenn es sich in der Kultur einer offenen, vielfältigen und demokratischen Gesellschaft manifestiert. Die aktuellen gesellschaftlichen Verspannungen dürfen daher nicht dazu führen, vor den Freiheits- und Fortschrittsversprechen der Moderne zurückzuschrecken, sondern sie erfordern vielmehr ein besonders beherztes »Jetzt erst recht« in dem Bemühen, die entscheidenden Schritte vorwärts zu gehen, um aus freiheitlich einsichtiger Vernunft Gesellschaft wachsen zu lassen.

In Zeiten, in denen die Welt aus den Fugen geraten scheint und in denen die Fliehkräfte unserer Gesellschaft immer stärker an den Strukturen unseres Daseins ziehen, werden Kultur und Kulturpolitik somit beinahe zwangsläufig bedeutsamer. Die Kunst der Demokratie rückt ins Zentrum der Betrachtung. Sie soll in diesem Buch in ihren verschiedenen Facetten entfaltet und betrachtet werden. Weil der Gegenstand – Kunst und Kultur der demokratischen und offenen Gesellschaft – ein so schillernder ist, kann auch der Argumentationsgang nur multiperspektivisch sein. Es geht also weniger darum, einen Gedanken linear zu entfalten, als vielmehr darum, unterschiedliche Blickwinkel auf den kulturellen Sinn unserer modernen und vielfältigen Gesellschaft offenzulegen und zueinander in Beziehung zu setzen.

Wenn Kunst in dem Sinne politisch sein kann, dass sie einen Diskurs über Kohäsion und Kohärenz, über Zusammenhalt und Zusammenhang in unserer Gesellschaft produziert und manchmal vielleicht sogar provoziert, dann hat das, davon bin ich überzeugt, Konsequenzen dafür, wie demokratische Politik mit Kunst und Kultur umgehen muss. Kulturpolitisch entscheidend wird sein, dass wir nicht nur den vielbeschworenen sozialen Zusammenhalt unserer Gesellschaft in den Blick nehmen, sondern zugleich ihren Zusammenhang, ihren kulturellen Sinn, der tiefer liegt, aber in letzter Konsequenz die Grundlage unseres Zusammenlebens ausmacht. Wenn wir den Grundkonsens der Freiheit und der Vielfalt sichern wollen, dann müssen wir über Kultur reden.

DIMENSIONEN DES KULTURELLEN

Die aktuelle politische Situation ist so markant gekennzeichnet wie schon lange nicht mehr von Auseinandersetzungen über kulturelle Fragen. Der vom rechten Rand aus angezettelte Kulturkampf trifft unsere offene Gesellschaft, ihre Werte und Institutionen ins Mark. Er ist deshalb auch eine Herausforderung für eine Kulturpolitik, die sich in den vergangenen Jahrzehnten vielleicht etwas zu behaglich in den technischen Erörterungen von Förderprogrammen und Institutionalisierungen eingerichtet hat. Eine sich als Politik begreifende Kulturpolitik umfasst schließlich auch die konzentrierte Bearbeitung jener grundsätzlichen normativen und bisweilen ethischen Fragen, die den Zusammenhang unseres gesellschaftlichen Zusammenlebens ausmachen.

Wieder einmal korrespondieren Aussagen, die drängend auf die Rolle der Kunst verweisen, mit einer wachsenden Bedeutung kultureller Fragen in unserer Gesellschaft. Diese Fragen verweisen zurück auf die sich qualitativ verändernden neuen Unübersichtlichkeiten unserer Zeit.

Dass gerade in krisenhaften Situationen kulturelle Fragen in den Fokus rücken können, ist keine neue Erkenntnis. Die Soziologie beschreibt schon seit Jahrzehnten spiralhafte gesellschaftliche Krisenverläufe, in denen sich aus ökonomischen Krisen zunächst politische, dann gesellschaftliche und schlussendlich kulturelle Krisen entwickeln können. Anschaulich hat Jürgen Habermas schon vor über 40 Jahren in seiner Studie *Legitimationsprobleme im Spätkapitalismus* beschrieben, wie aus ungelösten wirtschaftlichen Verteilungsproblemen politische Legitimationsfragen erwachsen können, die in Krisen des sozialen Zusammenhalts münden können.[1] Wenn selbst diese nicht erfolgreich bearbeitet werden, drohen ganz grundlegende Auseinandersetzungen über den kulturellen Sinn unseres Zusammenlebens. Wenn das geschieht, dann erreicht der gesellschaftliche Diskurs jene intellektuell grundsätzlichen Dimensionen, die auch im Zentrum der künstlerischen Beschäftigung und Auseinandersetzung stehen.

Kunst und Kultur kreisen um die Sinnfragen, um jene Dimension der Kohärenz, die eine Gesellschaft braucht, um nicht nur in sozial funktionalistischen Mechanismen, sondern auch in normativ-pragmatischer Verständigung zu sich selbst zu finden. Diese Dimension heben soziologische Betrachtungen der Kultur immer wieder als Kern des Kulturellen einer Gesellschaft besonders hervor. Der Soziologe Talcott Parsons hat schon vor mehr als einem halben Jahrhundert mit dem sogenannten AGIL-Schema eine Systematisierung der verschiedenen Funktionen moderner Gesellschaften vorgelegt, die helfen kann, genau diese Rolle näher zu fassen.[2] Der Kultur fällt in dieser Systematik die sogenannte »Latent Pattern Maintenance« zu, die Schaffung und Überlieferung jener Wertvorstellungen und Sinnstrukturen, die mithelfen, eine Gesellschaft zusammenzuhalten. Während Politik allgemeinverbindliche Regeln gewährleistet, die Ökonomie für die materiellen Ressourcen des Zusammenlebens sorgt und die familiären Kleinstrukturen die emotionalen Bedürfnisse sichern, fokussieren kulturelle Angelegenheiten auf die sehr grundsätzlichen symbolischen und ideellen Ressourcen des Zusammenlebens, mithin auf alles, was Sinn vermittelt.

Es ist deshalb auch kein Wunder, dass kulturelle Fragen in aufgeheizten gesellschaftlichen Krisensituationen schnell zu einem Auseinandersetzungsfeld um die Deutungshoheit der aktuellen Lage werden. Schließlich entstehen die unter dem Begriff Kultur gefassten Ressourcen nicht aus sich heraus, sondern sind das Ergebnis gesellschaftlichen Zusammenwirkens. Sie sind gebunden an das dynamische Miteinander in einer konkreten Situation und können nicht statisch vorausgesetzt werden.

Die Bedeutung dieses immer wieder neu entstehenden kulturellen Zusammenhangs hat die damalige Hamburger Kultursenatorin und spätere Kulturstaatsministerin Christina Weiss 1999 prägnant auf den Punkt gebracht. In ihrem lesenswerten Buch *Stadt ist Bühne* definiert sie den Begriff der Kultur zu Recht sehr weit und emanzipatorisch. Ihr zufolge »markiert Kultur die geistigen und sozialen Koordinaten einer Gemeinschaft. Kultur ist der Prozeß des Selbstbewußtseins und der Selbstgestaltung einer Gesellschaft, die in unablässigen Diskursen ihre Geschichte formt und ihr inneres Zusammenwirken reflektiert. Kultur umgrenzt das Spielfeld der Auseinandersetzung einer Gemeinschaft mit ihren Traditionen, ihren Werten, ihren Zielen und Konflikten.«[3]

Kultur in diesem Sinne ist keine additive Ästhetisierung einer gegebenen Wirklichkeit, sondern umfasst die gemeinschaftliche Erzeugung gesellschaftlicher Werte und Normen. Sie ist der Prozess, in dem der Sinn des Zusammenlebens entstehen kann. Künstlerische Strategien und Positionen nutzen in diesen kulturellen Diskursen, die die Gesamtheit aller Lebensformen einer zusammenlebenden Gruppe umfassen, ästhetische und spielerische Herangehensweisen an diese Wirklichkeit oder konkurrierende Sinnzusammenhänge.

Gerade die Fragen nach dem Sinn unseres Zusammenlebens, nach den orientierenden Strukturen und nach den Werten, die wir teilen, sind Kern kulturellen und künstlerischen Handelns – und zwar zunächst ganz wertfrei im Sinne einer normativen Strukturierung des Miteinanders in Gemeinschaft. Ob es sich dabei um eine freiheitliche und offene oder um eine repressive und geschlossene kulturelle Formation handelt, ist nicht vorherbestimmt. Kulturelle Praxis ist nicht an sich auf freiheitliche oder progressive Positionen bezogen, sie besitzt keine vorherbestimmte inhaltliche Prägung. Sehr wohl aber bedarf sie zur freiheitlichen Realisierung einer progressiven Ordnung, die ihr die unabhängige Wahl der Positionierung ermöglicht und sichert.

Es gehört zum Common Sense einer offenen, freien und friedlichen Gesellschaft, diese Freiheit des Handelns, diese Gleichheit der Rechte und diese Solidarität der Gemeinschaft zu bewahren. Die folgenden Überlegungen sollen schlaglichtartig die aktuell relevanten Konfliktdimensionen an der Schnittstelle von gesellschaftlichem Zusammenhalt und kulturellem Zusammenhang betrachten, um das Bewusstsein für die immensen Leistungen zu schärfen, die Kultur im Hinblick auf die Freiheit der Einzelnen, auf den Zusammenhang einer offenen Gesellschaft, auf die Vernunft der Demokratie, auf die Verantwortung des gesellschaftlichen Zeitgesprächs und auf die Magie der Wahrheit entfalten kann.

DIE FREIHEIT DER EINZELNEN

Die Errungenschaften der bis heute leider nur fast zur Selbstverständlichkeit gewordenen unbedingten Freiheit der Einzelnen reichen zurück in eine Zeit, die von noch weit fundamentaleren Erschütterungen geprägt war als die unsrige. Es mag ein historischer Zufall sein, dass sich parallel zu den aufkeimenden kulturellen Debatten im Jahr 2017 auch die Reformation zum 500. Mal jährte, doch manchmal ermöglichen eben solche Jahrestage einen Gegenschnitt zum Jetzt, der erhebliche Aufschlüsse liefert. Der kontrastierende Rückblick auf den Beginn der Neuzeit jedenfalls zeigt, welche Umbrüche an der Wiege jener Entwicklungen standen, deren erhebliche Beschleunigung uns 500 Jahre später in vermeintlich große Schwierigkeiten bringt. Diese Umbrüche waren damals technologisch, geographisch, gesellschaftlich und kulturell von immenser Tiefenwirkung.

1450 revolutionierte Johannes Gutenberg die Buchproduktion. Statt wie im Mittelalter üblich, per Hand Bücher zu verfassen oder Abschriften anzufertigen, war es nun möglich, mit beweglichen Metalllettern und Druckerpresse in kurzer Zeit Bücher in großer Zahl herzustellen. 1492 stieß Christoph Kolumbus auf Amerika, als er auf der Suche nach einer westlichen Route nach Indien war – die bis dahin im Abendland bekannte Welt wurde größer. 1509 erkannte Nikolaus Kopernikus, dass die Erde nur ein Planet unter vielen ist, deren Zentrum die Sonne ist. 1517 verfasste Martin Luther seine 95 Thesen über den Ablasshandel und brachte damit die mittelalterliche Papstkirche ins Wanken.

Wir haben es hier mit vier sehr unterschiedlichen Ereignissen zu tun, die in der Rückschau neben dem jeweiligen Erkenntniswert eine grundsätzliche Eigenschaft gemeinsam haben: Sie zeigen, dass es möglich ist, dass Individuen die Welt verändern können. Kolumbus und Kopernikus haben unser Verständnis von der geographischen und physischen Verfasstheit der Welt verändert. Gutenberg hat mit einer Medienrevolution die öffentliche Kommunikation radikal erweitert. Luther stellte tradierte Ordnungen und Überzeugungen in Frage. Das Handeln Einzelner hatte Auswirkungen aufs Ganze und veränderte eine bis zu diesem Zeitpunkt als extern verfasst und unveränderbar akzeptierte Ordnung von Gesellschaft, Kultur und Natur.

An der Schwelle des Mittelalters zur Neuzeit gelang in Europa so eine gesellschaftliche und metaphysische Emanzipation von gewaltigem Ausmaß. Entgegen der mittelalterlichen, feudalistischen Auffassung von einer Ordnung der Welt, in der jeder und alles seinen festen, unveränderlichen Platz im Gefüge hat, gewann plötzlich die Gestaltungsmacht der Einzelnen deutlich an Kraft und Bedeutung. Im Zusammenwirken dieser je für sich schon welterschütternden Entwicklungen entstand ein neues Zeitalter, das insbesondere in seinen Anfängen von bisweilen recht hilflosen Versuchen geprägt war, einen neuen Umgang mit der möglichen Offenheit zu entwickeln. Ideologisch und religiös geprägte Kriege, kulturell begründete Unterdrückung und Versuche, die Wahrheit mit Waffengewalt zu sichern, prägten im Anschluss eine Epoche, in der sich die ehemals gesetzten Wahrheiten bereits zu verflüssigen begannen, ohne dass es gesellschaftliche Mechanismen gab, um neue gesellschaftliche Übereinkünfte zu finden.

Die Folgen dieser Entwicklung reichen bis in die Gegenwart, schließlich kann unsere heutige politische Ordnung nur deshalb auf der Idee der Eigenverantwortung der vernunftbegabten Einzelnen gründen, weil sie die Annahme ernst nimmt, dass die Einzelnen mit ihren Entscheidungen tatsächlich die Möglichkeit haben, den Lauf der Dinge zu verändern und bewusst zu gestalten. Und sie fordert – vor dem Hintergrund der dadurch zunächst erwachsenden Schwierigkeiten – dazu auf, einen Modus Operandi für das aus den Widersprüchen unterschiedlicher Aussagen erwachsende Nebeneinander konkurrierender Wahrheitsansprüche zu finden.

In jedem Fall gerät seit dem Übergang vom Mittelalter zur Neuzeit das Individuum als Träger geschichtlicher Prozesse neu in den Blick. In den darauf folgenden Jahrhunderten ging es in vielen Anläufen immer wieder darum, seine faktische und empirische Gestaltungsmacht normativ einzuhegen und die Bedingungen zu beschreiben, unter denen ein friedliches und solidarisches Zusammenleben der individuell Freien in gesellschaftlicher Gemeinschaft möglich sein kann. Es brauchte die Philosophie des 18. Jahrhunderts, in der unter anderem Kant, Lessing und Herder die menschliche Autonomie an den Gebrauch der Vernunft knüpften und auf die Einsicht des Einzelnen in die Notwendigkeiten des Zusammenlebens setzten, um hier einen entscheidenden Schritt weiterzukommen. Es ging um Aufklärung, mit Kant verstanden als »Ausgang aus der selbstverschuldeten Unmündigkeit«.[4] Es ging um den Versuch, die unbändigen Fähigkeiten des individuellen Wollens und Könnens durch Vernunft in einem gesellschaftlichen Zusammenhang zu bändigen, der ein friedliches Leben ohne Angst ermöglichte. Und natürlich ging es auch darum, dass Wollen alleine wirkungslos bleiben muss, wenn die Ressourcen fehlen.

Das Ringen um die in diesem Sinne richtige gesellschaftliche Ordnung vollzieht sich beinahe von Beginn an in Öffentlichkeit. Die Verständigung über die Werte und Normen unseres Zusammenlebens braucht gesellschaftliche Orte der Begegnung und der Kommunikation. Zu solchen Orten zählen ganz maßgeblich unsere

Kulturinstitutionen. Sie bieten Gelegenheiten zur Begegnung mit anderen Menschen, zum spontanen Gespräch und zur Auseinandersetzung mit gesellschaftspolitischen, kulturellen oder persönlichen Themen. Die Stärke einer Gesellschaft beruht nicht darauf, dass alle das Gleiche glauben, denken, fühlen oder leben, sondern darauf, dass ihre Bürgerinnen und Bürger Unterschiede zulassen und gleichzeitig einen Grundkonsens über die grundlegenden Werte und Regeln des Zusammenlebens vereinbaren. Denn die Vernunft einer Gesellschaft liegt in der »Vielheit ihrer Stimmen« und in der Fähigkeit, mit dieser Vielheit umzugehen.[5]

Unsere gesellschaftliche Entwicklung ist deshalb geprägt von langsamen evolutionären Veränderungen, die in unseren aufgeregten und bisweilen extravaganten Zeiten heute durchaus langweilig anmuten; aber sie wirken tief. Sie ermöglichen in der Idee einen sanften und vor allem einen andauernden Prozess der Erneuerung, der immer wieder neu auf Veränderungen reagiert. Ein Prozess, in dem mit demokratischem Ethos und in unzähligen engagierten Diskussionen ein für möglichst alle guter Kompromiss errungen werden kann. Ein Prozess, der auch die einzubinden vermag, die sich angesichts der unübersehbar zahlreichen Möglichkeiten der Freiheit vielleicht vor dem Verlust von Vertrautem fürchten.

Aus diesem Bewusstsein heraus könnten wir eigentlich durchaus zuversichtlich und gestaltungsoptimistisch auf die aktuellen Umwälzungen blicken. Die vermehrte Migration in Richtung Deutschland zum Beispiel bedeutet doch vor allen Dingen, dass unser Land in den vergangenen Jahren für viele Menschen auf der Welt zu einem »Hoffnungsland« (Olaf Scholz) geworden ist.[6] Für uns alle ist das eine vergleichsweise neue Erfahrung, denn traditionell haben Menschen unser Land verlassen auf der Suche nach einem besseren Leben. Dass jetzt viele nach Deutschland kommen, weil sie hier ihr Glück, ihren *Pursuit of Happiness* suchen, ist sehr besonders und eine Ressource für die Kraft, die es braucht, um in einer vielfältigen Gesellschaft den Wandel zu gestalten – über kulturelle Grenzen hinweg. Und auch die anderen Megatrends unserer Zeit sind mitnichten zwangsläufig auf einen Abbau erreichter Standards geeicht, sondern bergen in sich all jene Ambivalenzen, die offene Entwicklungen auszeichnen.

Trotzdem kippt die verheißungsvolle Freiheitsgeschichte der Moderne aktuell über die Beschreibung der Bedrohung der Freiheit hinaus in eine Krisenbeschreibung der Freiheit selbst. Auf einmal sind es die gewachsenen Möglichkeiten der Selbstbeschreibung und Selbstbestimmung, die zum Problem unserer Gesellschaften zu werden scheinen. Plötzlich tauchen politische und kulturelle Stimmen im Diskurs auf, die uns nahelegen, dass wir im Streben nach der Freiheit zwei oder drei entscheidende Schritte zu weit gegangen seien, dass wir die Letztgewissheiten im Streben nach Wahrheit nicht hätten verflüssigen sollen. Gefordert wird der geordnete (oder auch ungeordnete) Rückzug aus der Freiheit. Notwendig und sinnvoll wäre es dagegen, aus der zumindest normativ verwirklichten individuellen Freiheit nun auch tatsächlich den Schluss zu ziehen, dass erst ihre materielle Umsetzung es unserer Gesellschaft ermöglicht, aus freien Stücken wieder zu sich selbst zu finden. Diese Wegscheide zwischen dem Rückzug in einst gesicherte Gewissheiten und dem Fortschritt in eine stets neuerlich zu formierende Gemeinsamkeit markiert den Kern der aktuellen kulturellen Auseinandersetzungen unserer Gesellschaft.

Dabei gewinnt der Befund wachsender sozialer und kultureller Diversität immer noch beständig an Bedeutung. Der Soziologe Andreas Reckwitz beschreibt unsere Gesellschaft in seiner viel beachteten Studie *Die Gesellschaft der Singularitäten* als eine von dem individuellen Wunsch nach Einzigartigkeit geprägte.[7] Soziales und kulturelles Teilhabekapital erwächst demnach daraus, sich in mindestens einer individuellen Facette von der Masse abzusetzen und zur Distinktion fähig zu sein. Das geht in seinen Konsequenzen weit hinaus über die Individualisierungs-Beobachtung, dass heutzutage zu viele Bürgerinnen und Bürger alleine zum Bowling gehen müssten, wie Robert Putnam vor gut 20 Jahren konstatierte.[8] Es koppelt vielmehr den Wert der Einzelnen im sozialen Zusammenhang daran, sich über die Gruppe erheben zu können und somit demonstrieren zu können, dass man nicht auf sie angewiesen sei.

Einen in seinen gesellschaftlichen und kulturellen Konsequenzen durchaus vergleichbaren Befund legt Francis Fukuyama in seinem Buch über *Identität* vor, in dem er beschreibt, wie sich politisierte gesellschaftliche Gruppierungen auf immer spezifischere individuell gelebte Erfahrungen gründen und ihre jeweils auf die Anerkennung der eigenen Identität bezogene Perspektive den Bezug zum gesellschaftlichen Ganzen verstellt.[9] Die Folge ist eine Gesellschaft, in der die kleinteiligen Anerkennungskämpfe zum Verlust des Gemeinsamen führen und eine auf legitime Mehrheiten orientierte Demokratie zunehmend verunmöglichen. Man muss Fukuyamas Ausweg in eine wieder errichtete nationalstaatsbezogene Identität der Mehrheit nicht teilen, um zu erkennen, dass der empirische Befund jedenfalls größere Herausforderungen an die Integrationskraft übergreifender demokratischer Identität nach sich ziehen muss, die sowohl dem individuell Einzigartigen als auch der in einer spezifischen Erfahrung vereinten Kleingruppe die Gelegenheit zum Bezug auf das Gemeinsame der aufgeklärten und offenen Gesellschaft ermöglicht. Ein Schlüssel liegt neben robuster Sozialpolitik, die übergreifende Probleme ungerechter Verteilung von Zugängen und Teilhabe adressiert, in den auf den Zusammenhang der Gesellschaft bezogenen Sinndiskursen von Kunst und Kultur.

Es ist eine große Errungenschaft, dass es die beschriebenen Freiheiten heute gibt. Genauso wichtig aber ist die Erkenntnis, dass sie zur Verwirklichung neben den notwendigen materiellen Ressourcen auch eine Grundlage der Gemeinsamkeit in Verschiedenheit benötigen – und dass der anthropologische Optimismus berechtigt ist, der diese Hoffnung zum Gegenstand hat. In diesem Zusammenhang ist bis heute die Erklärung des »Parlaments der Weltreligionen« in Chicago von 1993 ein faszinierendes Dokument, dem zu entnehmen ist, dass mindestens eine zentrale Wertefigur, die goldene Regel, in allen großen Religionen eine wichtige Rolle spielt: Was Du nicht willst, das man Dir tu, das füg' auch keinem andern zu.[10] Sie findet sich in abgewandelter Form auch im »Kategorischen Imperativ« bei Immanuel Kant: »Handle nur nach derjenigen Maxime, durch die du zugleich wollen kannst, dass sie ein allgemeines Gesetz werde.«[11] Entscheidend ist, dass wir es hier mit einer so universellen prozeduralen Norm zu tun haben, dass sie ohne weiteres überall Gültigkeit beanspruchen kann – ganz gleich, ob sie nun theologisch, moralphilosophisch oder alltagspraktisch begründet wird. In ihr liegt der Schlüssel menschlicher Vernunft und Freiheit.

Offene Gesellschaften bauen auf dieser Freiheit auf und zeichnen sich dadurch aus, dass wir tagtäglich neu verhandeln müssen, was uns wichtig ist und was uns ausmacht. Dazu benötigen wir einen Konsens über die Voraussetzungen, die genau das ermöglichen. Wir müssen uns einig sein, wie wir mit unseren alltäglichen Konflikten und Meinungsverschiedenheiten umgehen können. Die Grundlagen, von denen wir dabei zehren, lassen sich nicht allein in Gesetzen festschreiben, sondern sie müssen in die Humanität und Kultur unseres Zusammenlebens eingeschlossen sein und können durch eine selbstbewusste »Kunst der Humanität«[12] sichtbar und wirksam gemacht werden.

DER ZUSAMMENHANG DER OFFENEN GESELLSCHAFT

Die aktuellen Debatten über Freiheit und Zusammenhalt, über Vielfalt und Wahrheit kreisen beständig um die oftmals nur metaphorisch beschworene Idee der offenen Gesellschaft, die die sozialen Mechanismen und Institutionen umfasst, auf deren Grundlage die Freiheiten der Moderne möglich werden.

Der Begriff geht zurück auf den Philosophen Karl Popper, dessen Buch *Die offene Gesellschaft und ihre Feinde* 1945 in Neuseeland im Angesicht der Menschheitskatastrophe des Zweiten Weltkrieges erschien.[13] Poppers Analyse ist eine klare, vehemente und auch sprachlich geschliffene Absage an jede Form von Ideologie und Dogmatismus, letztlich an jegliche Vorstellung von einer gesetzten, aus sich selbst heraus, ohne gesellschaftliche Zustimmung bestehenden Wahrheit. Poppers damals bereits wissenschaftstheoretisch ausgeführter, nun aber auch im praktischen Kontext entscheidender Hinweis war, dass wir nichts letztgültig verifizieren können – erst recht keine gesellschaftliche Entwicklungsrichtung. Er legt seinem Konzept des kritischen Rationalismus vielmehr die Idee zugrunde, dass menschliche Erkenntnis und gesellschaftlicher Fortschritt über Falsifikationen, also über das empirisch gestützte Verwerfen bislang gültiger Annahmen möglich werden. An die Stelle einer positiv bestimmbaren Wahrheit tritt die Feststellung, dass eine Annahme nicht wahr oder richtig sein kann und folglich nicht mehr als gültig unterstellt werden kann. In der Folge dieses dauerhaften Prüfens und Verwerfens wird der Korpus unterstellter Wahrheiten, auf dem sich Bürgerinnen und Bürger in einer Gesellschaft aneinander abarbeiten und organisieren, stückweise immer kleiner und es destilliert sich ein Kern von Annahmen heraus, die als Grundlage unseres Zusammenlebens und als Grundlage des Wissens in unserer Gesellschaft akzeptiert werden können – zumindest bis zu ihrer Falsifikation.

Die Popper'schen Überlegungen lassen jede Idee der Vorherbestimmung, wie sie zum Beispiel in der christlichen Religion oder in der marxistischen Geschichtsphilosophie eingeschrieben ist, hinter sich und übersetzen die individuelle Freiheit radikal in einen gesellschaftlichen Kontext. In der offenen Gesellschaft gibt es keinen Endpunkt der Geschichte, der jede sich bis dahin ergebende Entwicklung bestimmt und so eine beruhigende Letztgewissheit vermittelt. Stattdessen bleibt nur die trotzige Zuversicht, dass es den Bürgerinnen und Bürgern eines Gemeinwesens möglich sein wird, zumindest phasenweise zu klären und zu vereinbaren, welche Wahrheiten und welche Regeln ihres Zusammenlebens Geltung beanspruchen können.

Die Offenheit moderner Gesellschaften bedeutet daher ausdrücklich nicht, dass nichts mehr gelte, sondern in erster Linie, dass die Bürgerinnen und Bürger aufgefordert sind, sich an den Diskussionen über das jeweils Gemeinsame zu beteiligen. Popper ist kein Kronzeuge für ein umstandsloses, postmodernes, beliebiges *anything goes,* des Nebeneinanderher, in unserer Gesellschaft. Denn auch wenn wir keine inhaltlichen, materiellen Wahrheiten mehr voraussetzen können, so verfügen wir sehr wohl über ein paar Grundvorstellungen davon, *wie* wir gemeinsam zu Übereinkünften kommen können. Die Zivilität unseres Umgangs miteinander, das gegenseitige Sich-Anerkennen und die Annahme, dass man gemeinsam auf der Suche nach etwas Richtigem und nach etwas Gutem ist, werden so zu normativen Grundlagen des Zusammenlebens in einer offenen Gesellschaft.

Die normativ in diesem Kontext immer angesprochene Vernunftorientierung hat dabei – anders als in mancher Kritik insinuiert – nichts Lust- oder Kreativitätsfeindliches an sich. Schon Popper hat darauf hingewiesen, dass die Idee einer kritischen Vernunft Phantasie, Kreativität und Gefühl brauche. Kritik benötigt die Vorstellung von etwas anderem als dem jetzigen Zustand, ohne sie gibt es keinen Kritikmaßstab. Dogmatikerinnen und Ideologen sind darauf nicht angewiesen, weil in ihrem Denken schon a priori feststeht, was gilt, und über das Andere gar nicht erst spekuliert werden muss. Aber die Kritik und damit auch die Vernunft brauchen die Vorstellung vom Anderen. Die Vernunft der offenen Gesellschaft vermag daher durchaus mit dem ganzen Spektrum zur Verfügung stehender Überzeugungstechniken arbeiten und ist nicht auf unterkühlte Wissenschaftlichkeit begrenzt. Vernunft und Leidenschaft sind auch in der Öffentlichkeit unserer offenen Gesellschaft keine Gegensätze. Vielmehr bedürfen das vernünftige Gespräch und der öffentliche Diskurs einer kommunikativen Rationalität, die nicht nur inhaltlich, sondern auch sozial – und damit durchaus emotional – begründet ist.

Kunst und Kultur können bei der Entwicklung leidenschaftlicher Vernunft Einzigartiges leisten. Museen können uns über Zeit- und Kulturgeschichte informieren, Literatur kann uns einen Spiegel vorhalten, das Theater kann Utopien entwerfen und spielerisch erproben. Das, was der Philosoph Ernst Bloch mit Blick auf die Musik schreibt, gilt letztlich für alle Künste: »Die Beziehung zu dieser Welt macht Musik gerade gesellschaftlich seismographisch, sie reflektiert Brüche unter der sozialen Oberfläche, drückt Wünsche nach Veränderung aus, heißt hoffen.«[14] Gesellschaftliche Erschütterungen finden ihren Widerhall in einer Kunst, die das Bewusstsein wachhalten und Veränderungen anstoßen kann, die die Dinge neu arrangieren und ordnen, Weltsichten in Frage stellen, Wahrheiten erkennbar werden lassen oder Unordnung erzeugen kann, wo alles schon klar erscheint.

Wie prekär diese schier unermesslichen Möglichkeiten sind, zeigt die aktuelle gesellschaftliche Situation. Wir müssen uns spätestens seit dem Ende des letzten Jahrzehnts fragen, ob die westliche Prosperitätskonstellation des 20. Jahrhunderts klammheimlich an Stabilität verloren hat. Zumindest stellen wir fest, dass die klassischen Wohlstandsversprechen westlicher Gesellschaften nicht mehr in allen Milieus geglaubt werden – auch weil sie nicht mehr umstandslos plausibel scheinen. Gründe dafür finden sich viele: der Klimawandel, die weltweite Finanzkrise, die europäische Währungs- und Schuldenkrise, die Kriege im Nahen und Mittleren Osten oder die Migrationsbewegungen nach Europa sind nur einige der Rahmenbedingungen, die die derzeitigen Debatten prägen.

Angesichts der schieren Dimension dieser – oftmals weder durch den Einzelnen noch durch kurzfristiges politisches Handeln steuerbaren – strukturellen Veränderungsprozesse rücken rationale Näherungsversuche in den Hintergrund, während sich die Emotionen öffentlich Bahn brechen. Als Konsequenz springen uns vermehrt Wut und Hass bei Demonstrationen oder auf den digitalen Plattformen an. Das ist nicht mehr nur die folgsame Reaktion auf die kecke Aufforderung Stephane Hessels – *Empört Euch!*[15] –, sondern es rührt zunehmend an die Grundlagen der aufklärerischen Vernunft, wenn aggressive Lautstärke auf der Straße oder ein abschätziger Ton des Verächtlichmachens in den Salons und Online-Foren das rationale Gespräch über die Lage und den angemessenen Umgang mit ihren Herausforderungen übertönen. Gleichzeitig erleben wir in jüngster Zeit eine Renaissance einer bisweilen naiv anmutenden Beschwörung expertokratisch vermeintlich eindeutiger Wissenschaftlichkeit, die sich gegenüber der bloßen Meinung immunisiert und so ebenfalls dem Diskurs entzieht. Das vernünftige Gespräch jedenfalls wird durch beide Diskursstrategien nicht gerade erleichtert.[16]

Ohne eine besondere Sensibilität für ihre lebensweltlichen und damit ihre kulturellen Ressourcen wird es kaum gelingen, den Zusammenhalt unserer offenen Gesellschaft zu sichern. Nach dem Ende eines falsch, weil einseitig ökonomisch verkürzten Liberalismus verbirgt sich hier die unbändige Kraft einer Gesellschaft auf der Suche nach neuem solidarischen Sinn.

Sie ist eng verbunden mit dem programmatischen Kern der populären Forderung: Kultur für alle! Es ist schließlich in erster Linie die Attraktivität der dafür notwendigen Räume, die dieser zu Recht unverwüstlichen Forderung bis heute zugrunde liegt. Dieser Aufruf, der seinen Ursprung in den siebziger Jahren hat, meint mehr als die – selbstverständlich sinnvolle – soziokulturelle Öffnung ehemals elitärer Angebote für breite Schichten der Bevölkerung. Es geht auch um die grundsätzlichen Möglichkeiten der Produktion gesellschaftlichen Sinns, mithin um die Gewährleistung jener kulturellen und sozialen Ressourcen, ohne die eine moderne, demokratische und soziale Gesellschaft nicht denkbar ist. Es überrascht daher nicht, dass schon die ursprüngliche Debatte über Kultur für alle im Schatten der ersten Wirtschaftskrisen stattfand, in denen schon einmal vom Ende des Wachstums die Rede war.

Eng verknüpft damit ist die Frage danach, wen kulturelle Angebote in unseren Gesellschaften erreichen. Auch das ist schließlich ein Maßstab der Sinnhaftigkeit kultureller Praxis. Wenn nur einige wenige eine Kultur für alle nutzen, dann entsteht ein Widerspruch, der nicht immer leicht auszuhalten ist. Die notwendige Öffnung und Barrierefreiheit der Kulturangebote muss gestaltet werden – über abwechslungsreiche und attraktive Programme, über gestaffelte und bezahlbare Ticketpreise, über kluge Vermittlungsprogramme, über pädagogische Angebote, auch über mehrsprachige Angebote oder Audiodeskription und über viele weitere Experimente. Es geht nicht darum, Kunst zu vereinfachen, damit sich jeder alles ansieht, sondern darum, Schwellenängste abzubauen und konkrete Zugänge zu eben jenen Räumen und Erfahrungen zu öffnen, in denen sich unsere Gesellschaft begegnet und in denen es gelingt, durch die individuelle Freiheit zur selbstbestimmten Gemeinschaft zu finden.

Diese Bemühungen reihen sich ein in die der Demokratie innewohnende Tendenz, die eigenen Prämissen an immer mehr Orten und in immer mehr Prozessen einer Gesellschaft zu etablieren. Demokratie ist nicht bloß eine Staatsform, in der Rechtsstaat und Volkssouveränität zusammenkommen, sondern ein deutlich tiefer gehendes Organisationsprinzip des Zusammenlebens. Es verlangt nach Mündigkeit, Selbstbestimmung, Teilhabe und Verantwortungsbereitschaft in allen Bereichen des gesellschaftlichen Miteinanders. Es verändert das Gespräch in der Familie genauso wie die Zusammenarbeit über die Grenzen der Nationalstaaten hinweg. Und natürlich führt es unter sich verändernden Umständen immer wieder aufs Neue dazu, dass neue Räume und Institutionen entstehen, in denen es sich Ausdruck verleiht.

Auf diese und viele weitere Weisen bringen Kunst und Kultur Bürgerinnen und Bürger miteinander ins Gespräch. Das ist wichtig und bedeutsam, weil das Gespräch einer der zentralen Momente unseres Menschseins ist. In ihm manifestiert sich jene Vernunft, auf die unsere Gesellschaft gegründet ist. Der englische Philosoph John L. Austin hat in diesem Sinne 1955 unser Sprachverständnis revolutioniert, als er feststellte, dass Sprechen immer auch Handeln ist.[17] Hannah Arendt griff diesen Gedanken in ihrem 1958 erschienenen Buch *Vita activa* auf und widmete sich dabei insbesondere der Idee des politischen Handelns – der selbstverantwortlichen und aktiven Mitwirkung der Bürgerinnen und Bürger am öffentlichen Leben –, die sich oft zunächst im Sprechen realisiert.[18] Im Miteinandersprechen, so Arendt, zeige sich die Einzigartigkeit jedes Einzelnen und damit auch die Pluralität der Meinungen. Für Arendt ein positiver Moment: Denn wir verlassen damit die Anonymität und können so die ursprüngliche Fremdheit überwinden, mit anderen gemeinsam sein und Verantwortung übernehmen. Das Gespräch ist der Schlüssel zum Verstehen, zur Verständigung und damit auch zum gesellschaftlichen Zusammenhalt.

Wahrheit, Richtigkeit und Wahrhaftigkeit sind die drei essenziellen Geltungsansprüche jeden ernsthaften Gesprächs.[19] Sie fordern uns auf, uns bedingungslos in die Kommunikation zu begeben und den anderen zu respektieren. Das gemeinsame Gespräch dient schließlich nicht nur dem funktionalen Austausch von Information, sondern ist zugleich immer auch ein sozialer Akt der gegenseitigen Anerkennung, auf den sich Jürgen Habermas zufolge das gesellschaftliche Band unserer gemeinsamen Lebenswelt gründet. Die Alltagserfahrung lehrt, dass wir oft bereit sind, uns bis an den Rand des Rationalen einen guten Willen in diesen kommunikativen Beziehungen zu unterstellen. Wir reden bisweilen mit Menschen und ahnen, dass sie eigentlich gar nicht von uns überzeugt werden wollen. Und manchmal ahnen wir selbst, dass wir uns nicht überzeugen lassen wollen, hören aber dennoch weiter zu. Durch dieses »Trotzdem-weiter-miteinander-Reden« schaffen wir Gesellschaftlichkeit, weil diese mikrosozialen Mechanismen auch makrosozial wirken. Zum einen, weil sie sich zu einem gesellschaftlichen Geflecht eng vernetzen, und zum anderen, weil sie als regulative Idee auch unsere Erwartungen an das öffentliche Gespräch unserer Gesellschaft prägen. Dass wir miteinander sprechen (wollen), konstituiert so den fragilen normativen Kern der freien und offenen Gesellschaft. Wer von der offenen Gesellschaft spricht, muss sich folglich darum kümmern, dass Öffentlichkeit in unseren Gesellschaften gelingen kann, dass sich das individuelle Miteinandersprechen auch in gesellschaftsbezogenen Diskursen über grundsätzliche Fragen wiederfindet.

DIE VERNUNFT DER DEMOKRATIE

Wie wichtig die Sensibilität für das immer wieder neu zu ermöglichende Gespräch einer Gesellschaft ist, zeigen die beiden Harvard-Politologen Steven Levitsky und Daniel Ziblatt in ihrem 2018 erschienenen Buch *Wie Demokratien sterben.*[20] Sie führen anschaulich aus, dass die landläufige Vorstellung, Demokratien gingen in gewaltsamen Coups unter, heutzutage meist keine Entsprechung in der Wirklichkeit fände. Demokratien sterben heute in der Regel nicht mehr, weil Militärs aufmarschieren, eine Regierung absetzen und wirksam die Macht übernehmen. Sie scheitern nicht an gewaltsamen Übergriffen und auch nicht, weil ihre niedergeschriebenen Verfassungen unzureichend wären. Stattdessen geraten sie in Gefahr, weil das gesellschaftliche Gespräch versiegt und der Wille und die Fähigkeit zur Verständigung fehlen.

Levitsky und Ziblatt fokussieren insbesondere auf die zusätzlichen, nicht verfassungsrechtlich zu institutionalisierenden und zu garantierenden Voraussetzungen der Demokratie innerhalb einer Gesellschaft, die sie als »Leitplanken der Demokratie«[21] bezeichnen. Sie heben vor allem zwei Aspekte hervor. Erstens verweisen sie auf die Fähigkeit, einander wechselseitig als gleichberechtigt anzuerkennen. Erst die Anerkennung, dass jemand, der nicht meiner Meinung ist, trotzdem ein Recht hat, diese Meinung zu vertreten, normiert letztlich auch den Raum, in dem wir miteinander sprechen, weil es selbstverständlich ist, dass derjenige, der sein Gegenüber nicht anerkennt, auch keine Anerkennung erwarten kann. Wer diesen Respekt wechselseitig nicht aufbringt, der verabschiedet sich aus dem Konsens, der eine offene Gesellschaft trägt.

Der zweite Aspekt, auf den Levitsky und Ziblatt hinweisen, bezieht sich darauf, dass ein gedeihliches gesellschaftliches Miteinander nur dann möglich sei, wenn nicht jeder Einzelne danach strebe, die ihm oder ihr zustehenden Rechte in Gänze in Anspruch zu nehmen, weil dann Konflikte entstünden, die kaum mehr lösbar seien. Die beiden Politologen fordern hier indirekt mehr Raum für eine Ethik des Maßhaltens, in der kluge Kompromisse und vernünftiger Ausgleich in ihrem Wert für das gesellschaftliche Miteinander Anerkennung finden.

Ohne diese beiden kaum rechtlich, sondern sozial und vor allem kulturell zu sichernden Voraussetzungen können Öffentlichkeit, öffentlicher Diskurs und damit die Verständigung über das, was uns gemeinsam ist, nicht gelingen. Sie adressieren vor allem die aufgeklärte Eigenverantwortung des Individuums im gesellschaftlichen Gespräch, ohne die demokratische Verständigung kaum möglich scheint.

Immer wieder geht es in den kulturell angeleiteten Selbstverständigungsprozessen offener Gesellschaften um die Kernfragen der Moderne und die Notwendigkeit, sie aus der unabgeschlossenen Kontingenz unseres Daseins heraus zu beantworten. Mehr als die kluge sozialwissenschaftliche Analyse ist es oftmals eher die unmittelbare, mimetische Kraft von Kunst und Kultur, die uns auf wichtige Fragen stößt und sie mitten in unsere Gesellschaft hineinträgt. Schon Kinder malen, weil die Abbildung der Welt beim Verstehen derselben hilft. Wir empfehlen uns gegenseitig Bücher, die uns berührt haben, weil sie unsere Wesensbestimmung als Mensch verhandeln. Wir streiten über das Theater, das uns mit manchmal drastischen Mitteln vorführt, was nicht gut läuft in unserer Welt. Wir singen in Chören, weil wir das Gemeinschaftserlebnis schätzen. Wir diskutieren über die Lebensentwürfe oder Handlungsweisen von Filmfiguren. Wir sind irritiert über Kunstwerke, die wir nicht verstehen. Und manchmal erst recht über die, die wir zu verstehen glauben.

In diesen Zusammenhängen lässt sich eine tiefere Verbindung zwischen dem Kulturellen und dem Politischen entdecken, die auf die Demokratie als fundamentalen Zusammenhang unseres politischen und kulturellen Zusammenlebens verweist – und damit auf eine Idee, deren Stärke nach wie vor immens sein kann, wenn wir sie so ernst nehmen, wie sie gemeint ist. Es geht um die Annahme, dass Erkenntnis niemals enthoben von jeglicher Sozialität eingeschlossen im Wissen eines Einzelnen oder in der Eindrücklichkeit eines Werkes gefunden werden kann, sondern immer erst im sozialen Austausch entdeckt werden muss, weil sie buchstäblich zwischen den miteinander Sprechenden liegt. Es ist also die Kommunikation des Betrachters mit dem Werk oder das Gespräch der Bürgerinnen und Bürger über das gemeinsam Erlebte, das in sich den Schlüssel der Erkenntnis birgt. Hier sind sich Kultur und Demokratie in ihren Prozessen nahe, weil sie beide immanent erzwingen, eine Vielfalt der Positionen anzuerkennen, aber zugleich einen Weg weisen, wie aus dieser anfänglich irritierenden Diversität gemeinsame Bezüge und gemeinsamer Sinn entstehen und entwickelt werden können. Es ist eine dialektisch zu verstehende Aufgabe, in offenen Strukturen durch die Freiheit hindurch zu einer jeweils neu begründeten Gesellschaftlichkeit zu gelangen, die Demokratie ermöglicht.

Besser als alle Theoretiker und Philosophen hat es der große Leonard Cohen 1992, also im gleichen Jahr, in dem Willy Brandt seine Worte an die Sozialistische Internationale richtete, in einem Lied mit dem Titel *Democracy* beschrieben. Von überall her kommt in seinen Zeilen die Demokratie – durch Löcher in der Luft, durch Risse in den Wänden, aus Kriegen und Gebeten, aus Chevrolet-Motoren und der Bergpredigt. Und aus der Liebe. In dieser Quellenforschung eines großen Lyrikers findet sich eine Zeile, die uns heute zu denken geben sollte. Er singt über die Demokratie: »It's coming from the feel that it ain't exactly real / or it's real but it ain't exactly there.« Diese Beobachtung führt uns mehr als ein Vierteljahrhundert später mitten hinein in Debatten über alternative Fakten, Fake News und all die untergründigen Zweifel, dass uns der gesellschaftliche Zugriff auf die Wirklichkeit abhandenkommt.

In der Tat kann man sich aktuell fragen, was die Kunst der Raserei der Wirklichkeit noch entgegensetzen kann. Insbesondere die immer atemloseren Nachrichten aus den USA – »the cradle of the best and the worst«, wie Leonard Cohen singt – lassen uns zweifeln, ob unsere aufklärerischen Unterstellungen von Vernunft, Wahrheit und Wahrhaftigkeit noch eine Zukunft haben. Oder ob auch in unserer Gesellschaft bereits die von Colin Crouch beschriebene *Postdemokratie* um die Ecke lugt, in der die Institutionen zwar noch stehen, aber nur noch den Anschein von Sinnhaftigkeit erzeugen.[22]

Es wäre, trotz aller sozialen Ähnlichkeit, ein Fehler, Kunst und Politik einfach gleichzusetzen. Mit der Demokratie haben wir diskursive Verfahren gefunden, wie wir mit unterschiedlichen Interessen und Überzeugungen umgehen und wie wir im vernünftigen Gespräch ermitteln, welchen Weg wir gemeinsam gehen wollen. Die Kunst muss sich daran zunächst nicht halten. Sie kann – ja, soll! – überrumpeln, statt zu überzeugen. Sie kann Wahrheiten behaupten und Lügen in die Welt brüllen. Sie kann Erwartungen unterlaufen und übertreffen. Und sie kann auf die begründungsfreie Einsicht in die Zusammenhänge setzen. Sie verschleiert, um zu entkleiden. Aber genau diese eigentlich umstandslose Differenz zwischen Kunst und Wirklichkeit scheint aktuell nicht aufzugehen, weil die Strategien, die hier als aufklärerischer Beitrag der Kunst beschrieben werden, in den Händen der Politik zu verschleiernden und antirationalen Mechanismen gerinnen. Bisweilen macht sich die Politik das »als ob« der Kunst zu eigen und tut lediglich so, als ob sie sich um etwas kümmere. Das eigentlich transparente Spiel wird zum versierten strategischen Schleiertanz. Wir bekommen dann auch mit Blick auf manche politische und gesellschaftliche Wirklichkeit das Gefühl, »that it ain't exactly real«. Dass es irgendwie anders ist, als es sein sollte.

Diese Übernahme künstlerischer Darstellungstechniken ist eine demokratische Hochrisikostrategie, weil ihre Enttarnung unmittelbare und weitreichende Konsequenzen für die Legitimation des Politischen hat. Im Ergebnis erleben wir gerade, wie sich der Umgang mit dieser politischen Inszenierungskompetenz auf eine neue Ebene entwickelt, auf der die demonstrative Nicht-Inszenierung zur strategischen Option wird. Durch den Erfolg derartiger populistischer Strategien wird die demokratische Politik der Mitte herausgefordert, ihre Routinen zu überdenken. Sie kann dabei von der Kunst lernen; allerdings in einem anderen, komplexeren Sinne als bisher, da sie sich nicht auf die eher technische Adaption wirkungsorientierter theatraler Inszenierungsstrategien fokussieren darf, sondern stattdessen versuchen sollte, inhaltlich an den Mechanismen künstlerischer Sinnerzeugung anzuschließen.

Anstatt Leidenschaft aufwändig und leicht durchschaubar zu inszenieren, könnte es nämlich sinnvoll sein, sich in der Politik weniger auf performative als vielmehr auf narrative Kompetenz zu stützen, um leidenschaftlich für eine Sache zu werben: »We all need to tell our stories better«, war der Kernsatz der Rede, die der Dramatiker Simon Stephens Ende 2018 anlässlich der 175-Jahr-Feier des Thalia Theaters in Hamburg gehalten hat.[23] Wir müssen unsere Geschichten besser erzählen. Das gilt für das Theater, für die Kunst und für die Politik gleichermaßen. Natürlich ist eine sich selbst ernst nehmende demokratische Politik auf wahre Geschichten limitiert, aber erzählen sollte sie sie trotzdem – in der Absicht, zu überzeugen und Mehrheiten zu finden. Dafür braucht sie keine theatralischen Inszenierungen, sondern das Vertrauen in die leidenschaftliche Vernunft der eigenen Story. Dazu braucht sie das Wort, die Tat und eine Portion Mut. Und sie muss sich der Inspiration und Leidenschaft derjenigen versichern, die aus der Kunst heraus die paradoxe Intervention in unseren Alltag organisieren.

Politik darf jedenfalls den Bezug zu kulturellen Fragen nicht verlieren, wenn sie den tieferen Sinn des Politischen erfassen will. In Anlehnung an Oskar Negt formuliert Christina Weiss: »Wo Politik die geistige Verankerung der Gemeinschaft und ihrer einzelnen Mitglieder in der Kultur vergißt, vernachlässigt sie das eigentlich Politische. Wenn unsere Gesellschaft ihre Verantwortung für Kultur nicht erkennt und pflegt, nimmt sie dem einzelnen die wichtigste Möglichkeit, Gemeinsinn zu entwickeln.«[24] Diese Bezüge zu geistigen Sinnstrukturen sind in den letzten Jahren tatsächlich immer stärker in die politische Debatte eingedrungen, allerdings weniger aus der demokratischen Mitte heraus, sondern zunehmend von den Rändern oder aus partikularen Milieus in Form identitätspolitischer Positionen, die sich zunehmend unversöhnlich und apodiktisch gegenüberstehen und in ihren jeweiligen absoluten Wahrheitsansprüchen die diskursive Verhandlung des Gemeinsamen erschweren. Wenn sich traditionale Gruppensolidaritäten nur insoweit auflösen, dass sie durch die Zuweisung einer Partikularidentität ersetzt werden, nutzen wir gesellschaftlich und kulturell die Möglichkeiten der freiheitlichen Selbstbestimmung des Einzelnen in der Moderne nur sehr unzureichend. Diese Problematik spitzt sich immer dann zu, wenn die notwendigen Kämpfe um Anerkennung nicht Öffnungen und Hybridisierungen zur Folge haben, sondern zu neuerlichen apodiktischen Schließungen führen.

Es liegt daher an kulturell wie politisch Verantwortlichen gleichermaßen, solche absoluten Geltungsansprüche wieder zu verflüssigen und zueinander in Beziehung zu setzen, um dem ins Extrem des Singularitätsstrebens getriebenen Individualismus der Digitalmoderne nicht nur eine kulturalistische Gruppensolidarität, sondern ein umfassendes und gesellschaftlich geweitetes Verständnis sinnvollen Gemeinwohls entgegenzusetzen. Dieses Verständnis kann nur auf der Basis individueller Positionen entstehen, die von verständigungsbereiten und -willigen Bürgerinnen und Bürgern in gesellschaftlichen demokratischen Diskursen vertreten werden.

Die Demokratie bleibt dabei ein stiller, zäher und wertvoller Gegenstand. Leonard Cohen singt über sie: »I'm stubborn as those garbage bags that time cannot decay / I'm junk but I'm still holding up this little wild bouquet.« Dieses kleine, wilde Bouquet der Demokratie gilt es zu pflegen – beharrlich und unverwüstlich. Es gibt wenige Aufgaben, die man sich schöner vorstellen kann. Und wenige, in denen der Wille und die Überzeugung bereits der erste Schritt zur Veränderung unserer Wirklichkeit und unserer Welt sein können. Das wiederum eint Politik und Kunst. Wer sich dem Wagnis freier Kunst aussetzt, stößt immer wieder auf Erkenntnisse und Einsichten, die irritieren oder inspirieren – und in jedem Fall das eigene Leben bereichern. Aber genau diese Bereicherungen sind in Gefahr und nicht bloß durch guten Willen zu bewahren.

DIE VERANTWORTUNG DES ÖFFENTLICHEN GESPRÄCHS

Im Jahr 2016 war in einer deutschen Tageszeitung eine Karikatur zu sehen, auf der ein Paar die Abendnachrichten im Fernsehen schaute. Aus dem Gerät schallte es sinngemäß: »Guten Abend, meine Damen und Herren. Alle verrückt geworden. Und nun: Das Wetter …«. In der Tat haben wir in den vergangenen Jahren nicht wenige Tage erlebt, an denen sich die Nachrichtenlage aus dem In- und Ausland so lapidar wie dramatisch zusammenfassen ließe. Aber die humoristische Zuspitzung des Karikaturisten verweist darüber hinaus auch auf einen unbequemen Befund: Mit dem Umfang der gesellschaftlichen Gewissheiten nimmt aktuell anscheinend auch die Fähigkeit ab, sich der Faktizität unserer Wirklichkeit zuzuwenden, um öffentlich und vernünftig Antworten auf die Herausforderungen unserer Zeit zu entwickeln.

Dieser Befund ist dramatisch, denn Freiheit und Offenheit einer modernen Demokratie lassen sich nicht allein auf der fragilen Annahme der Verständigungsfähigkeit ihrer Bürgerinnen und Bürger fundieren. Sie sind angewiesen auf institutionelle Vorkehrungen, die das Zustandekommen eines vernünftigen öffentlichen Gesprächs zumindest regelhaft in den Bereich des Wahrscheinlichen rücken. Die Freiheit des Wortes und damit der sozialen Kommunikation muss auch strukturell gesichert sein, um ein demokratisches Gemeinwesen zu ermöglichen. In einer offenen Gesellschaft, in der Wahrheit, Richtigkeit und Wahrhaftigkeit aller Behauptungen dauerhaft zur Disposition stehen, sind die Gewährleistung vernünftiger Verfahren und das Öffnen diskursiver Räume unabdingbare Voraussetzungen dafür, dass sich die Vernunft als Grundlage des Zusammenlebens durchsetzen kann.

Einer klassischen Definition zufolge ist Journalismus genau dieses Zeitgespräch der Gesellschaft. Das erklärt der Zeitungswissenschaftler Otto Groth in seinem leider viel zu selten gelesenen Mammutwerk *Die unerkannte Kulturmacht,* in dem er den Journalismus zu Recht der Kultur und damit der Beschäftigung mit dem Sinn unserer Gesellschaft zuordnet.[25] Mit der Gesprächsmetapher verweist er darauf, dass journalistische Berichterstattung einer Gesellschaft die Kommunikation über sich selbst und die sie betreffenden Belange ermöglicht. Journalistinnen und Journalisten kümmern sich darum, dass die Verständigung zwischen verschiedenen gesellschaftlichen Gruppen zumindest möglich wird, weil ein übergreifendes Gespräch stattfinden kann. Sie legen unterschiedliche Standpunkte und gesellschaftliche Entwicklungen offen, machen sie verhandelbar und stellen sie in einen öffentlichen Kommunikationskontext, ohne den eine freiheitliche Demokratie nicht denkbar ist. Journalistinnen und Journalisten sind in diesem Verständnis Anwälte des öffentlichen Diskurses.[26] Sie übernehmen professionell Verantwortung für unsere demokratische Öffentlichkeit und das gesellschaftliche Gespräch.

Journalistische Medien halten in diesem klassischen Verständnis die Vielfalt des Unterschiedlichen in einer modernen Gesellschaft zusammen. Sie entwickeln Produkte, die in all der Unübersichtlichkeit und Unabgeschlossenheit für Orientierung sorgen. Sie haben die Chance, Deutungsangebote zu unterbreiten, die über die unterschiedlichen biographischen, geographischen und sozialen Lebensumstände hinweg Gemeinschaft und Gesellschaftlichkeit ermöglichen. Doch genau dieser übergreifende Kommunikationszusammenhang ist nicht mehr so selbstverständlich wie noch vor einigen Jahrzehnten. Die integrierenden Angebote erodieren auch hier – und der Wille zur Beschäftigung mit komplexeren Informationszusammenhängen schwindet.

Dabei leben wir eigentlich in Zeiten, die gerade im Hinblick auf Information und Kommunikation verheißungsvolle Optionen bieten. Niemals waren Informationen so umfassend verfügbar wie heute. Die meisten Primärquellen stehen allen offen. Digitale Medien schaffen ungeahnte neue Informations- und Kommunikationsmöglichkeiten. Jede Bürgerin und jeder Bürger kann sich jederzeit beinahe ohne Barrieren an eine weltweite Öffentlichkeit wenden. Der *free flow of information* ist in weiten Teilen Realität geworden. Aus der oftmals als vermachtet kritisierten Massenkommunikation, in der grundsätzlich wenige Privilegierte zu vielen sprechen, ist ein vielfach vernetztes Miteinander auf Augenhöhe geworden, in dem sich Kommunikationszusammenhänge frei bilden und genauso schnell auch wieder auflösen können. Die alte Idee der herrschaftsfreien Öffentlichkeit ist damit auf den ersten Blick in greifbare Nähe gerückt.

Zugleich aber müssen wir feststellen, dass mit den neuen Möglichkeiten auch die klassischen Routinen unter Druck geraten, auf denen unsere demokratischen Verfahren in den letzten Jahrzehnten aufgebaut waren. Durch die Kommunikationsmöglichkeiten des Internet ist es einfacher geworden, eine individuelle Meinung zu äußern. Zugleich aber ist es immer schwerer geworden, eine öffentliche Meinung zu generieren, die Orientierung in der Informationsflut bietet.

Medien werden durch die technischen Möglichkeiten der mobilen Kommunikation zum individuellen Begleiter in jeder Lebenslage. Aufgrund der Durchdringung des Alltags mit Medienangeboten scheint es nicht mehr notwendig, einen gemeinsamen öffentlichen Raum zu erzeugen. Die Anschlusskommunikation an Medienberichterstattung, die früher in der Familie, im Verein oder in der Kneipe stattfand, verlagert sich ins Netz, in dem sich Zirkel zusammenfinden, die sich in ihrer jeweils spezifischen Meinung bestätigen können und am Ende glauben, auf Medien und Journalismus verzichten zu können, weil sie sich selbst genug sind und nicht mehr nach dem größeren Zusammenhang streben. So entstehen jene verhängnisvoll parzellierten Echokammern, in denen Gleichgesinnte unter sich bleiben und sich von gesellschaftlichen Debatten abkoppeln. Einer auch kommunikativ derart in die Singularität gesteigerten Individualisierung leisten digitale Medien bisweilen erheblichen Vorschub. Auf den zur Verfügung stehenden Plattformen kann jede Meinung und jede Extravaganz öffentlich geäußert werden. Das ist ein unglaublich positiver Freiheitsgewinn. Allerdings führt er auch zu einem bezuglosen Nebeneinander von Meinungen, das strategisch missbraucht werden kann, um die Vorstellung einer gemeinsam zu vereinbarenden Unterstellung der Wahrheit – oder auch nur ein akzeptiertes Verwerfen von Wahrheitsannahmen – zu diskreditieren.

Zu allem Überfluss wird diese Kommunikation sichtbar. Das suggeriert den aufs Ganze gesehen nach wie vor Vereinzelten Größe und Bedeutung. Es animiert auch jene zum Sprechen, die außer Verschwörungstheorien nichts zu sagen haben und die auch niemandem zuhören wollen, der nicht ihrer Meinung ist. Was dagegen fehlt, ist eine diskursive Vernetzung, aus der heraus wieder die orientierende Vorstellung eines gemeinsam erarbeiteten Gemeinwohls entstehen kann.

Wir haben es also mit einer paradoxen Entwicklung zu tun: Zum einen wachsen die kommunikativen Möglichkeiten und die Gelegenheiten zur Vernetzung, zum anderen aber entsteht daraus bislang nicht jener öffentliche Diskurs, den sich viele erhofft haben, wenn alte Meinungsmonopole fallen und Zugänge erleichtert werden. Noch fehlen Mechanismen, mit denen wir die vielfältigen Stimmen in der Öffentlichkeit so zueinander bringen, dass wieder ein vernünftiges Gespräch entsteht und nicht nur ein Stimmenwirrwarr, in dem Orientierung und Überblick verloren gehen. Und es fehlt ganz offensichtlich auch die Akzeptanz für eine diskursive Bündelung einzelner Stimmen in einer gesellschaftlich konturierten Perspektive.

Die kommunikativen Freiheiten ziehen so auf einmal neue Unfreiheiten nach sich. Denn wenn die gemeinsame Verständigung über das, was ist, und über das, was sein sollte, als Bedrohung empfunden wird, gerät die Meinungsfreiheit in Gefahr. Das Aushandeln der für alle verbindlichen Regeln und Werte in einer Gesellschaft bedarf herrschaftsfreier Diskussionen, in denen der von Habermas beschriebene zwanglose Zwang des besseren Arguments den Ausschlag gibt. Die Aushöhlung der einstmals gesellschaftsbildenden Kraft öffentlicher Kommunikation durch die Flut kleiner und kleinster teilöffentlicher Kommunikationsforen schwächt diese umfassende Perspektive. Der Prozess beschleunigt sich dramatisch, wenn ressourcenstarke Akteure mit gezielten strategischen Interventionen das Durcheinander auf den Plattformen bis an den Rand des Unübersehbaren treiben. Wo früher die gezielte Unterdrückung von Nachrichten das Kernziel der Desinformation war, ist es heute die bezuglose Produktion möglichst vieler, nicht überprüfbarer Behauptungen, in denen Orientierung zunehmend abhandenkommt. Diese Prozesse stärken die gegenläufigen Fliehkräfte in unserer Gesellschaft und drohen die Institutionen einer für die ganze Gesellschaft relevanten diskursiven Öffentlichkeit zu zerreißen.

Immer häufiger führt der erste Weg der Nutzerinnen und Nutzer in digitalen Kontexten zu einer Suchmaschine oder einem sozialen Netzwerk, die versprechen, das jeweilig individuell Relevante zu identifizieren und zu liefern. Die Funktionsweise der Informationsauswahl auf den algorithmisch gesteuerten Social-Media-Plattformen und Suchmaschinen, die technisch in der Lage sind, die individuellen Präferenzen ihrer Nutzerinnen und Nutzer zu identifizieren und ihr Angebot darauf zuzuschneiden, verändert in der Folge auch praktisch unsere Öffentlichkeit. Während klassische redaktionelle Medien davon geprägt sind, Relevanz im gesellschaftlichen Maßstab zu bewerten, weil sie auf Reichweite angewiesen sind und sich deshalb fragen müssen, was denn möglichst viele interessieren kann und was alle wissen müssen, verfügen die neuen digitalen Mittler über genügend Daten aus der jeweils individuellen Nutzerhistorie, um Relevanz auf jeden Einzelnen bezogen anhand einer konkreten Situation zu bewerten.

In dem Maße, in dem sich unser Informationsverhalten immer stärker auf Suchmaschinen, Social Media und digitale Nachrichtendienste verschiebt, wird so auch der Zusammenhang öffentlicher Relevanz geschwächt und zumindest potenziell der Vereinzelung auch des Wissens und der Kommunikation Vorschub geleistet. Die technisch immensen Möglichkeiten der Vernetzung führen dann paradoxerweise zum neuerlichen Verlust sozial vielfältiger Bezüge – und zwar weil das Kriterium der Auswahl eben nicht mehr auf eine vielfältige Gesellschaft bezogen ist, sondern auf individuell und personalisiert angesprochene Nutzerinnen und Nutzer, die die Vielfalt im Angebot zwar noch vermuten und spüren, aber kaum mehr selber in all ihrer Widersprüchlichkeit wahrnehmen. Damit geht uns der *general interest*, das allgemeine öffentliche Interesse, verloren – und letztlich auch die öffentliche Aufgabe, derentwegen moderne Gesellschaften Journalismus ausdifferenziert haben. Schon heute müssen wir intensive Debatten über Legitimation und Bedeutung journalistischer Angebote führen – mit ungewissem Ausgang.

Denn mit den technischen und ökonomischen Bedingungen eines freiheitlichen Journalismus erodieren augenscheinlich auch zivile und kulturelle Errungenschaften. Journalistinnen und Journalisten können – wie Künstlerinnen und Künstler auch – entscheidend zu gesellschaftlichen Diskussionen beitragen. Das Risiko ihres Handelns liegt in seiner Öffentlichkeit. Gerade journalistisches Schaffen veröffentlicht Dinge, die eigentlich im Verborgenen bleiben sollten, und ermöglicht so unseren rationalen Umgang damit. Journalistinnen und Journalisten entziehen Verschwörungstheorien regelmäßig den Boden und werden zu Gegnern all jener, die sich in ihnen zum eigenen politischen Vorteil behaglich eingerichtet haben.

Der ehemalige Chefstratege Donald Trumps, Steve Bannon, machte wohl auch deshalb keinen Hehl daraus, dass er die Funktionsweise moderner Medien stören möchte. Er betrachtet sie in der Auseinandersetzung um als wahr empfundene Information als die wahre Opposition. »And the way to deal with them is to flood the zone with shit«, erklärt er und meint damit auch die Möglichkeit, in den digitalen Foren relevante Information in einer nicht mehr zu verarbeitenden Masse an nutzloser oder nicht nachzuprüfender Information zu ertränken und so den Mechanismus öffentlicher Kommunikation substanziell zu schwächen.[27] Wenn gar nicht versucht wird, die Behauptungen der politischen Konkurrenz oder die unliebsame Berichterstattung der Medien als unwahr zu widerlegen, sondern diese nur noch algorithmisch durch eine Vielzahl anderer Behauptungen an den Rand gedrängt wird, dann leidet darunter natürlich in letzter Konsequenz die Idee, dass unsere Gesellschaft auf die vernünftige Verständigung zwischen unterschiedlichen Meinungen und Weltanschauungen gegründet ist. Das Gespräch der Vielen geht in einer Kakophonie der Aggression verloren. Die Politik und die Medien sind dann in der Wahrnehmung vieler auf einmal schuld daran, dass es nicht mehr gelingt, in Ruhe über die Dinge zu sprechen – und der vereinfachende Retter hat in direkter Kommunikation und ohne störende diskursive Überprüfung freie Bahn, seine Sicht der Dinge zu platzieren.

In der Folge erodieren die Wertschätzung und im Anschluss daran auch die Freiheit der Medien. Dieser Trend lässt sich weltweit beobachten: Nur noch 13 Prozent der Weltbevölkerung haben dem Jahresbericht der NGO Freedom House zufolge Zugang zu freien, unabhängigen Medien; seit gut einem Jahrzehnt weist diese Statistik auch für die westlichen Länder sich verschlechternde Bedingungen aus.[28] In manchen Teilen der Welt ist die Arbeitssituation von Journalistinnen und Journalisten bereits heute dramatisch. Sie werden bedroht, drangsaliert, eingeschüchtert, verfolgt und getötet. Auch in europäischen Ländern gerät die freie Presse unter Druck – mal offen und unverhohlen, aber häufiger subtil und kaum öffentlich merkbar. Und in den USA – einem der Geburtsländer der Pressefreiheit – sitzt ein Präsident im Weißen Haus, der Medien systematisch verächtlich macht und Listen unliebsamer Publikationen veröffentlicht. Das Gift der populistischen Demokratieverachtung wirkt tief, wenn Medien diffamiert werden – ganz gleich, ob das auf Demonstrationen oder auf Twitter passiert. Die giftigen Worte bereiten oft den Weg für noch giftigere Taten.

In Deutschland war schon 2015 plötzlich das Unwort »Lügenpresse« wieder in der Welt – skandiert von jenen, die das Vertrauen in die angemessene Repräsentanz ihrer Interessen durch die Politik oder die Medien verloren haben, ohne die Chancen zur individuellen oder singulären Positionierung ihrer Einzigartigkeit nutzen zu können. Die klassischen Medien – als eine der wenigen verbliebenen übergreifenden Integrationsinstanzen – werden angegriffen, weil sie vermeintlich das inhaltlich falsche Integrationsangebot formulieren. Der Soziologe Heinz Bude schreibt dazu zutreffend: »Im Zeichen von Systemaversion, Betrogenheitsempfindung und Selbstmandatierung finden sich die Besorgten, Übergangenen und Verbitterten zusammen, um als Entladungsmasse der konstitutiven Gewalt des Volkes

Ausdruck zu verleihen. ›Wir sind das Volk!‹ heißt es bei allen Misstrauensbewegungen der letzten Jahre. In ihrem Verlassenheitsgefühl suchen die sich ignoriert, unterschätzt und zurückgesetzt Fühlenden nach wechselseitiger Resonanz und Verstärkung im gemeinsamen Hervortreten aus der nivellierten Mittelschicht.«[29]

Was wir mancherorts an offener Aggression und Hass auf Journalistinnen und Journalisten erleben mussten, hat viele verstört. Künstlerinnen und Künstler, Journalistinnen und Journalisten werden immer häufiger Opfer gewaltsamer Übergriffe – vorwiegend von rechts. Dass mittlerweile Kamerateams in einigen ostdeutschen Städten nur mehr mit Personenschutz von rechten Demonstrationen berichten können, ist ein Armutszeugnis unserer politischen und öffentlichen Kultur – und es ist kein regionales Problem, sondern eines, das im ganzen Land relevant ist. »Keiner hört keinem mehr zu, Worte werden einem im Mund verdreht, aus dem Zusammenhang gerissen, und wenn man nicht die Meinung des Gegenüber vertritt, ist man ein Idiot, ein Lügner, eine Schlampe oder total ferngesteuert.« So hat die Journalistin Dunja Hayali bei der Entgegennahme der Goldenen Kamera im Jahr 2016 die Situation beschrieben. Und sie hat sich nicht gebessert.

Angesichts solcher Entwicklungen stehen wir vor der Aufgabe, das gesellschaftliche Gespräch unserer demokratischen Öffentlichkeit neu zu begründen – und mit ihm den Journalismus als die institutionelle Vorkehrung, die es ermöglicht. Es geht hierbei nicht nur um eine demokratie- und wirtschaftspolitische, sondern mindestens in gleichem Maße auch um eine kulturpolitische Aufgabe, die die Grundlagen der vernünftigen Verständigungsfähigkeit unseres Zusammenlebens berührt. Den Kern des Journalismus jedenfalls wird nur bewahren, wer sich erlaubt, ihn in seiner Aufgabe und seinen Routinen radikal in Frage zu stellen. Es geht vermutlich um nicht weniger als darum, die klassische anwaltschaftliche Rolle des Journalismus unter veränderten Rahmenbedingungen neu zu begründen. Nicht alles steht dabei zur Disposition. Auch künftig bleibt es eine zentrale journalistische Aufgabe, vernünftige Diskurse zu ermöglichen.

Es wäre ein Trugschluss zu glauben, dass Journalismus nur deshalb obsolet würde, weil alle Informationsquellen offenstehen. Die gewaltigen Recherche-Leistungen, die beispielsweise mit den Panama Papers verbunden waren, belegen das Gegenteil. Vieles, was Journalismus klassisch geleistet hat und aktuell leistet, muss er auch künftig leisten: Gründliche Recherche und Investigation, sorgfältige Analyse und erfahrungsreiche Kommentierung, auch exzellente Erzählungen und Unterhaltung werden nicht überflüssig.

Aber Journalismus kann sich heutzutage nicht mehr auf eine bloße Beobachterrolle zurückziehen, sondern wird immer wieder zur Einmischung herausgefordert. Durch die neuen Möglichkeiten digitaler Interaktion werden Journalistinnen und Journalisten nicht nur nicht überflüssig, sondern aufgrund der wachsenden Vielzahl der Teilnehmerinnen und Teilnehmer vermutlich als Moderatorinnen und Moderatoren der Gespräche noch viel mehr gefordert. Ihnen könnte es in Zukunft obliegen, den Zusammenhang des gesamtgesellschaftlich Relevanten immer wieder neu herzustellen und zu vermitteln.

Sie werden daher in ihren Vermittlungsroutinen darauf reagieren müssen, dass die neuen technischen Möglichkeiten die einstige Massenöffentlichkeit einer Gesellschaft in viele Teilöffentlichkeiten zergliedert haben. Journalismus steht vor der Aufgabe, diese fragmentierten Foren wieder zu verbinden, um ein gesellschaftliches Bild sichtbar werden zu lassen, das demokratische Gesellschaftlichkeit ermöglicht. Journalismus wird so zu einem entscheidenden Verbindungsstück zwischen der allgemeinen Öffentlichkeit und den vielen halböffentlichen Foren. Er ist herausgefordert, neue Zusammenhänge zu schaffen, um Orientierung geben zu können.

Das gelingt umso besser, wenn Journalistinnen und Journalisten sich nicht auf die passive Beobachterrolle zurückziehen, sondern selber verstehen wollen, um Verstehen zu ermöglichen. Journalismus ist schließlich nicht bloß Inhalte-Produktion, sondern – auch hier eine strukturelle Parallele zur Kunst – bleibt sinnbezogene Kommunikation. Deren Potenziale erschließen sich, wenn Journalistinnen und Journalisten in der Kommunikation selbst Stellung beziehen und sich auch inhaltlich zum Berichteten verhalten. Sie leiten nicht nur externe Informationen technisch durch, sondern werten, gewichten und ordnen sie ein.

Natürlich muss der Journalismus immer der Wahrheit verpflichtet bleiben – bei gesellschaftlichen Veränderungen und internationalen Krisen ebenso wie bei der Rezension einer Theaterpremiere oder einer Ausstellung. Zur Wahrheit gehört in diesem Kontext auch die Fähigkeit zuzugeben, dass man etwas noch nicht weiß oder dass man sich geirrt hat. Das ist notwendig, um das Vertrauen als eine Art geistiger Vorschuss in die eigene Berichterstattung zu sichern.

Es herrscht aktuell wahrlich kein Mangel an Informationen, sondern bisweilen ein Mangel an Einordnung, an Orientierung, an Streben nach begründeter Richtigkeit. Journalismus und Medien können dem dann begegnen, wenn sie sich als eben jene integralen kulturellen Institutionen unserer offenen Gesellschaft begreifen, die sie schon immer waren. Bereits vor mehr als 30 Jahren hat der Journalismusforscher Wolfgang R. Langenbucher Journalistinnen und Journalisten als »Zusammenhangsexperten« bezeichnet.[30] Unsere Gesellschaft braucht sie in dieser Rolle dringender denn je, um den Blick für das Ganze nicht zu verlieren.

DIE MAGIE DER WAHRHEIT

»Kunst ist Magie, befreit von der Lüge, Wahrheit zu sein«, hat Theodor W. Adorno in seinen *Minima Moralia* geschrieben.[31] Dieser für Adorno ungewöhnlich pathetische und schillernde Satz ist deshalb so interessant, weil er nicht die übliche Frage nach dem Verhältnis der Kunst zur Wahrheit stellt. Adorno behauptet stattdessen, dass die Kunst weder Lüge noch Wahrheit sei. Sie sei vielmehr von beidem befreit – etwas Drittes: Magie! Diese Feststellung bleibt zwar assoziativ unscharf, öffnet damit aber noch keinen Ausgang aus der hart erkämpften Mündigkeit. Nur weil sie magisch sein kann, ist die Kunst nicht bar jedweder Verantwortung. Denn selbst wenn eine völlig von der Wirklichkeit befreite Kunst denkbar wäre, bliebe auch diese ja in Bezüge eingewoben, reflektierte, überhöhte, verdichtete, spitzte zu und markierte Markantes bereits im Prozess des Schaffens. Und spätestens vor dem Publikum entfaltet die Magie des Kunstwerks eine zwangsläufig soziale, ja letztlich politische Dimension. Nicht vordergründig auf politische Fragen oder Prozesse gerichtet, sondern im Sinne des Politischen als dem, was machtvoll zwischen den sich verständigenden Menschen entsteht.

Kunst gerät so unweigerlich in die Verantwortung, über gesellschaftliche Verhältnisse aufklären zu können. Sie kann das Falsche in der Gegenwart ebenso zeigen wie die Option einer besseren Zukunft – wenn ihre Freiheit gewährleistet ist. »Während Wissenschaft und Journalismus der *Non-Fiction* verpflichtet sind, ist die Kunst befreit von einer solchen Bindung. Im Gegenteil: Von der Kunst wird erwartet, *fiction* zu liefern. Das wird oft übersehen. Wir kommen der Wahrheit nicht nur mittels *Non-Fiction* näher. Wir kommen ihr mit *fiction* mitunter viel näher«, schreibt Philipp Ruch, und weiter: »Manchmal enthüllt eine Lüge erst die Wahrheit. Die Wirklichkeit kann Theater sein.«[32] Gerade dieses Vexierspiel von Phantasie und Realität ermöglicht es der Kunst, Dinge sichtbar und fühlbar zu machen, die mit reiner Berichterstattung und Analyse des Realen nicht erreichbar sind. Erst reflexiv – also erkennbar – spekulative, ausgedachte und herbeiphantasierte Aktionen, Bilder und Erzählungen können demzufolge die Kraft entfalten, gesellschaftliche Realitäten aufzudecken. »Die Künste können Öffentlichkeit mit Mitteln bewegen, die weder Politik noch Journalismus zur Verfügung stehen. Natürlich ist es wichtig, zu ›sagen, was ist‹. Aber der Anspruch darf nicht hinter die Erkenntnishöhe zurückfallen, dass das, was ist, wie jede gesellschaftliche Wirklichkeit verhandelt wird. Dies geschieht erzählend, im Modus zu erprobender Fiktionen.«[33] Sie sind in der Lage, abstraktes Wissen über ungerechte oder gar unmenschliche Zustände in konkretes Mitfühlen zu verwandeln und so auch die Grundlage gesellschaftsverändernden Handelns zu schaffen.

Die Autonomie der Kunst in der Demokratie ist demnach nicht nur ein Privileg, sondern auch eine Verpflichtung, genauer eine Chance zur Selbstverpflichtung, sich selbst nicht den Normen und Zwängen des Alltags zu unterwerfen. Mit ihr einher geht die Kraft, den Gesetzmäßigkeiten unserer Welt und ihres Alltags nachzuforschen und sie offenzulegen, in Dystopien ebenso wie in Utopien. Der Philosoph Rüdiger Bubner spricht im Zusammenhang mit diesen Möglichkeiten der Kunst und in Anlehnung an Kant von den »Ausnahmemomenten, in denen uns die Welt unerwartet entgegenkommt«. Die ästhetische Erfahrung sei ein »Sonderfall unseres Weltkontakts«, denn sie zeige uns die Welt so, wie wir sie vorher noch nie gesehen haben, so Bubner weiter.[34]

Wir haben es bei der Kunst also mit einem Paradox zu tun: Sie gründet ganz bewusst nicht auf Wahrheit und nicht auf Authentizität, sondern auf ein »So-Tun-Als-Ob«, das aber keine Lüge ist. Genau deshalb kann Kunst uns in vielen Ausnahmemomenten der Wahrheit näher bringen. Und zwar gleich zweifach: Zunächst durch die unmittelbare, individuelle und emotionale Erfahrung des Werks und dann noch einmal im nachfolgenden Gespräch über das Erlebte. In diesen Momenten zeigt sich, dass die Wahrheit zwar oft schon in den Dingen liegt, aber doch gemeinsam entdeckt werden will.

Kunst leistet wertvolle Aufklärung darüber, dass es jeweils ein spezifischer Blick ist, der darüber entscheidet, was wie wahrgenommen wird, und dass die meisten gesellschaftlichen Erkenntniszusammenhänge ihre je eigene Perspektive verschleiern und als allgemein ausgeben. Die Kunst hingegen verweist immanent immer darauf, dass die Beziehung zwischen der Welt und dem Werk, zwischen dem Original und seiner ästhetischen Verdoppelung prekär sein muss. Sie eröffnet damit die gesellschaftliche Möglichkeit, Perspektivenvielfalt und ihre Wahrnehmungs- und Beschreibungsdifferenzen bewusst zu machen und zu verhandeln.[35]

Gegen diesen Zusammenhang wenden sich zunehmend populistische und antiaufklärerische Strategien, die sich längst nicht mehr nur darauf beschränken, Freiheit und Vielfalt inhaltlich zu kritisieren, sondern die zunehmend auf eine schleichende Schwächung und Zersetzung der essenziellen Institutionen und Verfahren unserer Demokratie setzen. Sie greifen auch die abstrakten Qualitäten der Freiheit an, auf denen die Möglichkeitsräume künstlerischer und kultureller Praxis gründen, indem sie einst progressive Strategien umwerten und gegen ihren ursprünglichen Gehalt richten.

Eindringlich hat die ehemalige Literaturkritikerin der *New York Times,* Michiko Kakutani, diese Praxis in ihrem Buch *Der Tod der Wahrheit* beschrieben, in dem sie sich mit der besonderen Situation in den USA unter Präsident Donald Trump auseinandersetzt.[36] Sie rekurriert auf die Ideen der Postmoderne, die seit den sechziger Jahren eine zunächst befreiende Wirkung auf Kunst und Kultur gehabt haben. Diese haben die letzten ehemals ehernen, vermeintlich objektiven und in Stein gemeißelten Wahrheitsansprüche verflüssigt und sichtbar gemacht, dass es unterschiedliche Erzählungen, unterschiedliche Perspektiven und unterschiedliche Biographien gibt, die zu unterschiedlichen Zugriffen auf Wirklichkeit führen können. Insbesondere in der Kunst bedeutete diese Verflüssigung der Perspektiven auf das, was uns eigentlich ausmacht, einen großen Gewinn.

Aber dabei ist es nicht geblieben, wenn man dem Gedankengang Kakutanis folgt. In dem Moment nämlich, in dem diese diskursiven Relativierungen in Gesellschaft und dann noch weiter in Politik hineindringen und sich mit Narzissmus und Beliebigkeit verbinden, besteht die Gefahr, dass sich auch die sie ermöglichenden umgreifenden Zusammenhänge auflösen. Dies geschieht in dem Moment, in dem wir zwar jedem Einzelnen zugestehen, einen eigenen Zugriff auf die Wirklichkeit zu haben, aber nicht mehr in der Lage sind, die Vielfalt unterschiedlicher Perspektiven in einer kohärenten Form derart zueinander in Beziehung zu setzen, dass wir als Gesellschaft rational erkenntnis- und handlungsfähig bleiben.

Eine aufklärerische Praxis kehrt sich demzufolge in ihr Gegenteil, wenn sie – im Moment ihrer potenziell vollständigen Verwirklichung – in die falschen Hände gerät und strategisch instrumentalisiert wird. Die Freiheit der individuellen Behauptung ist gerade durch die neuen digitalen Möglichkeiten ins Unermessliche gestiegen. Doch offensichtlich gelingt es immer seltener, aus dieser möglich gewordenen und wahrnehmbaren Vielheit der individuellen Stimmen die Vernunft einer modernen Gesellschaft herauszuhören oder herauszudestillieren. Die Befreiung der Einzelnen durch das Anerkenntnis ihrer individuellen Perspektive und Geschichte markiert zunächst einen emanzipatorischen Fortschritt. Wenn sie aber mit Machtkalkül strategisch missbraucht wird, kann sie auch zum Verlust eines gemeinsamen Weltverständnisses führen – und zwar vor allem dann, wenn zugleich auch die Verfahren geschwächt sind, mit denen wir traditionell gemeinsam bestimmen, was wir gesellschaftlich für wahr und richtig halten und unterstellen wollen. Gelingt uns das nicht mehr, dann werden die unterschiedlichen Konstruktionen der Wirklichkeit nur noch ratlos, gleichgültig oder aggressiv nebeneinander vertreten. Und die Chance steigt, dass sich die lauteste und vehementeste Behauptung durchsetzt, wenn in der Flut der Äußerungen das vernünftige Gespräch nicht mehr organisierbar ist.

Dadurch gerät die Annahme, dass die gesellschaftlichen Belange in der Moderne vernünftig zu regeln seien, immer mehr unter Druck. Die Aufforderung, sich des eigenen Verstandes zu bedienen, birgt schließlich immer auch die Gefahr einer individuellen Vernunfthybris, die den eigenen Gedanken und die eigene Weltsicht zum Maßstab aller Dinge erhebt. Die Väter der Kritischen Theorie, Theodor W. Adorno und Max Horkheimer, haben die darin liegende *Dialektik der Aufklärung* und die inhumanen Konsequenzen einer sich verselbstständigenden instrumentellen Zweckrationalität eindringlich beschrieben.[37] Ihr Schüler Jürgen Habermas wiederum hat in seiner *Theorie des kommunikativen Handelns* darauf hingewiesen, dass unsere Gesellschaften heute von dem Konflikt zwischen der technischen Vernunft von Macht und Geld und der kommunikativen Vernunft des zwischenmenschlichen Gesprächs geprägt sei.[38] Durch diese Differenzierung des Vernunftbegriffs rettet er den anthropologischen Optimismus der Aufklärung über dramatische zivilisatorische Fehlentwicklungen hinweg. Für diese sind seiner Ansicht nach zu stark verselbstständigte Macht- und Profitmechanismen verantwortlich, die kommunikativ lebensweltlich eingehegt werden müssen. Er zeichnet auf diese Weise eine in menschlicher Praxis begründete Hoffnung auf eine Verbesserung der Umstände aus, die durchaus anschlussfähig ist an die Zuversicht des künstlerischen, von allen Handlungsfolgen entlasteten Spiels.

Anschließend an die Feststellung, dass die aufklärerische Vernunft im verständigungsorientierten Gespräch ihren Weg in die Gesellschaft findet, bleibt es natürlich vergleichsweise selbstverständlich, weiterhin einen immensen Freiheitsgewinn darin zu sehen, dass die Wahrheit nicht mehr festgefügt ist, sondern zum Tanzen gebracht werden kann. Aber dass diese in der aktuellen Situation noch einmal zugespitzte Verflüssigung der Wahrheit in einer Vielzahl unterschiedlichster individueller Perspektiven auch weiterhin als aufklärerisch im besten Sinne wahrgenommen werden kann, ist nicht voraussetzungsfrei. Dass heute, anders als noch vor wenigen Jahrzehnten, jede Bürgerin und jeder Bürger ihre Sicht der Dinge öffentlich äußern und verbreiten kann, ohne Filter und Bevormundung, erleichtert sicherlich die Produktion eines Gefühls der Einzigartigkeit eines jeden von uns. Zugleich aber zerbricht etwas, wenn wir uns nicht darum bemühen, auch das Gemeinsame zu bestimmen – mit Blick auf die »conditio humana« genauso wie mit Blick auf die Werte und Regeln unseres Zusammenlebens.

Während die Kunst hier die Möglichkeit hat, spielerische Überlegung anzustellen, wie die Wirklichkeit auch hätte sein können, erwarten wir im sozialen und damit auch im politischen Gespräch, dass Aussagen über objektive Wahrheiten, soziale Richtigkeiten und emotionale Wahrhaftigkeiten getroffen werden. Wenn eine dieser drei Dimensionen in Frage gestellt wird, sind die Gesprächsteilnehmer gefordert, darüber zu sprechen und zu klären, welche Annahmen sie übereinander treffen. Wie bereits beschrieben, liegt die Grundlage solcher Gespräche vor allem darin, dass wir uns wechselseitig unterstellen, an einer Verständigung interessiert zu sein. Nicht selten tun wir das kontrafaktisch. Denn nur wenn wir unser Gegenüber entgegen aller Wahrscheinlichkeiten als vernünftigen Gesprächspartner akzeptieren, hat das gesellschaftsbegründende Gespräch überhaupt Sinn. Aus dieser grundlegenden Fähigkeit zur Verständigung (und aus der Bereitschaft, sich ihrer zu bedienen) entstehen die sozialen lebensweltlichen Zusammenhänge, auf denen moderne Gesellschaften ruhen.[39]

Die oft vordergründig geforderte Toleranz gegenüber der Meinung anderer ist für das notwendige kommunikative Handeln nicht ausreichend. Toleranz beruht viel zu oft bloß auf der zähneknirschenden Duldung. Der Dialog hingegen erfordert, dass man sich einlässt auf das Denken des Anderen. Man muss nicht das Gleiche denken, aber man muss sich mit seinem Denken auseinandersetzen. Dazu gehört auch, den Gedanken zuzulassen, dass der oder die Andere recht und man selber unrecht haben könnte, so schwer das auch manchmal fallen mag. Und man muss die Bereitschaft besitzen und unterstellen, dass alle durch ein besseres Argument auch überzeugbar wären.

Aber dadurch löst sich unsere Welt noch lange nicht in der begrüßenswerten Vielfalt unterschiedlicher Sichtweisen, Meinungen und Absichten auf. Sie entsteht vielmehr erst, wenn wir diese Vielfalt leben und auf ihrer Grundlage das uns Verbindende bestimmen. Dazu brauchen wir Narrative, die aus den vielen Einzelheiten etwas formen, das die Überzeugung, die Emotion und den Sinn hat, gemeinsam die Wahrheit für uns alle erzählbar zu machen.

Was das bedeutet, lässt sich anhand beinahe jeder künstlerischen Sparte belegen. Ein aktuelles Beispiel ist das wunderbare Album der Band The Highwomen. Die profilierten Sängerinnen Brandi Carlile, Natalie Hemby, Maren Morris und Amanda Shires haben sich 2019 zusammengetan – aus Frust darüber, dass die Songs weiblicher Countrystars im durchformatierten Country-Radio der USA kaum eine Chance haben, gespielt zu werden. Sie haben daraufhin ein gemeinsames Album aufgenommen, das beinahe durchgängig eine deutliche feministische Perspektive mit den Stilmitteln des Country mischt und sich so an ein breites Publikum richtet.

Im gleichnamigen Titelsong schließen sie an die archetypischen Macho-Erzählungen aus dem klassischen Lied »The Highwayman« an und transponieren sie in dezidiert weiblichen Perspektiven auf die amerikanische Geschichte: Aus dem frühen Siedler, dem Seemann, dem Staudammarbeiter und dem Astronauten werden eine aus Honduras flüchtende Mutter, eine vermeintliche Hexe aus Salem, eine Teilnehmerin an den Freedom Rides und eine verfolgte Predigerin. »We are The Highwomen / Singing stories still untold«, heißt es im Chorus. Diese Kraft, nicht erzählte Geschichten, marginalisierte Positionen und emanzipatorische Perspektiven zu erzählen und uns nahezubringen, besitzt die Kunst. Mit dieser Kraft vermag sie uns unmittelbar zu berühren und aufklärerisch zu wirken. Auf diese Kraft können wir Gesellschaft bauen.

Die Moderne hat die Möglichkeit der Freiheit verbunden mit der Aufgabe, Prozesse zu entwickeln, mit denen wir auch ohne traditionale Gewissheiten Kohärenz und Kohäsion sicherstellen können. Dabei darf die Freiheit nicht auf Kosten der Wahrheit gehen: »Freiheit bedeutet die Freiheit, zu sagen, daß zwei und zwei vier ist. Gilt dies, ergibt sich alles übrige von selbst«, heißt es bei George Orwell in *1984*.[40] Die Wahrheit muss heutzutage zwar immer wieder neu bestimmt werden. Das aber macht sie keineswegs beliebig, sondern bindet sie erst recht an gute Gründe, an bessere Argumente und an die belegbare Faktizität der Welt.

Es scheint im Augenblick oft so, als hätten wir die Instrumente vergessen, die wir bereits vor Jahrzehnten entwickelt haben, um diese Aufgabe in demokratischen Gesellschaften zu bewältigen. Denn es reicht nicht, dass es sich die Besucherinnen und Besucher einer Kultureinrichtung in geschützten behaglichen Räumen gemütlich machen. Nach der Rezeption folgt die Kommunikation, das Gespräch über die unterschiedlichen Perspektiven in unserer Gesellschaft mit dem Ziel einer gemeinsamen Perspektive auf das, was unsere Gesellschaft offen, frei, demokratisch und vielfältig macht. Das ist eine Aufgabe, die sich allen Bürgerinnen und Bürgern stellt und die nicht an einzelne Kultureinrichtungen delegiert werden kann. Wir alle sollten

Sinn dort suchen, wo wir ihn notfalls auch selbst produzieren können. Der Abriss des gesellschaftlichen Gesprächsfadens über eine gemeinsame Vorstellung des vernünftigen und sinnvollen Zusammenlebens in Vielfalt wird nicht dabei helfen, neuen Gemeinsinn zu erzeugen. Umgekehrt wäre es das Ende der Freiheit, wie wir sie kennen, wenn sich jene durchsetzten, die derzeit auf die vollständige Befreiung des Einzelnen aus der Tradition so reagieren, dass sie die Rückkehr in die gewachsene Gemeinschaft – in eine muffige Heimat oder eine enge Nation – erzwingen wollen.

Die gemeinsame Herausforderung liegt in der Entwicklung neuer Strategien und Positionen, mittels derer wir es schaffen können, aus der Beliebigkeit des Nebeneinanderher, der Vielfalt der unterschiedlichen Perspektiven und unserer unterschiedlichen vernünftigen Positionen wieder in einen Prozess des sich miteinander Verständigens zu kommen. Hier sind insbesondere auch Künstlerinnen und Künstler in all ihren Kompetenzen gefragt – nicht im Sinne eines volkspädagogischen Aufklärens über eine scheinbar objektiv gesetzte Wahrheit, sondern im Sinne des Ermöglichens der Auseinandersetzung mit den unterschiedlichen Perspektiven in unserer Gesellschaft. Und in dem Versuch, aus dem Gespräch und dem gemeinschaftlichen Erleben etwas zu erschaffen, das das Gefühl von gemeinsamer Aufgabe, gemeinsamem Sinn und gemeinsamer Notwendigkeit innerhalb eines Gemeinwesens ermöglicht. Wenn Wahrheit und damit auch Sinn erst in sozialen Kontexten zugänglich werden, dann ist die Herstellung eines sozialen Zusammenhangs immer auch die Voraussetzung dafür, dass kultureller Zusammenhang möglich ist.

GEFÄHRDUNGEN DER KUNSTFREIHEIT

Die weltweiten Umbrüche in Wirtschaft und Gesellschaft schlagen nicht nur auf kulturelle Zusammenhänge durch, sondern erzeugen eine politische Gemengelage, in der der Druck auf kulturelle und künstlerische Einrichtungen zunimmt, sich in den gesellschaftlichen Grundkonflikten eindeutig zu positionieren.

Gerade auch auf den Bühnen unserer Republik wird dieser Zusammenhang immer wieder offen verhandelt – reagieren doch die darstellenden Künste meist schneller und unmittelbarer auf soziale Veränderungen, weil sie selbst im sozialen Kontext entstehen und zur Aufführung gelangen. Bei aller wünschenswerten gesellschaftlichen Verantwortung aber wäre eine allzu offensive Politisierung des Theaters problematisch. Es erschöpft sich schließlich nicht im Diskurs über die Lage der Dinge. Natürlich sind Theater auch Orte der gesellschaftlichen Verständigung. Aber in erster Linie sind sie Orte der unmittelbar eindrücklichen Erfahrung. Die derzeit intensiv geführte Debatte über die Rolle des Theaters in unseren Gesellschaften sollte sehr ernst genommen werden. Denn natürlich ist Eskapismus, also das Theater als Fluchtort vor dem widrigen Alltag, zu wenig. Genauso aber bringt auch die dauerhafte diskursive Verflüssigung der Kunst das Theater kaum weiter. Das Theater wirkt dann am stärksten, wenn es sich auf die Kraft seines Spiels konzentriert und so die abstrakten Fragen unserer Zeit ganz praktisch und unmittelbar vor Augen führt.

Im Bewusstsein dieser künstlerischen Kraft stellt der Regisseur Falk Richter fest: »Theater ist politisch, denn es setzt sich immer in

Bezug zur Gesellschaft, bewusst oder unbewusst, und im besten Fall bezieht es Stellung zu den Machtverhältnissen innerhalb einer Gesellschaft und setzt sich mit den gesellschaftlich relevanten und drängenden Themen auseinander und lässt die Möglichkeit oder zumindest die Ahnung der Möglichkeit eines anderen Lebens, eines anderen Miteinanders aufscheinen.« Für ihn ist das Theater folgerichtig »immer auch ein Ort der gelebten sozialen Experimente, und des Ausprobierens gesellschaftlicher Utopien«.[1] Es kann auf der Bühne aktuelle Umstände ebenso kritisieren wie es alternative gesellschaftliche Szenarien ausprobieren kann. Es profitiert damit von der vollständigen künstlerischen Freiheit, die Zwänge der Realität hinter sich zu lassen und einen idealen Zustand ebenso kreieren zu können wie individuelle oder soziale Abgründe sichtbar werden zu lassen.

Die Entstehung des Werks in einem sozialen Kontext vor anwesendem Publikum verdeutlicht die besondere soziale Komponente, die gegenwärtiger Kunst innewohnt – und die zugleich Grundlage individueller Erkenntnis wie sozialer Reflexion sein kann. Die Wiege der europäischen Theatertradition steht nicht von ungefähr in der antiken griechischen Demokratie. Das Theater ist der Idee des sozialen Austauschs und der Deliberation gemeinsamer Deutungen und Absichten von Anbeginn sehr eng verbunden. Für manche ist es gar der Ausgangspunkt jener Ideen von »Geist, Seele, Bewusstsein, Ethik, Gewissen«, derer sich die Philosophen und Intellektuellen erst später bemächtigt haben.[2] Auch heute ist es immer wieder Ausgangspunkt gesellschaftlicher Diskussionen und Spekulationsort alternativer sozialer, politischer und kultureller Szenarien.

Es kann kaum verwundern, dass derartige Freiheiten Kritik ebenso hervorrufen wie Versuche der Instrumentalisierung künstlerischer Positionierungen zum Vorteil einzelner politischer Narrative. Wenn Kultur zur umkämpften Ressource wird, wächst die Gefahr ihrer strategischen Politisierung. Die Folge sind sehr unterschiedlich motivierte Versuche der Einschränkung künstlerischer Freiheiten, gegen die sich Kultureinrichtungen und Kulturpolitik vehement zur Wehr setzen müssen. Beispiele dafür finden sich längst nicht mehr nur in autokratischen Staaten, sondern zunehmend auch in westlichen Demokratien. Ihre nähere Betrachtung ist lohnenswert, wenn wir etwas über Strategien der Instrumentalisierung und der Verteidigung der Freiheit lernen wollen, um sie gegebenenfalls adaptieren zu können, wenn es nötig werden sollte.

Ein prominent gewordenes Beispiel der Verteidigung der eigenen Unabhängigkeit gegenüber der Politik war der Rücktritt des President's Committee on the Arts and the Humanities in den USA, mit dem die Mitglieder des Komitees ihren Widerstand gegen die ausbleibende Positionierung Donald Trumps zur rechtsradikalen Gewalt in Charlottesville im August 2017 zum Ausdruck brachten: »Die Wahrheit im Angesicht der Macht auszusprechen, ist niemals einfach, Mr. President«, leiteten sie ihr öffentliches Statement ein und führten weiter aus: »Kunst geht es um Inklusion. Die menschlichen Bedürfnisse umfassen eine lebendige freie Presse. Sie haben beides attackiert. [...] Wir kennen die Bedeutung eines offenen und freien Dialogs [...]. Ihre Worte und Taten haben uns alle weiter von den Freiheiten, die uns garantiert sind, weggedrängt.«[3]

Der hier angesprochene offene und freie Dialog ist wichtig für unsere offene und freie Gesellschaft und er fordert all jene heraus, die in besonderer Weise in der Öffentlichkeit Stellung beziehen können. Das Beispiel des US-Kunstausschusses zeigt ebenso wie die im November 2018 vorgestellte »Erklärung der Vielen« in Deutschland, dass sich Künstlerinnen, Künstler und kulturelle Einrichtungen dieser Verantwortung sehr wohl bewusst sind. Die Mitglieder des Kunstausschusses richteten ihre Kritik direkt an ihren Präsidenten: »Wir können nicht untätig daneben sitzen, [...] ohne uns gegen Ihre Worte und Taten zu äußern.«[4] Sie beziehen Stellung gegen eine Politik, die ihnen durch die schleichende Unterminierung rechtlich und gesellschaftlich garantierter Freiheiten die Luft zum künstlerischen Arbeiten nimmt. Damit verteidigen sie ihre eigenen Arbeitsmöglichkeiten, aber im weiteren Sinne zugleich auch die Errungenschaften einer freien und offenen Gesellschaft. Mit ihrer Erklärung markieren sie einen Tabubruch und versuchen eine breite gesellschaftliche Debatte zu erzwingen.

Auch in Europa beobachten wir Prozesse, die eines sorgenvollen Blicks auf die mittlerweile notwendige Zivilcourage gesellschaftlichen und künstlerischen Engagements bedürfen – und zwar nicht nur bezogen auf fernere autoritäre Regime, sondern mittlerweile auch auf manche Partner innerhalb der Europäischen Union. Es ist angesichts der engen Verwobenheit von Kunst, Kultur und Demokratie kaum verwunderlich, dass die offenen kulturellen Räume eines freiheitlichen Miteinanders genau in dem Moment unter Druck stehen, in dem wir sie dringend bräuchten.

Genau deshalb ist das Eintreten für ihre Freiheit unabdingbar, denn schon die Ermöglichung kultureller Praxen im Kampf um die Sicherung dieser Räume stärkt immanent das demokratische Prinzip durch die Inanspruchnahme seiner Logik. »Die Kunst ist frei, weil sie etwas bedeutet«, schreibt Hanno Rauterberg in seinem 2018 erschienenen Essay *Wie frei ist die Kunst?* Und er fährt fort: »Was diese Bedeutung ausmacht und worin also die Freiheit gründet, musste in der Moderne immer wieder ausgehandelt werden und wird nun, in der Digitalmoderne, auf denkbar grundsätzliche Weise in Zweifel gezogen. Es ist ein Zweifel am Wert der Freiheit, und er macht aus dem Streit um die Kunst einen gesellschaftlichen Konflikt.«[5] Der gesellschaftliche Diskurs über die Rolle von Kunst und Kultur nimmt an Intensität zu. Gerade deshalb ist es auch eine relevante politische Aufgabe, die Freiheit der Kunst – die ja nicht nur eine Freiheit von, sondern vor allem eine Freiheit zu etwas ist – zu stärken.

Diese unbedingte Freiheit muss politisch, rechtlich und auch gesellschaftlich gewährleistet bleiben, um Kunst und Kultur vor jeglicher Instrumentalisierung zu schützen – ganz gleich, wie gut ihre Begründung scheinen mag. Denn natürlich werden kulturelle Aktionen in der allgemeinen gesellschaftlichen und politischen Wahrnehmung immer dann wichtiger, wenn die einer Gesellschaft zugrundeliegenden normativen Paradigma in Zweifel gezogen und brüchig werden. Dann versprechen kulturelle Angebote eine integrative Kraft, die auch progressive politische Kräfte bisweilen gerne in den Dienst nehmen würden. In solchen Situationen wachsender Bedeutsamkeit benötigen Kunst und Kultur paradoxerweise erst recht den politischen Schutz vor allzu leichtfertigen Instrumentalisierungen als vermeintlicher »Kitt unserer Gesellschaft«.[6] Erst in vollständiger und zweckbefreiter Freiheit entfalten sie die gesellschaftliche Wirkung, die wir nicht funktional von ihnen erwarten dürfen.

Dass wir uns angesichts vielfältiger und vielfältig motivierter Angriffe auf die Kunstfreiheit fragen müssen, wie frei die Kunst noch ist, zeigt, in welche Schwierigkeiten wir geraten, wenn wir unachtsam sind gegenüber den Errungenschaften der Moderne. Wenn plötzlich Spielpläne von Theatern Gegenstand parlamentarischer Debatten werden oder von kulturellen Institutionen gefordert wird, sich politisch neutral zu verhalten, dann beginnt sich ein falsch verstandenes plebiszitäres Modell der Demokratie über die radikal subjektive Freiheit der Kunst zu schieben und so deren Freiheitsräume zu ersticken. Was auf den ersten Blick wie eine konsequente Fortsetzung der Selbstermächtigung demokratischer Bürgerinnen und Bürger wirkt, ist letzten Endes doch eher eine Spekulation auf eine Tyrannei der Mehrheit, die nicht mehr durch rechtsstaatlich gewährleistete Freiheiten und Schutzrechte der Minderheiten begrenzt wird.

Diese Strategien, die Akzeptanz künstlerischer Arbeiten an eine Resonanz bei gesellschaftlichen Mehrheiten zu koppeln, laufen den im Grundgesetz verankerten Freiheiten diametral entgegen. In Artikel 5 Absatz 3 des Grundgesetzes heißt es unmissverständlich: »Kunst und Wissenschaft, Forschung und Lehre sind frei.« Diese Norm stellt sicher, dass Kunst und Kultur sich eigensinnig und frei von fremdgesetzten Zwängen entfalten können – und zwar noch unbedingter als dies schon bei der Rundfunk- und Pressefreiheit der Fall ist. Das bedeutet auch, dass die Kunst davor geschützt wird, zu einem Instrument zu werden, zu einem Mittel, das externen Zwecken dienen soll. Die Freiheit der Kunst soll sicherstellen, dass die Kunst ganz aus sich selbst heraus Sinn stiftet. Die Irritationen, die Kunst auslösen kann, sollten wir als Bereicherung begreifen und als lustvolle Aufforderung zur Auseinandersetzung. Dann stellen sich andere wünschenswerte Effekte von selbst ein.

Natürlich besteht in einer liberalen Demokratie niemals eine Pflicht zur Einmischung, erst recht nicht für die Kunst, deren Freiheit unbedingt ist. Wenn aber schleichende Entwicklungen die künstlerische Praxis bedrohen, dann wird das Einstehen für die Kunstfreiheit zugleich zu einem Fanal gesellschaftlicher Freiheit, dann konvergieren künstlerische und gesellschaftliche Interessen an dem Erhalt eines freiheitlichen Rahmens und Regelwerks. Auch deshalb besitzen nicht nur Künstlerinnen und Kreative, sondern auch Kultureinrichtungen das Recht, sich an die Seite eines gesellschaftlichen oder politischen Anliegens zu stellen. Diese Möglichkeit, in künstlerischen Produktionen und Programmen ebenso wie in ihrer diskursiven Einkleidung Stellung zu beziehen, darf nicht durch ein falsch verstandenes und an die öffentliche Finanzierung geknüpftes Neutralitätsgebot relativiert werden. Kunst ist keine Plattform, sondern Kunst materialisiert sich in der Markierung einer Position. Die Kunst ist frei. Und zwar unbedingt. Doch sie kann sich den gesellschaftlichen und politischen Facetten ihres eigenen Wirkens kaum entziehen. Dieses Paradox aushalten zu dürfen, ist auch eine Errungenschaft der Moderne.

Wie jede weitere Errungenschaft muss aber auch diese fortgesetzt neu gesichert werden. Denn selbst in westlichen Gesellschaften gerät die Idee der Freiheit der Kunst aktuell wieder einmal unter Druck, und zwar aus sehr verschiedenen Richtungen gleichzeitig. Besonders in den Blick geraten unmittelbare Angriffe auf kulturelle Freiheitsräume, soziokulturelle Identitätsstrategien, die eine universale Perspektive in der Kunst symbolisch erschweren, und ökonomische Zwänge, die die Freiheit künstlerischer Ausdrucksmöglichkeiten materiell begrenzen.

ANGRIFFE VON RECHTS AUF KULTURELLE FREIHEITSRÄUME

Immer noch am augenscheinlichsten ist sicherlich, wenn staatliche Institutionen nicht in der Lage sind, die Kunstfreiheit zu gewährleisten, oder gar selbst als Bedrohung dieser Freiheiten gesehen werden.

Diese Entwicklung lässt sich deutlich etwa in den Vereinigten Staaten beobachten, wie das zitierte Beispiel der Kunstkommission des Präsidenten zeigt. Aber es steht keineswegs alleine: Die Bedrohung künstlerischer Freiheit ist auch anhand eines im September 2018 erschienenen Albums mit dem Titel *Songs of Resistance* von Marc Ribot nachzuvollziehen. Die Platte enthält Aufnahmen historischer und aktueller politischer Protestsongs, unter anderem singt Tom Waits »Bella Ciao« und erinnert uns daran, dass das kein Song ist, den man im Sommer der Liebsten hinterher ruft, sondern das berührende Abschiedslied eines Partisanen kurz vor dem vermeintlich letzten Kampf. Interessant ist aber vor allem, dass man auf der Rückseite des Samplers hinter dem fünften Song statt des Künstlernamens nur zwei Sterne findet. In der Fußnote steht dazu dann folgender Text: »Aus Angst davor, dass die Vergeltung des Trump-Regimes ihren Visa-Status gefährden könnte, hat die Sängerin der Aufnahme von ›Rata de dos Patas‹ verlangt, dass wir alle Verweise auf ihre Identität löschen. Wir glauben, dass ihre Befürchtungen vollständig gerechtfertigt sind, und haben ihre Wünsche befolgt. Wir danken ihr für ihre wunderbare Performance und für ihren großen Mut, diese Aufnahme überhaupt zu machen. Und wir hoffen auf einen Tag, ab dem politische und künstlerische Meinungsäußerungen nicht mehr unter dem Schatten solch rachsüchtiger und rassistischer Unterdrückung stehen. Venceremos.«[7]

Bei dem Song handelt es sich um eine mit Verve und jeder Menge Vergleiche aus dem Tierreich vorgetragene Attacke auf Männer, die sexistische Übergriffe gegen Frauen begehen. Ob der Tatbestand der Schmähkritik vorliegt, wenn der abstrakt auf Männer bezogene Text hier durch ein Intro auf eine konkrete Person bezogen wird, müssen im Zweifelsfall die Gerichte entscheiden. Was in diesem konkreten Fall erschüttert, ist die augenscheinliche Angst der Künstlerin vor einem direkten exekutiven Eingriff in ihre Freiheit. Man darf sich durchaus fragen, was eigentlich los ist in einer Welt, in der man im Jahr 2018 auf die Rückseite von Plattencovern solche Texte schreiben muss, weil Künstlerinnen und Künstler sich selbst von einer Regierung in einer gefestigt geglaubten westlichen Demokratie nicht mehr geschützt fühlen in der Freiheit ihres künstlerischen Ausdrucks.

Wer glaubt, dass solche Entwicklungen in Deutschland nicht möglich wären, der wird zunehmend und regelmäßig widerlegt. Die österreichische Schriftstellerin Kathrin Röggla, die sich für den Verein »Die Vielen« engagiert, beschreibt einen auch in Deutschland tobenden Kulturkampf, »den rechtspopulistische und rechtsextreme Kräfte seit Jahren führen – mit der Störung von Veranstaltungen, mit Strafanzeigen und Einschüchterungsversuchen, aber auch mit zahlreichen Anfragen in Parlamenten«.[8] Und die Beispiele für die Versuche von rechts, mit parlamentarischen Initiativen die Freiheitsräume von Kultureinrichtungen einzuschränken, nehmen weiter zu. Da wird vorgeschlagen, internationale Produktionshäuser zu schließen und die bislang zugewendeten Mittel in die Pflege öffentlicher Parkanlagen zu investieren. Da wird die ersatzlose Streichung der Mittel für interkulturelle Kulturprojekte gefordert. Da werden Spielpläne und Ausstellungsprogramme auf ihren Anteil »deutscher« Kunst hin untersucht. Und da wird vor allem eine staatliche Finanzierung immer wieder zum Anlass genommen, politische Neutralität zu verlangen.

Auf zwei Seiten hat das Feuilleton der *Süddeutschen Zeitung* im August 2019 rechte Übergriffe auf Kultureinrichtungen in ganz Deutschland dokumentiert.[9] Die Beispiele reichen von Attacken auf Theateraufführungen bis zu mehr oder minder subtilen Versuchen, die kulturpolitische Debatte zu verlagern. In vielen rechten und rechtsextremen Attacken auf die Kunst geht es immer wieder darum, eine vermeintliche inhaltliche Entfernung der Programme einzelner Kultureinrichtungen von der unterstellten Mehrheitsmeinung der Bevölkerung zu geißeln und vor diesem Hintergrund die staatliche Förderung der Angebote in Frage zu stellen. Ein Phänomen, das in West- wie Ostdeutschland gleichermaßen aufzufinden ist: »Wenn sich Theaterintendanten und Regisseure im eigenen Saft braten wollen und eine Kunst für immer weniger Zuschauer hervorbringen, können sie das gern tun – aber ohne Steuergelder«, wird der kulturpolitische Sprecher der baden-württembergischen AfD-

Fraktion zitiert. Er fährt fort: »Wenn die Theater mit Steuergeldern subventioniert werden, dürfen sich die Intendanten und Theaterregisseure nicht von der Bevölkerung entfremden.« Was das bedeutet, führt sein Kollege aus Sachsen-Anhalt in einer Pressemitteilung aus: »Die Aufgabe des deutschen Theaters war von Beginn an die Vermittlung von nationaler Identität – daher die Bezeichnung vieler Theater als ›Nationaltheater‹. Wenn wir eine starke Theaterkultur wollen, brauchen wir also zuerst eine starke Nationalkultur. [...] Grundlage und Ausgangspunkt jeder Kulturförderung muss vielmehr ein selbstbewusstes Bekenntnis zur deutschen Identität sein, wie es allein die AfD vertritt.«[10]

Hier wird recht plump versucht, eine nationalistisch begründete normative Grundlage herbeizukonstruieren, die Maßstab künftiger Förderentscheidungen des Staates zu sein habe. Nicht mehr die Freiheit künstlerischen Ausdrucks, sondern ein dienendes Verhältnis zu einer herbeiphantasierten Nationalkultur soll Leitlinie der Kulturpolitik werden.

Die Grundlagen dieses Denkens werden im neurechten Diskurs schon seit mehreren Jahrzehnten im Konzept des »Ethnopluralismus« gebündelt.[11] Ihm liegt die Behauptung zugrunde, dass kulturell verschiedene Völker in jeweils eigenen Nationen in sich geschlossen und (zumindest rhetorisch) gleichberechtigt nebeneinander her leben können. Was zunächst wie eine Entsorgung des für den klassischen Rechtsextremismus prägenden hierarchischen und rassistischen Gedankenguts wirkt, übernimmt bei näherer Betrachtung exakt die gleiche Funktion. Denn der Ethnopluralismus lehnt jede interne Vielfalt und Komplexität einer ethnischen Kultur vehement ab und verlagert die Unterschiede in die äußeren Beziehungen zwischen Kulturen, die er so naturalisiert betrachtet, »daß die Vielfalt der menschlichen Kulturen im gleichen Lichte natürlich gegebener und fest abgegrenzter Identitäten und Differenzen erscheint, wie die Vielfalt der Gattungen und Arten in der Natur selbst«.[12]

Dieses neurechte Denken umgeht damit den unmittelbar völkischen Rassismus klassischer rechter Positionen, gewinnt aber durch die harte Unterscheidung statisch begriffener Kulturen einen ebenso wirksamen Ersatz. In der Sache wird auch hier die Grundlage für eine knallharte Ausgrenzungspolitik auf der Grundlage eindeutiger Abgrenzungsfiktionen gelegt.

Anhand der Überlegungen des Ethnopluralismus wird deutlich, warum kulturpolitische Initiativen und Übergriffe in der neurechten Szene aktuell eine solche Bedeutung erlangen. Das Ziel kultureller Homogenität ist zur Grundlage der zentralen Differenzstrategie der Initiativen und Parteien des rechten Spektrums geworden. In der Folge rücken kulturpolitische Hegemonialbestrebungen weit nach vorne auf der politischen Agenda der neuen Rechten. In diesen gerade auch von der sogenannten Identitären Bewegung aufgegriffenen Überlegungen finden Diskursstrategien wie die im neurechten Spektrum vertretene These des Bevölkerungsaustausches genauso ihre Grundlage wie die mal mehr, oft weniger subtilen Machwerke rechter YouTuber, Folksänger oder Rapper.

Das Bekenntnis zur unbedingten und damit vielfaltsoffenen Freiheit der Kunst wird dagegen als Ausdruck einer politisierten Position im gesellschaftlichen Deutungskampf gebrandmarkt und als Einfallstor für vermeintlich nicht zulässige Verletzungen des Neutralitätsgebotes des Staates (beziehungsweise der durch ihn geförderten Einrichtungen) verurteilt. Die Marschrichtung ist klar: Der kulturpolitische Sprecher der AfD im Deutschen Bundestag Marc Jongen ließ im Januar 2018 verlauten, es sei ihm »eine Ehre und Freude […], die Entsiffung des Kulturbetriebs in Angriff zu nehmen«.[13]

In der Regel sind die gesellschaftlichen Mehrheitsverhältnisse noch klar genug sortiert und solche plumpen Attacken versanden im Konsens der demokratischen Mehrheiten. Aber die Haarrisse in den Bollwerken der künstlerischen Freiheit werden breiter und besorgniserregender. Im Mai 2019 wurde zum Beispiel der Fall des Mittelsächsischen Theaters in Freiberg öffentlich, dem der dortige Oberbürgermeister unter dem Druck der AfD-Stadträte kritische politische Diskussionsveranstaltungen im Theater verboten hat.[14] Und als die baden-württembergische AfD über eine parlamentarische

Anfrage nach den Nationalitäten der an der Stuttgarter Staatsoper beschäftigten Künstlerinnen und Künstler forschte, erreichte die Empörung sogar das Feuilleton der *New York Times*.[15]

In dem Maße, in dem sich gerade auf der kommunalen Ebene die Mehrheitsverhältnisse verschieben, steigt der Einfluss rechtspopulistischer und rechtsextremer Kritikerinnen und Kritiker freier Kunst – mit potenziell gravierenden Auswirkungen auf die Freiheit der Räume, der Institutionen und der künstlerisch Aktiven. Wenn die rechtsstaatlichen Instrumente der Sicherung der Kunstfreiheit an Kraft verlieren, weil sie sich gegen die nagenden Legitimationsfragen, die in der Regel die Neutralitätsgebote an den Staat auf die durch die Gesellschaft geförderten Kultureinrichtungen erstrecken, nicht mehr zur Wehr setzen können, steigt die Gefahr, dass errungene Freiheiten wieder verloren gehen.

Es bedarf daher jenseits hilfreicher individueller Bekenntnisse eines gemeinsamen politischen Vorgehens gegen derartige Entwicklungen. Es geht auch um das Markieren von Selbstverständlichkeiten im politischen Diskurs. Nicht zuletzt deshalb hat die neu gegründete Kulturministerkonferenz der Länder im März 2019 in ihrem ersten gemeinsamen Beschluss ein klares Bekenntnis zur »kulturellen und künstlerischen Freiheit« formuliert, in dem sie nicht nur festhält, dass die Freiheit der Kunst ein Maßstab der Kulturpolitik sein muss, sondern in dem sie es als »Aufgabe ihrer förder-, struktur- und ordnungspolitischen Initiativen« beschreibt, »Räume zur Ausübung dieser Freiheiten zu sichern und – wo möglich – zu erweitern«. Die Länder begrüßen außerdem »Initiativen von Künstlerinnen, Künstlern, Verbänden und Kultureinrichtungen, die die Bewahrung kultureller Freiheit und Vielfalt zum Gegenstand haben« und sichern ihnen die Möglichkeit zu, »sich zu gesellschaftlichen oder politischen Problemlagen zu äußern und auch kritisch Stellung zu beziehen.«[16]

Natürlich sollte es sich bei allen diesen Aussagen um Selbstverständlichkeiten handeln. Das Grundgesetz steht völlig zu Recht einem Neutralitätsgebot für die Kunst entgegen. Aber in einer Zeit, in der wir nichts Erreichtes mehr für sicher halten können, ist es wichtig, auch diese Selbstverständlichkeiten neu zu markieren und all jenen, die mit der konkreten Auslegung im politischen Diskurs beschäftigt sind, Hinweise zur freiheitlichen Interpretation der weiten Spielräume unserer Verfassung zu geben. Solche politischen Konsense stärken die Leitplanken der Demokratie in unserer Gesellschaft. Denn natürlich gehört zur künstlerischen Freiheit auch, alle zu kritisieren, die man kritisieren will, und zwar mit den Mitteln, die dafür zur Verfügung stehen. Dafür zu sorgen, dass dieser Möglichkeitsraum gesichert ist, das ist die Pflicht des Staates. Und es ist eine kulturpolitische Kernaufgabe, auch in Zukunft dafür zu sorgen, dass dieser Raum nicht einseitig determiniert oder gar eingeengt wird.

IDENTITÄTSPOLITISCHE STRATEGIEN UND POSITIONEN

Ein zweiter Strang der Gefährdung künstlerischer Freiheit entwickelt sich aus identitätsbezogenen Fragen an die Kunst, die den Spielraum des künstlerisch Möglichen zunächst subtil, aber zunehmend relevant einzuschränken drohen. Dass einzelne Gruppen eine besondere und begrenzt teilbare Position innerhalb der Gesellschaft und ihrer Kunst ausschließlich für sich reklamieren, ist vermutlich keineswegs das Massenphänomen, zu dem es bisweilen von Kritikern stilisiert wird, die sich demonstrativ an die Seite der vermeintlichen gesellschaftlichen Mehrheit stellen. Gleichwohl gilt es, sensibel zu sein für eine subtile Umwertung, die den identitätspolitischen Diskursen immanent sein kann. Sie birgt die Gefahr in sich, den aufklärerischen Gehalt universalisierbarer Werte auszuhöhlen, der einst die treibende Kraft gesellschaftlichen Fortschritts und der Ausweitung von Teilhabeoptionen gewesen ist.

Künstlerische Debatten drehen sich heute zunehmend um sehr berechtigte Fragen nach den gesellschaftlichen Machtverhältnissen und ihrer Spiegelung in künstlerischen Positionen: Drücken sich in bestimmten Werken zu überwindende Strukturen aus, deren Repräsentanz in den künstlerischen Programmen nicht mehr geduldet werden sollte? Ist es zulässig, sexistische, rassistische oder kolonialistische Kunstwerke aus anderer Zeit heute noch öffentlich zugänglich zu machen? Dürfen Künstlerinnen und Künstler sich kulturelle und soziale Positionen und Perspektiven aneignen, über deren Erfahrungsschatz und Marginalisierungsstatus sie nicht selbst verfügen? Derartige Fragen drängen mit Macht in den künstlerischen Diskurs. Sie konturieren eine Auseinandersetzung, in der die Freiheit der Kunst mit anderen Freiheiten abzuwägen und zum Ausgleich zu bringen ist.

Dass diese Debatte weit über den Bereich der Kunst hinausragt, zeigt ein Beispiel, das Armin Nassehi aus seinen Lehrveranstaltungen zitiert. In denen, so der Soziologe, werde es nämlich zunehmend schwieriger, den Studierenden zu verdeutlichen, warum Menschen zum Handeln in Gesellschaft Typologien ihrer Mitmenschen brauchen, die wechselseitige Erwartungen ermöglichen beziehungsweise stabilisieren: »Wir können nur einschätzen, was der andere tut und was wir von ihm erwarten können, wenn wir auch in der Lage sind, auf gesellschaftliche Strukturen in Form von Typen zurückzugreifen. Letztlich ist das die grundlegende Geschäftsbedingung der Sozialwissenschaften: Unser Handeln ist in erster Linie Ausdruck sozialer Lagerungen und Möglichkeiten. Studierenden ist das inzwischen höchst unplausibel – oft bin ich als erste Reaktion auf diese grundlegende Erkenntnis gefragt worden, wie man solche Typologien, Stereotype und vorgeordnete Kategorisierungen denn vermeiden bzw. überwinden könne.«[17]

Diese Anekdote verdeutlicht, wie sehr uns heutzutage das Bewusstsein für die Wahrnehmung sozialer und kultureller Kontexte und ihrer prägenden Wirkung auf unser Miteinander abhandenkommt. Stattdessen rückt die nicht angreifbare Selbstdefinition als singuläre Person ins Zentrum der gesellschaftlichen Strukturierung – mit dem Ergebnis, dass wesentliche Grundlagen unserer Befähigung, in einer Gruppe handlungsfähig zu werden, leiden. Wenn das Selbstbild nicht mehr mit einem Fremdbild kontrastiert werden kann, geht schließlich auch jene spannungsreiche Differenzbetrachtung verloren, aus der heraus Erkenntnis – über sich selbst und über die Gesellschaft, in der man sich bewegt – möglich wird.

In der Kunst geht es vor allem um Fragen der legitimen künstlerischen Aneignung von Perspektiven und Topoi, die klassisch mit marginalisierten Positionen unserer Gesellschaft assoziiert sind. In kulturell diversen und sozial dynamisierten Gesellschaften wird die eigene biographische, milieu- oder gruppenbezogene Perspektive zur narrativen Ressource im allgegenwärtigen Kampf um Respekt und Anerkennung. Um diese Ressource gegen Missbrauch oder Entwertung zu schützen, wird sie gekoppelt an die individuelle Erfahrung der jeweiligen biographischen Position. Soziale Diskursempathie reicht dann nicht mehr aus, um anwaltschaftlich ein Interesse zu artikulieren. Das wäre Paternalismus. Nur wer selbst über die Erfahrung der Marginalisierung verfüge, dürfe aus ihrer Perspektive heraus artikulieren und produzieren.

Den notwendigen Diskussionen mit in der Verletzlichkeit ihrer Identität betroffenen Kritikerinnen und Kritikern kann sich die Kunst nicht mit dem simplen Hinweis auf ihre Freiheit entziehen. Genauso wenig aber begründet das individuelle Gefühl der Verletzung gleichsam automatisch das Recht, eine Einschränkung künstlerischer Praxis zu fordern. Es kommt vielmehr darauf an, diese Konflikte offen und diskursiv zu bearbeiten, um gesellschaftliche Problemdimensionen adressierbar zu machen. Es wird immer dann problematisch, wenn der Kunst vorschnell der Boden entzogen wird und plötzlich Theateraufführungen nicht mehr legitim, Ausstellungen nicht mehr möglich oder Gedichte nicht mehr ertragbar sind.

Die Folge beschreibt Hanno Rauterberg beispielhaft anhand der Bildung von »Affektgemeinschaften«[18] im Internet, die zum einen eine Folge der notwendigen Demokratisierung der Kunst darstellen, zum anderen aber eben auch dazu führen können, dass ethische Fragen ästhetische Positionen zunehmend überlagern und die Kunst in ihrer Freiheit mindestens bedrohen, weil sie sie mit politischen Zwecken aufladen.

Wenn es in der Debatte schleichend kaum mehr um das Allgemeine und Verbindende geht, wie in der klassischen Moderne, sondern zunehmend um die exklusiven Empfindungen einzelner sozialer Gruppen, dann hat das Konsequenzen nicht nur für die Offenheit gesellschaftlicher Diskurse, sondern auch für die Freiheit künstlerischer Strategien. Denn wenn Sensibilität und Bewusstsein nicht mehr ausreichen, sondern bestimmte Positionen per se der Thematisierung entzogen sind, weil sie nur auf Grundlage spezifischer realer Erfahrung bezogen werden können, dann verengt sich das Spektrum des Möglichen. Das oft unausgesprochen wirksame Bündnis zwischen den Künsten und progressiven gesellschaftlichen Kräften, die nach Anerkennung streben, droht zu zerbrechen, weil die schrankenlose Freiheit der Kunst in Zweifel gezogen wird.

Rauterberg sieht gar »ein Schisma« im linksliberalen Milieu: »Die einen halten fest am bewährten Idealismus, demzufolge die freie Kunst immer auch den befreiten Menschen meine. Andere hingegen bekämpfen den Traum von der Uneingeschränktheit: Im Namen benachteiligter Gruppen verlangen sie eine Zensur von unten. Die Freiheit der Kunst sei stets die Freiheit der Privilegierten gewesen und also müsse sie neuen Regeln unterworfen werden. Wer tatsächlich alle Menschen befreien wolle, dürfe die Unfreiheit der Kunst selbstverständlich in Kauf nehmen.«[19] Ganz im Sinne einer poststrukturalistischen Diskursanalyse wird die Kunst hier angeblich dem herrschenden Machtdispositiv zugeschlagen und ist in die Schranken zu verweisen, um eine Umwertung bestehender Verhältnisse zu erreichen. Urplötzlich erscheint das Beharren auf künstlerischer Freiheit entgegen aller relevanten Positionierungen wie eine rechte Strategie, die die fortgesetzte Marginalisierung jener Gruppen, die künstlerisch durch Dritte ausgedeutet werden, sichern soll.

In einer öffentlichen Arena, in der Anerkennung am ehesten durch Aufmerksamkeit zu erreichen ist, ist diese Strategie, die Kunstfreiheit mit nachvollziehbaren ethischen Argumenten einseitig einzuschränken, zumindest kurzfristig rational, weil sie zum einen diskursive Bemerkbarkeit sicherstellt und zum anderen die ungerechte Verteilung von Sichtbarkeiten und Machtressourcen im gesellschaftlichen und kulturellen Mehrheitsnarrativ thematisiert. Gleichzeitig aber schwächt diese Herangehensweise von zunächst kaum vermuteter Position aus die emanzipatorischen Möglichkeiten unbedingter künstlerischer Freiheit. Denn es ist eine durchweg problematische Annahme, dass es gelingen kann, die Emanzipation sozial und kulturell benachteiligter Gruppen durch die Einschränkung künstlerischen Ausdrucks, mithin durch die Einschränkung einer der Kernfreiheiten unserer Gesellschaften, zu befördern. Wer die Kunstfreiheit als Deckmantel strategischer Machtausübung diskreditiert, leistet einer neuerlichen Schließung unserer Gesellschaft Vorschub.

Das Schicksal des Gedichtes »avenidas« des Lyrikers Eugen Gomringer,[20] das 2018 an der Fassade der Alice-Salomon-Hochschule übermalt wurde, markiert den in jüngster Zeit vermutlich relevantesten Kulminationspunkt dieser Debatten in der Bundesrepublik. In einem offenen Brief hatte der AStA der Hochschule 2017 die Entfernung des Gedichtes gefordert, weil es »nicht nur eine klassische patriarchale Kunsttradition, in der Frauen* ausschließlich die schönen Musen sind, die männliche Künstler zu kreativen Taten inspirieren«, reproduziere, sondern »zudem unangenehm an sexuelle Belästigung, der Frauen* alltäglich ausgesetzt sind«, erinnere.[21] Die in den Gedichtzeilen geäußerte Bewunderung für Alleen, Blumen und Frauen, so die Kritik, konstituiere einen im öffentlichen Raum nicht zulässigen Übergriff auf die freiheitliche Selbstbestimmung von Frauen. In der Folge einer erhitzten Debatte wurde das Gedicht tatsächlich übermalt. Eine Entscheidung, die in weiten Teilen der Öffentlichkeit scharf kritisiert wurde und andere Hauseigentümer inspirierte, das Gedicht auf ihren Fassaden neu zugänglich zu machen.

Noch im Sommer 2019 beschäftigten die Nachwehen der Entscheidung der Hochschulgremien die kulturpolitischen Debatten und überschatteten einen Kultur-Empfang der Bundestagsfraktion von Bündnis 90/Die Grünen, auf dem sich insbesondere der Geschäftsführer des Deutschen Kulturrates Olaf Zimmermann und die Intendantin des Berliner Maxim Gorki Theaters Shermin Langhoff darüber stritten, ob solche Einschränkungen hinnehmbar seien, um Identitäten zu schützen, so Langhoff und der grüne Bundestagsabgeordnete Erhard Grundl, oder ob die Freiheit der Kunst in jedem Fall höher einzuschätzen sei, wie Olaf Zimmermann argumentierte. Ein Bericht über den Empfang schlussfolgert zutreffend (und wirft damit zugleich beunruhigende Fragen auf): »Jede Kunst kann unter diesen Voraussetzungen plötzlich bedrohlich werden, jeder und jede kann sich als angegriffene und / oder verletzte Minderheit fühlen. Das Argument ist nämlich ein bloß formales und kann von rechts wie von links beansprucht werden. Im Ergebnis wäre zu fragen: Darf allein die Kunst noch sein, die niemanden verletzt (subjektiv wie objektiv)? Wäre eine kulturelle Identität, die dies bediente, nicht eine, die unter einer künstlerisch-pathologischen Identitätsstörung leiden würde? Und somit selbst als Widerstandsleistung gegen autokratische und rechtspopulistische Haltungen schließlich unbrauchbar wäre?«[22]

In der Tat besteht die manifeste Gefahr, dass solche letztlich identitätspolitischen Begründungen zur Einschränkung der Kunstfreiheit auch von rechts genutzt werden können und es im gesellschaftlichen Diskurs zunehmend schwieriger werden dürfte, sich ihrer zu erwehren, wenn man sich dem Prinzip bereits gebeugt hat. Kritiker, die aus einer nationalistischen oder rassistischen Perspektive heraus eine Orientierung der Programme am kulturellen und ethnischen Mainstream einer Gesellschaft verlangen und avantgardistische Abweichungen davon einzuschränken versuchen, könnten zunehmend versucht sein, sich eines gesellschaftspolitischen Werterelativismus und identitätspolitischer Diskursstrategien zu bedienen, um die eigenen rechtsextremen Forderungen vermeintlich anschlussfähiger zu begründen.

Und noch in einer weiteren Dimension spielen identitätspolitisch motivierte Auseinandersetzungen den Rechten in die Hände: Der Leipziger Kunsthistoriker Wolfgang Ullrich warnt eindringlich davor, dass die Kunstfreiheit angesichts der vielfachen identitätspolitischen Erwartungen an die Kunst plötzlich zu einer Erzählung der Rechten werden könnte – wenngleich in einer sehr spezifischen Ausformung, die sich auf westlich-europäische Errungenschaften beruft und den Umstand, dass die Werte der Aufklärung nun einmal hier formuliert worden sind, zum Ausgangspunkt der fortgesetzten Abwertung anderer Positionen erklärt. »Autonomie, das heißt bei rechts stehenden Künstlern: Sie ziehen sich so stark auf eine streng eingehegte westlich-europäische Identität zurück, dass die Begriffe ›autonom‹ und ›identitär‹ im Extremfall ineinander verschwimmen. ›Autonomie‹ wird so zum Kampfbegriff; mit der langen Tradition von Schiller bis Adorno hat sie nichts mehr zu tun.«[23]

Die rechte Beschwörung eines traditionellen europäischen Freiheitsbegriffs, den es gegen die aktuellen Forderungen nach seiner Ausweitung auf bislang an den Rand gedrängte Gruppen zu verteidigen gilt, instrumentalisiert überdies die Debatte über die vermeintlichen Verwerfungen der sogenannten Political Correctness. Die Kritik an den heute weit gediehenen Vorstellungen, wie und was richtig zu sprechen sei, hat einen manifesten Kern in der Beobachtung, dass Denk-, Sprech- und Ausdrucksverbote in aller Regel keine Boten der Aufklärung sind. Besonders demonstrative Proteste gegen den Hinweis, sensibler in der Verwendung von Sprache und Ausdruck zu sein, helfen im Gegenzug allerdings genauso wenig dabei, gesellschaftliche Verbündete für freie Kunst und Meinungsäußerung zu sichern. Hier maßzuhalten ist eine Aufgabe, der sich alle künstlerisch und kulturell Produzierenden zu stellen haben, wenn sie die Räume ihrer Freiheit gegen die ethisch-emotionalen Beschränkungen regelhaft entgleisender öffentlicher Erregungsplebiszite sichern wollen.

Auch hier sollte eine Rückbesinnung auf die Kraft vernünftiger Verständigung helfen können. Wenn Geltungsansprüche in Zweifel gezogen werden, dann sollte darüber ein Diskurs möglich sein – mit dem Ziel einer Verständigung. Solch ein Diskurs kann aber nicht stattfinden, wenn beide Beteiligte dem jeweils anderen a priori das Recht zur kritischen Positionierung absprechen. Selbstimmunisierungsstrategien durch einen Rückzug auf eine absolute Freiheit oder auf ein exklusives Erfahrungs- und Identitätsprivileg verunmöglichen eben jene Kommunikation, die Grundlage unserer offenen Gesellschaft ist.

Sie verstellen den Weg hin zu einer vernünftigen Verständigung über einen sinnvollen Ausgleich zwischen den jeweiligen Positionen. Jahrzehntelang marginalisierte Positionen haben selbstverständlich ein Recht darauf, gleichberechtigt Gehör zu finden und gegebenenfalls zum Ausgleich ihrer bisherigen Benachteiligung auch überrepräsentiert zu werden. Sie haben einen Anspruch darauf, sich gegen Übergriffe zur Wehr zu setzen. Aber das darf sie nicht der Kritik oder der kritischen Aneignung entziehen, erst recht nicht der Kritik durch künstlerische Positionen. Künstlerische Freiheit gilt es auszuhalten und in produktiver Aneignung zu nutzen, um selbst im Interesse des eigenen Anliegens aufklärerisch tätig zu werden. Emanzipationsprozesse allein liefern jedenfalls keine hinreichenden Argumente, eine Beschränkung der Kunst hinzunehmen.

Hier braucht es gerade in den internen Auseinandersetzungen des Kulturbetriebs manchmal mehr Gefühl für kluge Allianzen im Interesse der Vernunft der Vielfalt, um im Kampf um berechtigte Anliegen nicht wichtige errungene Freiheiten der ganzen Gesellschaft zu gefährden. Schließlich beruht die weitreichende Freiheit unserer Gesellschaft geradezu darauf, dass sie nicht materiell (also inhaltlich), sondern prozedural (also verfahrensbezogen) gesichert wird, indem wir eben nicht festlegen, was ethisch richtig oder falsch ist, sondern Verfahren sichern, in denen wir gemeinsam klären können, was wir akzeptieren. Meinungs- und Kunstfreiheit gehören zum Kernbestand dieser Verfahren offener Gesellschaften, sie kurzfristig einzuschränken, um Anerkennungsprozesse erfolgreich zu Ende zu führen, wird langfristige Freiheitsverluste nach sich ziehen, da kaum zu begründen sein würde, warum nicht auch andere Gruppen Schonung und Exklusivität beanspruchen sollten. Viel wichtiger ist es, dafür zu sorgen, dass alle über die Ressourcen verfügen, die sie brauchen, um ihre Freiheiten auch in Anspruch zu nehmen.

Der Hinweis jedenfalls, dass die Kunstfreiheit unterschiedlich gelte, je nachdem ob sie nun von rechts oder von links kritisiert werde, reicht für sich genommen nicht aus, um eine unterschiedliche Geltungskraft dieser Freiheit zu unterstellen. Allenfalls in einer sorgfältigen Abwägung verschiedener Grundrechte können Aspekte wie die Menschenwürde höher bewertet werden als die Ausdrucksfreiheit der Kunst. Aber unsere Verfassung setzt hier zu Recht hohe Hürden, um die Freiheit der Kunst nicht einer emotionalen oder politischen Beliebigkeit auszuliefern, der sie auf Dauer kaum würde standhalten können. Wer gesellschaftliche Freiheit erweitern will – auch für bislang marginalisierte Gruppen – tut gut daran, die Freiheiten des öffentlichen Deutungskampfes selbst zu nutzen, statt sie einzuschränken. Die Inanspruchnahme der Kunstfreiheit jedenfalls stärkt immanent die Freiheit unserer demokratischen Gesellschaft.

Derartige Übereinkünfte, die Freiheit und Kritik sichern, sind nur möglich, wenn wir als Gesellschaft nicht die Fähigkeit verlieren, uns übergreifend auf derartige Standards zu einigen. Wir leben in einer Welt, in der jeder seine eigene Sicht auf die Dinge hat und jeder einzelne individuelle Lebenslauf auch zu einer individuellen Sicht der Dinge berechtigt. Aber die Umstände, die diese Freiheiten ermöglichen – die Auflösung traditioneller oder scheinbar gottgegebener Wahrheiten –, bedürfen der engagierten Verteidigung. Die Freiheit der eigenen Biographie enthebt nicht von der Verantwortung, sich der Anstrengung zu unterziehen, sich gemeinsam auf die Regeln und Verfahren und Normen zu verständigen, die für alle gelten können, weil sie von allen akzeptiert werden.

WIRTSCHAFTLICHE ZWÄNGE

Natürlich ist Kunst Arbeit am Überbau. Sie ist Ausdruck des idealistischen Wirkens an Werten und Wahrnehmung unserer Gesellschaft. Aber zugleich braucht sie eben auch das Fundament, die ganz konkrete Basis, also Institutionen, Räume – und vor allem Geld. All das sind Voraussetzungen, die Kunst nicht aus eigener Kraft schaffen kann, ohne die es aber nicht gelingen kann, Kunst zu produzieren – von wenigen Ausnahmen abgesehen. Deshalb sind es neben dem sozialen und politischen Druck auf Kunst und Kultur seit jeher auch ökonomische Faktoren, die die Freiheit künstlerischer Betätigung einzuschränken drohen.

Aber was genau ist zu tun? Wäre der Idealzustand (so unrealistisch dies auch sein mag) eine Vollfinanzierung für alle Künstlerinnen, Künstler und Kultureinrichtungen, um ihnen jedwede Freiheit zu garantieren? Die Antwort lautet: Ja und Nein.

Ja, weil mehr Geld für Kunst und Kultur grundsätzlich nicht nur schön, sondern auch gut wäre. Viele Kultureinrichtungen und auch freischaffende Künstlerinnen und Künstler kämpfen um ihr finanzielles Überleben oder arbeiten am Rande der Selbstausbeutung. Das durchschnittliche Einkommen der bei der Künstlersozialkasse Versicherten betrug zum 1. 1. 2018 rund 1428 Euro brutto pro Monat.[24]

Wenn sich zwei junge Kuratorinnen gemeinsam eine Zweidrittel-Stelle teilen und von jeweils 750 Euro brutto im Monat leben müssen, dann ist das nicht nur in einer staatlich zumindest mitfinanzierten Einrichtung beschämend. Es wird in unserer Gesellschaft mit einem ganz gehörigen – oder eher ungehörigen – Maß an Selbstausbeutung kalkuliert. Das kontinuierliche Bemühen um eine Verbesserung der Bedingungen für Künstler und Kreative ist deshalb auch praktische Arbeit an der Freiheit der Kunst und der künstlerischen Produktion.

Deshalb ist staatliche Förderung unabdingbar, um freie Theaterarbeit, bildende Kunst oder Musik überhaupt in dem Maße entstehen zu lassen, wie es für unsere Gesellschaft sinnvoll ist. Wenn aber vielerorts die Kassen nicht so voll sind, um eine unmittelbar sinnvolle monetäre Zuwendung zu ermöglichen, ist die kulturpolitische Zuwendung in Form von ideeller Unterstützung und Aufmerksamkeit für das künstlerische Schaffen dennoch ein wichtiger erster Schritt hin zu besseren Förderbedingungen.

Kulturpolitik steht vor der Aufgabe, die Rahmenbedingungen schrittweise zu verbessern, um den kreativen Humus unserer Gesellschaft kraftvoll zu halten. Insbesondere die im genreübergreifenden Sinne Freie Szene muss als Selbstverständlichkeit in der Kulturförderarchitektur etabliert werden. Dabei hat sie es oft schwer, neben den großen strukturell etablierten Tankern des Kulturbetriebes, den Theatern, Opernhäusern und Museen, ihren Rahmen zur Entfaltung zu finden, ohne die ihr innewohnende Freiheit zu verlieren.

Die große Vielfalt des Kulturangebots muss deshalb angemessen finanziert werden. Sie bereichert die Lebenswelt des Alltags und ist darüber hinaus der Boden nicht nur für neue künstlerische, sondern auch für neue gesellschaftliche Entwicklungen. Gute Gründe also, um sich nach Kräften für mehr Geld für die Kultur einzusetzen, denn mit mehr Ressourcen kann man auch mehr machen. Viel hilft viel – diese einfache Gleichung ist in der Finanzierung der Kulturpolitik zumindest etwas weniger falsch als in vielen anderen Bereichen.

Man kann die Frage nach einer staatlich gewährleisteten Vollfinanzierung aber dennoch auch mit einem verhaltenen Nein beantworten. Denn die Notwendigkeit, sich finanzielle Mittel zur Umsetzung eines Projektes aus der Gesellschaft heraus zu besorgen, stärkt die Fähigkeit, den Sinn des eigenen Vorhabens zu beschreiben und seine kulturelle wie gesellschaftliche Relevanz zu erklären. Wenn das gelingt, dann stärkt dies auch die Bedeutung der Kunst. In der Kunst kann die Reflexion darüber, was man mit wessen Unterstützung warum tut, durchaus helfen, die Wirkung des eigenen Schaffens zu steigern.

Aber – und dieses »Aber« ist wichtig: Es kann dabei immer nur um einen Teilaspekt gehen und nicht um eine quasi strategisch gewollte Prekarität. Kreativität gedeiht auf die Dauer schlecht in Unsicherheit. Wird der ökonomische Druck auf Künstlerinnen und Kreative zu groß, besteht die sehr handfeste Gefahr der Anbiederung an den Publikumsgeschmack oder an die Absichten der Mäzene. Eine Situation, in der nur noch solche Kunst möglich wäre, die populäre Kriterien erfüllte, bedeutete eine nicht hinnehmbare Einschränkung der künstlerischen Freiheit.

Die kulturpolitische Kunst besteht folglich darin, die materiellen Grundlagen künstlerischen Arbeitens so geschickt zu legen, dass unnötige Prekarität verschwindet, die Freiheit zum Risiko aber erhalten bleibt. Eigenverantwortlichkeit und ein klares Selbstbildnis müssen gerade im öffentlichen Förderkontext ihren Platz bewahren. Um zwischen diesen antagonistischen Erwartungen den für alle besten Weg zu finden, sind die kontinuierliche Evaluation und Entwicklung der Förderstruktur und der ständige Dialog mit den Künstlerinnen und Kreativen entscheidend.

Es wäre zu einfach, die prekäre Finanzierung der Kunst dadurch zu rechtfertigen, dass die Notwendigkeit, einen Teil des Etats selbst erbringen zu müssen, auf Umwegen eine Aufforderung an die Künstlerinnen und Künstler sei, sich stetig zu vergewissern, welche Relevanz das eigene Tun hat. Es geht vielmehr um die intrinsische Motivation, mit dem eigenen Schaffen auch etwas bewirken zu wollen. Ob das gelingt, dafür kann auch die nicht voraussetzungslos gewährte Unterstützung ein guter Gradmesser sein. Es ist hier ein wenig wie in den journalistischen Medien, in denen das verlegerische Gewinnstreben und der journalistische Wunsch nach gesellschaftlicher Reichweite sich durchaus wechselseitig bestärken und in denen die Frage der Reichweite ein Indikator der Relevanz sein kann.

Angesichts des Konsolidierungskurses öffentlicher Haushalte im Lichte der Schuldenbremse ist es jedenfalls eine politische Notwendigkeit, dafür zu sorgen, dass die Einrichtungen auch betriebswirtschaftlich gut aufgestellt bleiben. Sowohl in den staatlich geförderten als auch in den freien Projekten steckt eine kulturelle und künstlerische Kraft, die wir manches Mal ein wenig zu selbstverständlich nehmen und die wir dringend schützen, bewahren und bestärken müssen. Dazu müssen wir Freiheiten sichern und Spielräume schaffen, um Neues, Gewagtes, Experimentelles zu fördern und die produktive Irritation des Gewohnten etwas wahrscheinlicher zu machen.

In der Konsequenz kommt es in allen drei beschriebenen Dimensionen – den Angriffen von rechts, den identitätspolitischen Verengungen und den ökonomischen Zwängen – darauf an, dass die deutlich artikulierte und ausbuchstabierte Kunstfreiheit nicht nur vor falschen Zweckerwartungen geschützt wird, sondern auch vor den vermeintlich richtigen, die sich allzu leicht ergeben, wenn man die Frage danach stellt, was Kunst soll: Welche Aufgaben soll sie erfüllen? Womit kann sie rechtfertigen, dass sie durch Steuergelder (mit)finanziert wird? Insbesondere in Zeiten, in denen das gesellschaftliche Klima rauer wird, in denen Fragen der Integration, des Zusammenhalts und des Sinns auf die politische Tagesordnung drängen, liegt es nahe, hier der Kunst direkt klare Aufgaben zuzuschreiben. Doch das wäre – wenngleich aus lauteren Motiven – ein falscher und in seinen Konsequenzen zutiefst problematischer Schritt. Die Sensibilität für die Freiheit der Kunst muss sie auch vor der vermeintlich wohlmeinenden und progressiven Indienstnahme schützen. Auch sie ist letztlich eine Verzweckung künstlerischen Schaffens.

Kunst und Kultur sind aus sich selbst heraus relevant. Es ist ein seltsames Paradoxon: Wenn wir eine Kunst wollen, die utopisches Potenzial entfaltet, eine Orientierungsfunktion für den Einzelnen bietet und sinnstiftend in unsere Gesellschaft hineinwirkt – dann müssen wir politisch, sozial und wirtschaftlich darauf verzichten, Kunst unter dem Paradigma der Nützlichkeit zu betrachten.

ZWISCHEN PRAGMATISMUS UND VISION: SCHMIDT UND DIE MUSIK

Der Transfer kultureller Positionen und Strategien in andere gesellschaftliche Bereiche ist nicht voraussetzungsfrei. Zu eigensinnig und frei agiert die Kunst, als dass sie sich umstandslos in Wirtschaft oder Politik einfügen würde. Insbesondere Kunst und Politik werden gemeinhin als zwei grundverschiedene, voneinander unabhängige Sphären wahrgenommen: Auf der einen Seite das Schöne, das Sinn- und Seelenvolle, auf der anderen Seite Effizienz, Vernunft und Gesetz. Und dennoch sind die Beziehungen zwischen beiden oft enger und prägender als sich zunächst vermuten ließe. Zahlreiche konkrete Berührungspunkte und wechselseitige Durchdringungen lassen sich beispielsweise anhand des Verhältnisses von Musik und Politik darstellen. Die Wirkkraft der Musik wurde schließlich nicht zufällig – im Positiven wie im Negativen – immer wieder von Staat und auch Kirche zur Vermittlung, Stärkung oder Durchsetzung ihrer Ziele eingesetzt.

Umgekehrt beansprucht manche Musik zu Recht, Ausdruck von Ideen, Ideologien und Utopien zu sein. Ein Beispiel sind Nationalhymnen – im Besonderen die französische »Marseillaise« als Sinnbild einer bürgerlichen Revolution. Oder aber die wechselvolle Geschichte von Richard Wagners Vision der »Götterdämmerung«, an der er im Revolutionsjahr 1848 zu arbeiten begann, in der die Grenzen zwischen Theorie, Kunst und Agitation verschwimmen sollten – und die später von den Nazis in einen komplett anderen Kontext gestellt wurde.

Doch das vielleicht schillerndste Beispiel ist Ludwig van Beethovens *Neunte Sinfonie*, deren Schlusssatz mit Friedrich Schillers »Ode an die Freude« seit 1972 die offizielle Hymne des Europarates ist und seit 1985 in einer von Herbert von Karajan arrangierten Instrumentalversion auch die Hymne der Europäischen Union. In Westdeutschland hatte man in den ersten Jahren nach dem Zweiten Weltkrieg in Ermangelung einer offiziellen Nationalhymne zu offiziellen Anlässen ebenfalls oft die »Ode an die Freude« erklingen lassen. Und auch beim G20-Gipfel 2017 wurde die Neunte Sinfonie auf Wunsch der Bundeskanzlerin vom Philharmonischen Staatsorchester Hamburg unter der Leitung von Kent Nagano in der Elbphilharmonie aufgeführt. Die Feuilletons diskutierten damals heftig, ob das angemessen sei, da im Publikum auch umstrittene Staatsmänner wie Putin, Erdogan und Trump saßen. Der Kulturbeauftragte der evangelischen Kirche, Johann Hinrich Claussen, schrieb damals in der *Zeit*, man dürfe Beethovens »Neunte« nicht solchen Autokraten zu Füßen werfen, »bloß weil sie festlich ist«.[1]

Die Entstehungs- und Rezeptionsgeschichte zeigt, dass es so einfach vielleicht nicht ist. Die Neunte Sinfonie ist von Beginn an in widersprüchliche politische Bezüge eingebunden: Beethoven selbst wollte mit ihr im Jahr 1824 ein Zeichen gegen die Restauration setzen. Gleichzeitig widmete er sein Werk aber dem preußischen König, der für diese Restauration mit verantwortlich war. Die Sinfonie steht somit auch in der Tradition der Staatsmusiken – und ist zugleich voller Freiheits- und Revolutionspathos. Auch im weiteren Verlauf erregte das musikalische Werk sehr unterschiedliche Zustimmung und wurde sowohl wegen seiner massensuggestiven Wirkung als auch wegen seines Aufklärungs- und Freiheitspathos immer wieder besonders herausgehoben. Die ganze Ambivalenz der Musik kommt hier zum Tragen – auch jene zivilisierende Kraft, zu der große Kunst fähig sein kann und der auch politische Seelen ausgesetzt werden sollten, wenn man die Hoffnung auf eine aufklärerische und bis ins Mark gehende Erschütterung durch die Kunst noch nicht komplett aufgegeben hat.

Auch in der politischen Geschichte begegnen uns bisweilen Persönlichkeiten, in deren Vorstellungen und Wirken sich Kunst und Politik, Musik und Politik, berühren. Ein prominentes Beispiel dafür ist der ehemalige Bundeskanzler Helmut Schmidt, an dessen Leben sich die vieldimensionalen Beziehungen zwischen politischen und künstlerischen Ansprüchen gut belegen lassen. Als musizierender Staatsmann verehrte Schmidt insbesondere den Barockkomponisten Johann Sebastian Bach. Er spielte selbst ausgezeichnet Klavier und nahm mit namhaften Musikern wie Christoph Eschenbach, Gerhard Opitz, Justus Frantz, den Londoner oder Hamburger Philharmonikern verschiedene Schallplatten mit Werken von Mozart und Bach auf. Fast jeden Abend, so bekannte er selbst, setzte er sich zu Hause noch ans Klavier und spielte. Als Bundesverteidigungsminister rief er die Big Band der Bundeswehr ins Leben. Seine private Sammlung umfasste 2500 Schallplatten, die er noch zu Lebzeiten der Hamburger »Hochschule für Musik und Theater« vermachte. Und noch wenige Jahre vor seinem Tod stand er dem Generalmusikdirektor der Hamburgischen Staatsoper, Kent Nagano, für ein Interview im Rahmen eines Buchprojektes zur Bedeutung der Musik für die individuelle und gesellschaftliche Entwicklung zur Verfügung.[2]

Dass diese Liebe zur Musik eng verwoben ist in einen durchaus auch kunstgeprägten politischen Lebenslauf, zeigt eine 2018 erschienene Biographie des Kunstkenners Helmut Schmidt, die Werner Irro vorgelegt hat.[3] Ihr ist zu entnehmen, dass Schmidt in seinem Leben schon sehr früh gelernt hat, was die Freiheit der Kunst über die Freiheit einer Gesellschaft auszusagen vermag. 1937 war er als junger Rekrut in der Nähe von Bremen stationiert. Von dort fuhr er an den Wochenenden in die nahe gelegenen Künstlerdörfer Worpswede und Fischerhude. Paula Modersohn-Becker, Heinrich Vogeler, Otto Modersohn und viele weitere später weltbekannte Künstlerinnen und Künstler lebten und arbeiteten dort seit Ende des 19. Jahrhunderts. Im Haus der Malerin Olga Bontjes van Beek traf Helmut Schmidt viele Künstlerinnen und Künstler seiner Zeit. Davon berichtete er sehr eindringlich erstmals während eines Vortrag im Jahr 1980 (»Liebeserklärung an Worpswede«)[4], aber auch später immer wieder, so zum Beispiel in seinen 1992 veröffentlichten Erinnerungen unter dem Titel »Politischer Rückblick auf eine unpolitische Jugend«.[5] Als junger Mann habe er dort, im Hause van Beek, die Freiheit der Gedanken kennen und schätzen gelernt. Obwohl – oder vielleicht gerade weil – dort nicht nur Gespräche über Kunst, sondern immer wieder auch kontroverse politische Diskussionen geführt wurden. Dass die Nazis die Künstlerinnen und Künstler, die er selbst so sehr schätzte, als »entartet« diffamierten, verschaffte Helmut Schmidts »instinktive[m] Widerwillen gegen den Nationalsozialismus« eine »emotionale Grundlage«, wie er selbst es formulierte.[6]

Der Gegensatz zwischen der menschenverachtenden Ideologie der Nazis auf der einen Seite und der geistigen Freiheit und menschlichen Wärme auf der anderen Seite wurde schon früh zu einer prägenden Erfahrung für Schmidt. Zeit seines Lebens fühlte er sich den Künsten, insbesondere der bildenden Kunst und der Musik, sehr verbunden. Sein späteres politisches Bekenntnis »Wir bejahen die volle Autonomie der Kunst«[7] ist auf diese Zeit ebenso zurückzuführen wie die Aussage: »Ein Staat, der eingreift in den autonomen Bereich der Kunst, kann nicht Recht haben.«[8] Das ist ein Satz, der in seiner Absolutheit kaum klarer sein könnte.

Helmut Schmidt ließ die Künstlerinnen und Kultureinrichtungen jedoch nicht nur gewähren, sondern er nutzte die Zeit seiner Kanzlerschaft, um den öffentlichen Diskurs über die Künste zum Beispiel mit der Ausstellungsreihe »Kunst im Kanzleramt« zu befeuern, um die Freiräume für Kunst auch durch die Klarheit seines Auftretens zu stärken und um konkret wirksame infrastrukturelle Verbesserungen durchzusetzen. Die Künstlersozialversicherung, die 1983 endlich in Kraft trat, markiert wahrscheinlich den größten Verdienst des Politikers Helmut Schmidt auf dem Feld praktischer Kulturpolitik. Sie ist bis heute die wesentliche Voraussetzung dafür, dass sich jemand, trotz der schwierigen Erwerbs- und Beschäftigungsbedingungen, der freien Kunst zuwenden kann, weil es eine soziale Absicherung gibt. Helmut Schmidt hat auf Bundesebene mit dieser Sozialpolitik für die Künstlerinnen und Künstler Weichen gestellt, die wahrscheinlich viel existenzieller geholfen haben als viele einzelne Förderprogramme. Die Künstlersozialversicherung ist eine substanzielle, infrastrukturelle Maßnahme, die Kunstfreiheit praktisch im Alltag ermöglicht, weil sie eine gewisse, wenn auch bescheidene, materielle Absicherung künstlerischer Tätigkeit garantiert. Schmidt sagte 1976 in seiner Regierungserklärung: »Kunst und Kultur müssen sich in unserem Land frei und schöpferisch entfalten können. Bund, Länder und Gemeinden müssen dazu beitragen, dass dafür dann auch die materiellen Grundlagen für diese Künstler geschaffen werden.«[9]

Neben diesen politischen Errungenschaften war die Musik für Schmidt in erster Linie ein Privatvergnügen. Er selbst verwies auf das Wort von Johann Sebastian Bach, dass sie der »Recreation des Gemüths« zu dienen habe, um mehr zu sein als »teuflisches Geplärr und Geleyer«.[10] Aber sie gab dem pflichtbewussten Politiker nicht bloß die Rückzugsmöglichkeit und den mystischen Zauber, für die in einem Politikerleben generell wenig Platz ist. Vielmehr halfen die Schmidt'schen Tugenden der Disziplin, Konzentration und Beharrlichkeit auch beim Musizieren. Hier konnte der Musiker profitieren von dem, was in der Politik erlernt wurde.

Aber die Parallelen gehen rückblickend durchaus weiter. Schließlich ist die Politik manches Mal so etwas wie die säkulare Variante der barocken Variationskunst, wie wir sie in den von Schmidt geschätzten Goldberg-Variationen von Bach finden. Denn auch Politiker müssen ihre Argumente unermüdlich in die Öffentlichkeit bringen und immer wieder aufs Neue für ihre Grundüberzeugungen und Ziele kämpfen. Politik ist in diesem Sinne eine ins Unendliche fortgesetzte Variation – mit Melodie- und Basslinien, mit Kanons und imitierenden Polyphonien, mit Stilisierungen, Bravourstücken und Moll-Variationen. Und manchmal finden wir uns plötzlich in einem Quodlibet wieder – also in einem mehrstimmigen, scherzhaften Gesangsstück aus verschiedenen gleichzeitig gesungenen Liedern.

Helmut Schmidt liebte insbesondere die Musik von Bach. Eine Musik, in der – so sagte Burkhard Reinartz im Deutschlandfunk –

die Versöhnung von »geistlicher und weltlicher Dimension, von Instrumentalmusik und Gesang, lebhaftem Ausdruck und strenger Ordnung, kosmischer Weite und Präzision im Detail« gelang.[11] Für Helmut Schmidt war die Politik mit ihrer Notwendigkeit zu Kompromissen kein Gegenentwurf zu dieser musikalischen Welt. Vielmehr entdeckte er durchaus Strukturanalogien. Er sagte einmal über den Komponisten: »Bach [...] war durchaus selbstbewusst. Gleichwohl hat er sich mit einer gewissen Demut in die Ordnung eingefügt. Er wollte nicht etwas kolossal Neues schaffen – trotzdem aber war seine Musik in einem Sinne progressiv, nämlich in die Zukunft weisend.«[12] Darin lässt sich eine Ähnlichkeit zu Schmidts Auffassung über das Gelingen von Demokratie erkennen, deren Erfolge nicht in einem Ad-hoc-Verfahren zu erringen sind. »Das Schneckentempo ist das normale Tempo jeder Demokratie« – so lautet ein bekanntes Schmidt'sches Bonmot.[13] Eines, das wir uns heute wieder ins Gedächtnis rufen müssen, wenn wir der grassierenden Demokratieverachtung entgegentreten wollen.

Helmut Schmidt war ein leidenschaftlicher Verfechter von Kompromissen. Demokratische Entscheidungen, wie zum Beispiel parlamentarische Gesetzgebung, werden in der Regel von einer Vielzahl von Personen gemeinsam getroffen. Ohne eine grundsätzliche Kompromissbereitschaft aller Beteiligten kann keine Einigung erreicht werden, die aber in seinen Augen die Voraussetzung dafür ist, das Leben der Menschen sukzessive zu verbessern.

Er konnte sich enorm darüber echauffieren, dass ein Kompromiss meist automatisch dem Tatbestand ›fauler Kompromiss‹ zugerechnet und damit in die Nähe des reinen Opportunismus gerückt wird. Er trat daher immer wieder vehement dafür ein, dass das Prinzip des Kompromisses die Bedingung für das Prinzip der Demokratie ist. Der Erfolg seiner Politik gab ihm recht. Schmidt stand zeitlebens für diesen lebensklugen politischen Pragmatismus – gepaart mit einer Verantwortungsethik, die ihn zu einer moralischen Instanz weit über die Grenzen der Bundesrepublik hinaus werden ließ. Politik sei »pragmatisches Handeln zu sittlichen Zwecken«, hat er in den siebziger Jahren geantwortet, als sein an Karl Popper geschulter Pragmatismus als theorielos und wertfrei kritisiert wurde.[14]

Angefasst reagierte er damals auf die vehemente Kritik an seinem ergebnisorientierten Regierungsstil mit einem selbst geschriebenen Aufsatz, der zum Manifest geriet. Mit Max Weber ließ er sich von drei Maximen leiten, die einen guten Politiker ausmachen: erstens Leidenschaft, Engagement und Überzeugung für die Sache, zweitens Vernunft statt Gesinnung: also die rationale Analyse und Abwägung der Dinge, und schlussendlich drittens Verantwortungsbewusstsein – also das Gewissen als Instanz für die Richtigkeit des Handelns, nach Kant »das Bewusstsein eines inneren Gerichtshofes im Menschen«. Immer plädierte Schmidt dafür, die »real existierende Demokratie« nicht zu einem reinen Ideal zu erheben – aber mit großer Zähigkeit an ihr festzuhalten und sie immer wieder zu erneuern.[15]

Dieses Politikverständnis zielt auf das systematische und schrittweise Lösen gegenwärtiger Probleme. Das ist einerseits aus dem Blickwinkel einer zu verwirklichenden Utopie sehr ernüchternd, andererseits aber natürlich einer Demokratie durchaus angemessen. Die Politikwissenschaft spricht von einem inkrementellen Politikstil. Journalisten nennen es Durchwursteln oder – ein wenig eleganter auf Englisch – *muddling through.*

Das hat auch Konsequenzen für das daraus erwachsende Verständnis der Kunst. Die offene Gesellschaft, die keine absolute Wahrheit kennt, ermöglicht Künstlerinnen und Künstlern die volle Autonomie, ohne sie zur Glorifizierung eines vorgegebenen Wahrheitsergebnisses oder einer bestimmten Weltanschauung zu verpflichten. Nach der vollständigen utopischen Ernüchterung der Demokratie durften die Künstlerinnen und Künstler Suchende sein. Das hat Schmidt 1975 bei seiner Rede vor dem Deutschen Künstlerbund in Dortmund treffend formuliert: Der Künstler habe »möglicherweise Enormes geleistet, wenn er die Frage nur stellt und anderen ins Bewusstsein hebt«.[16] Das reiche, beantworten müsse er sie nicht. Das sei Aufgabe der Gesellschaft. Das eben sei der initiale Impuls, den Kunst und Kultur in einer offenen Gesellschaft geben könnten.

In Werner Irros Buch findet sich die Beschreibung einer Szene, in der Schmidt von seinen Beratern empfohlen wird, er solle sich gut mit den Künstlern stellen, die nach dem Abschied Willy Brandts mit dem neuen Kanzler und seinem kühlen Auftritt fremdelten. Schmidt machte darauf hingegen deutlich, dass er der Ansicht sei, Künstler und Künstlerinnen sollten sich nicht unmittelbar mit Politik beschäftigen, das sei Aufgabe der Politiker. Stattdessen hätten sie die grundlegenden Fragen zu erörtern. Mit Hilfe des damaligen Sprechzettels rekonstruiert Irro: »Anschließend bat Schmidt die versammelten Autoren um Mithilfe bei der Bekämpfung eines erstarkenden politischen Irrationalismus, bei dem auf Emotionen anstatt auf Informationen gesetzt werde. ›Vielleicht haben Sie als sogenannte Multiplikatoren einen Rat, vielleicht sehen Sie auch für sich selbst Möglichkeiten, diesen Gefahren vorzubeugen.‹«[17]

Es ist natürlich auf eine Art beruhigend, dass man Mitte der siebziger Jahre genau die gleichen zeitgesellschaftlichen Befunde formulierte, die uns auch heute umtreiben. Dass Helmut Schmidt vor vierzig Jahren vor dem Irrationalismus und dem Vorrang der Emotion vor der Information warnen musste, tröstet vielleicht all diejenigen, die meinen, dass sie sich heute erstmalig in der politischen Geschichte damit auseinandersetzen müssten. Zugleich aber erschwert Schmidts knochenhartes Beharren auf der pragmatischen und praktischen Dimension der Politik den Zugriff auf jedes utopische Verständnis politischer oder gesellschaftlicher Prozesse. Schließlich haben Utopien immer etwas mit Visionen zu tun. Und über die hat er sich abschließend geäußert: »Wer eine Vision hat, der soll zum Arzt gehen.« Auch wenn er später eingeschränkt hat, das sei »eine pampige Antwort auf eine dusselige Frage« gewesen, ändert das nichts daran, dass Schmidt ein ausgesprochener Anti-Utopist gewesen ist. Er stand all jenen Geisteshaltungen skeptisch gegenüber, bei denen die Pluralität der politischen Zielsetzungen zugunsten eines abstrakten Ideals aufgegeben wird. Die »totale Utopie«, wie er es nannte, war für ihn das klare Gegenteil einer offenen, freiheitlichen, demokratischen Gesellschaft.

In einer Zeit, in der die Utopie nicht mehr sofort mit der totalitären Vorstellung eines nachrevolutionären Gesellschaftsentwurfs verbunden sein muss, können wir uns heute der Utopie einer besseren Gesellschaft vielleicht wieder etwas entspannter nähern als Schmidt in den siebziger Jahren. Denn natürlich ist eine politische Vorstellung von einer noch nicht erreichten Zukunft, von einem noch nicht gegenwärtigen »Un-Ort« ein hilfreiches, ja vielleicht ein notwendiges Mittel. Wir brauchen einen theoretischen und einen moralischen Standort und eine Idee, was das Ziel ist. Erst dann können wir das Spannungsfeld zwischen dem Wirklichen und dem vielleicht Möglichen ausloten. Die Utopie kann so zu Erkenntnissen über die Gegenwart beitragen. Und sie kann uns ein Ansporn sein.

Die Kunst erscheint vielen Beobachtern als genau der Raum, in dem solch ein über den Tag hinausweisendes Denken möglich wird. Für den großen Lyriker Peter Rühmkorf beispielsweise war das Gedicht »ein utopischer Raum, in dem freier geatmet, inniger empfunden, radikaler gedacht und dennoch zusammenhängender gefühlt werden kann als in der sogenannten *›wirklichen Welt‹*.«[18] Und für den Philosophen Ernst Bloch ist Musik »die utopisch überschreitende Kunst schlechthin«.[19] Ob Lockruf, Klage oder Jubelgesang – Musik verbinde sich immer mit einer Hoffnung, mit einer Erwartung für die Zukunft. Folgen wir diesem Gedanken, ist Musik sinnliche Manifestation des Utopischen. Demnach ermöglicht sie uns für die Dauer eines Stücks oder eines Konzerts, in einer Utopie zu verweilen. Diese kann musikalisch kritisch, melancholisch, zuversichtlich oder tröstlich formuliert sein; sie kann sich in der Klangsprache, in der kompositorischen Diktion oder in den dargestellten Inhalten artikulieren. Das ist nicht entscheidend. Entscheidend ist eine Erfahrung, die außerhalb des eigenen Denk- und Erlebnishorizonts liegt.

Das kann für das Publikum bisweilen durchaus herausfordernd sein, wie das heute beinahe legendäre Skandalkonzert im Wiener Musikverein 1913 zeigte, bei dem Arnold Schönberg mit dem Orchester des Wiener Konzertvereins und einem Programm zeitgenössischer Musik von Webern, Zemlinsky, Berg und eigenen Kompositionen das Publikum derartig überforderte, dass das Konzert aufgrund von Tumulten abgebrochen werden musste. Die zeitgenössische Presse berichtete: »Darob wüster Lärm auf den Galerien, zahllose Hervorrufe, auf der zweiten Galerie – wie es schien – eine obligate Rauferei.«[20] Das Ganze gipfelte in einer Ohrfeige, die der Veranstalter des Konzerts einem besonders erbosten Zuhörer verpasste.

Konkrete Utopien in Form künstlerischer Interventionen, Irritationen und Inspirationen sind zu allen Zeiten wichtig. Ganz besonders aber gilt dies, wenn wir feststellen, dass wir vermeintliche Gewissheiten unserer modernen, offenen, freiheitlichen und vielfältigen Gesellschaft aufs Neue begründen und festigen müssen. Die Künste können im Prozess der Verständigung über das gemeinsam Gute und Wahre immer wieder neue Möglichkeitsräume aufzeigen. Sie sind deshalb unverzichtbar für die Gegenwart und die Zukunft menschlichen Zusammenlebens. Und sie sind wertvolle Impulsgeber für eine Politik, die neben allem Problemlösen des Alltags den Sinn für das noch Anzustrebende und das noch zu Erringende nicht verliert.

Bei Helmut Schmidt können wir bis heute lernen, dass wir Kultur und Kulturpolitik als gesellschaftlich wirkende Kraft ernst nehmen müssen. Kunst und Kultur sind nicht der Goldrand am Teller. Wenn wir von ihnen reden, dann geht es um die Substanz unseres Gemeinwesens. Kunst kümmert sich um den Zusammenhang, um die Sinnfragen, um die normativ-ethischen Grundlegungen – hier kann sie uns Diskurse aufschließen, wenn wir uns auf sie einlassen. Helmut Schmidt hat einmal gesagt: »Für uns sind Schauspiel oder Musik oder bildende Kunst kein Luxus oder jedenfalls nicht mehr Luxus als Auto und Fernsehen.«[21] Auch wenn die Kulturwissenschaftler den konstruierten Gegensatz zwischen Kunst und Fernsehen heute sicherlich anders beurteilen würden, ist das richtig und wichtig: Kunst und Kultur sind niemals Luxus. Sie sind radikal und unbedingt. Deshalb sind sie frei. Auch weil sie Politik allenfalls durch ihre Radikalität inspirieren, aber keinesfalls ersetzen können.

GESELLSCHAFT IM WANDEL

Die Auseinandersetzung mit der gesellschaftlichen und politischen Rolle von Kunst und Kultur muss die gewaltigen Umbrüche reflektieren, denen unsere Gesellschaft aktuell ausgesetzt ist. Dabei geht es nicht nur um die allfällig politisch diskutierten Megatrends unserer Zeit, sondern um zum Teil sehr präzise zu benennende Veränderungen im öffentlichen Diskurs unserer Gesellschaft. Diese haben ihre Ursprünge in ästhetischen, politischen, sozialen und kulturellen Umbrüchen, die von einer neuen Rationalität der Bilder über die treibende Rolle der Kunst in gesellschaftlichen Transformationsprozessen bis hin zu neuen Klassen- und Kulturkämpfen reichen können. In all diesen Entwicklungen rücken Kunst und Kultur als umkämpfte Ressourcen in den Blick, weil es in den Auseinandersetzungen auch um die grundlegenden Sinnstrukturen unserer Gesellschaft geht. Es geht immer häufiger um Kunst und Kultur als Bedingungen unserer Demokratie.

ÄSTHETISCHE UMBRÜCHE: DIE RATIONALITÄT DER BILDER

Bereits seit Jahren konstatieren Beobachter, dass Bilder für unsere Weltwahrnehmung wieder an Bedeutung gewinnen. Die lineare Logik des schriftgeprägten Zeitalters wird zunehmend ergänzt und bisweilen auch ersetzt durch komplexe Bildlogiken, in denen das

Verhältnis von Behauptung und Realität eine veränderte Wahrnehmung gewinnt. Ausschlaggebend dafür sind vor allem die rasant zunehmenden technischen Möglichkeiten, Bilder zu erzeugen und an ein breites Publikum zu vermitteln.

Wir leben aktuell auch deshalb wieder einmal in Zeiten, die wir rückblickend vielleicht einmal als eine Übergangsphase bezeichnen werden. Vieles, was wir lange Zeit als gegeben unterstellen konnten, nehmen wir wieder zunehmend als prekär wahr. Die historische Kontingenz des Fortschritts zeigt sich deutlicher als in den letzten Jahrzehnten – und zwar in beinahe jeder denkbaren Dimension. Doch woran liegt das? Was hat sich verändert, dass wir plötzlich über ein postfaktisches Zeitalter und seine Folgen räsonieren? Wie kommt es, dass der zivilisatorische Firnis plötzlich Risse zeigt? Und zwar nicht nur an den Konfliktherden dieser Welt, sondern auch mitten in unseren vermeintlich aufgeklärten Gesellschaften?

Die aktuellen Diskussionen entzünden sich an der globalen Wirtschaft und ihren Auswirkungen auf das Klima und die natürlichen Ressourcen unseres Lebens und Wirtschaftens ebenso wie an den Auseinandersetzungen über die Folgen von demographischem Wandel und Migration auf die innere Verfasstheit moderner Gesellschaften. Die Erschütterung der Gewissheiten gilt also gleichermaßen der Tragfähigkeit der materiellen Integrationsmechanismen unserer Gesellschaften wie der Reproduktion symbolischer Ressourcen innerhalb unserer Gemeinschaften, mithin der Gewährleistung von Kohärenz und Kohäsion durch sozialen und kulturellen Sinn. Ein näherer Blick auf die gesellschaftlichen Kommunikations- und Verständigungsverhältnisse unserer Zeit kann uns Aufschluss geben über die Erwartungen, die wir sinnvollerweise an die Kraft der Vernunft und ihre Spielräume im Zeitalter der Visualisierung richten können. Denn wenn unsere Gesellschaft mehr denn je durch die visuelle Wahrnehmung geprägt wird, dann dürfte das Folgen haben für die Art und Weise, in der wir die Welt interpretieren. Das Erstarken der Bilder, die sich auch ohne Sprache weltweit vermitteln, ist Ausdruck eines längst lebensweltlichen *visual turn*, der mit dem Fernsehen an

Fahrt aufnahm und in der heutigen digital vermittelten Kommunikation erst recht eine sichere Strategie scheint, sich in der aktuellen Aufmerksamkeitsökonomie durchzusetzen.

Begonnen hat alles mit der Fotografie und der mit ihr verbundenen Erweiterung der Möglichkeit, Weltbezüge zu reproduzieren: Links ein Fensterflügel und ein Taubenhaus, hinten ein Baum, davor ein Schrägdach, rechts ein kleines Gebäude, vermutlich ein Backhaus – das sah der französische Militär und Erfinder Joseph Nicéphore Niépce, wenn er im Burgund um 1826 aus dem Fenster seines Arbeitszimmers sah. Die erste (noch erhaltene) Fotografie der Welt, die Heliographie »Ansicht von Le Gras«[1], zeigt seinen alltäglichen Blick aus dem Fenster. Mit diesem beschaulichen Ausblick hat die Fotografie vor fast 200 Jahren ihren Anfang genommen – und sich seitdem rasant und immer schneller entwickelt. Seit 2019 zählt die Online-Foto-Plattform Instagram weltweit über eine Milliarde monatlich aktive Nutzerinnen und Nutzer, die dort bislang über 40 Milliarden Fotos hochgeladen und geteilt haben. Auch auf anderen sozialen Medien spielen zunehmend Bilder und Videos eine zentrale Rolle. Seit dem Durchbruch des Smartphones wächst die Zahl der weltweit verfügbaren Fotoapparate beinahe exponentiell. An die 60 Millionen Smartphones gibt es allein in Deutschland, in so gut wie jedem ist eine hochwertige Kamera verbaut – die in vielen Fällen intensiv genutzt wird. Längst wird die Welt überall und jederzeit durch das fotografische Bild vermessen. Buchstäblich alles wird festgehalten, bearbeitet und verbreitet: Kein anderes Medium hat den Einzelnen weltweit und in kurzer Zeit einen so allumfassenden Zugriff auf die Welt ermöglicht.

Dieser Siegeszug der Bilder dürfte unsere mindestens seit der Aufklärung dominant schriftgeprägten Kulturen verändern. Noch allerdings haben wir es nicht geschafft, ein im Alltag rational entspanntes Verhältnis zum Bild zu entwickeln, sondern sind auch lebensweltlich nach wie vor in einer schwierigen Text-Bild-Opposition verhaftet. Der *linguistic turn* prägt mittlerweile ganz praktisch unsere Alltagskommunikation. Wir unterstellen heute einer sprachlichen Aussage weitgehend selbstverständlich, dass es sich um eine Behauptung über die Welt handelt, die wir in Zweifel ziehen können und für die wir Begründung verlangen.

Die Folgen des *iconic turn* dagegen haben sich leider noch nicht gleichermaßen breit in unserer Lebenswelt durchgesetzt. Wir unterstellen Bildern immer noch viel zu oft und unhinterfragt, dass sie wahr seien. Dieser »essentialistische Trugschluss«[2] verdeckt die Tatsache, dass auch ein Bild »nur« eine diskursive Behauptung ist, die auf anderes verweist und deren Verweisungszusammenhang im Zweifel der Begründung bedarf. Umso genauer sollten wir hinschauen und die Bilder lesen lernen, wenn wir mündige und demokratiefähige Bürger sein wollen. Schon die Entstehung, das Kunst-*Handwerk* legt es eigentlich nahe: Die Künstlerin beziehungsweise der Künstler wählt ein Motiv, einen Ausschnitt, die Perspektive und so weiter. Und in der inszenierten Fotografie oder in der Malerei kommen weitere Elemente des Subjektiven hinzu: bewusste inhaltliche Setzungen zum Beispiel durch den Auftraggeber oder den Künstler ebenso wie künstlerische Manipulationen oder blanke Fiktionen.

Ein Bild kann auch ein Narrativ sein, also der Versuch, ohne lange Rede eine sinnstiftende Erzählung zu präsentieren. Jedes Wahlplakat macht im Grunde diesen Versuch: Die Inszenierung der Kandidaten von der Körperdynamik über die Farbigkeit von Kleidung und Hintergrund bis hin zum Gesichtsausdruck repräsentiert ein je spezifisch codiertes Parteiprogramm, das allerdings weniger konkrete Inhalte vermittelt als vielmehr eine Haltung zur Welt und ein Versprechen für die Zukunft, das sich ikonographisch decodieren ließe.

Einer meiner akademischen Lehrer hat diesen Umstand und die daraus folgenden Wirkungsvermutungen lakonisch in einer alten Boxer-Weisheit zusammengefasst: Einer aufs Auge sei besser als acht aufs Ohr. Die meisten Wirkungsmodelle der Rezeptionsforschung bestätigen diese Annahme. Ebenso übrigens wie die Geschehnisse aus dem letzten US-Präsidentschaftswahlkampf, der ein besonderes Musterbeispiel dafür war, wie sich überkommene Rationalitätsvorstellungen in neuen Wirkmechanismen unterpflügen lassen.

»Diese Form einer Revisualisierung unserer Kultur verändert unsere Kommunikationsfähigkeit, indem sie in Bildform präsentierte Behauptungen über die Welt und wie sie sein soll durch die naturalistische Suggestion der Bildwirkungen immunisiert und gleichzeitig die Kultur des Diskurses auf den öffentlichen Bühnen schmälert«, schrieb der Politikwissenschaftler Thomas Meyer bereits in den neunziger Jahren. Es kommt also darauf an, dass wir die diskursive Qualität des Bildes erkennen und transparent machen. Es ist genauso eine Behauptung wie die sprachliche Äußerung, die wir sofort in Zweifel ziehen. Die visuellen Künste können genau an diesem Punkt ansetzen: Sie versuchen gar nicht erst, uns eine scheinbar objektive Weltansicht zu suggerieren. Sie sind bekennend subjektiv. Sie fordern uns zu Widerspruch, Kritik oder Zustimmung heraus – in jedem Fall aber zu einer eigenen Haltung. Sie bringen uns miteinander ins Gespräch, indem sie uns Bruchkanten aufzeigen.

Es ist eine nach wie vor offene empirische Frage, was es für eine Gesellschaft bedeutet, wenn sie sowohl ihre Informationsrezeption als auch ihren kommunikativen Austausch zunehmend über – mittlerweile digital entgrenzte – Bildmedien organisiert. Wir benötigen dringend eine visuelle, eine ikonographische Aufklärung, die der vermeintlich unmittelbar wirkenden Kraft des Bildes genau jene rationalisierenden Methoden entgegenbringt, die die Aufklärung gegenüber der Schrift bereits entwickelt hat.

Aufklärung könnte hier vielleicht heißen, sich nicht von den Bildern überwältigen zu lassen. Emotionalität und Überwältigungsstrategien gehören zu den signifikanten Zeitzeichen heutiger Aufmerksamkeitsökonomien – denn ein emotionaler Zugriff und eine emotionale Reaktion sind schneller zu bewerkstelligen als langwierige Diskurse und der Austausch von Argumenten. Bedauerlicherweise zeigt sich das heute auch manches Mal in Gesprächen über Kunst, in denen dann mehr darüber gesprochen wird, ob es einen »erreicht« hat oder ob es eine »Kraft« hat, aber nicht darüber, warum das so ist und welche Inhalte verhandelt werden und warum die Künstlerin beziehungsweise der Künstler dafür eben jene spezifische Form gewählt hat. Neugieriger Skeptizismus ist heute leider keine sehr angesehene Eigenschaft mehr, sondern gilt als behäbige Verhinderungsstrategie in einer Zeit, in der eher Machertugenden gefragt sind. Dabei galt schon in der Antike die Skepsis als Ausgangspunkt des Denkens und damit des Erkenntnisgewinns. Die Lust am Denken ist, wenn man dieser Idee folgt, letztlich gleichzusetzen mit der Befähigung zur Demokratie.

Die Strategie zur Relativierung des nur anscheinend übermächtigen Bildes liegt übrigens in seiner eigenen Technik begründet. Die Kraft der Fotografie – und ihre Anziehung für den Fotografierenden – entsteht auch daraus, dass sie der Vergänglichkeit etwas entgegensetzt, indem sie etwas festhält – und dies scheinbar für die Ewigkeit. In dieser Wahrnehmung schwingt tröstend die Hoffnung mit, »Leben« könnte durch Fotografie vor dem Vergehen bewahrt und dem Verfall entzogen werden. Der Schauspieler Lars Eidinger, ein intensiver Instagram-Nutzer, sieht in der Fotografie jedoch nicht Tröstung und Rettung, sondern eher das Aufscheinen des Endlichen und Endgültigen, wie er 2018 in einem Interview in der *Süddeutschen Zeitung* deutlich machte: »Ich war immer ein großer Fan von Fotografie, aber es ist ein Missverständnis, dass man damit Leben einfangen kann. Wenn man auf ein Foto schaut, betrachtet man etwas Totes, Vergangenes. Das macht für mich den Reiz aus, die Faszination des Morbiden, des Endlichen. Also etwas live einzufangen, das nach einem Tag verschwindet.«[3] Das sind Blick und Gefühl eines Melancholikers – und es kommt dem Wesen der Fotografie ziemlich nah. Melancholie und Fotografie ist gemeinsam, dass sich beide auf die Vergangenheit in dem Wunsch fokussieren, die Zeit anzuhalten, und gerade so das Vergehen der Zeit ins Bewusstsein holen.

Walter Benjamin schrieb im Jahr 1939: »Das ›Knipsen‹ des Photographen wurde besonders folgenreich, ein Fingerdruck genügte, um ein Ereignis für eine unbegrenzte Zeit festzuhalten. Der Apparat erteilte dem Augenblick sozusagen einen posthumen Chock.« Mit dem Begriff »Chock« verband er eine Irritation, ein Körnchen im Getriebe – ein positiv »aktivierendes« Element: Das Moment des Fotografierens als Moment von Reflexion und Erkenntnis.[4] Dies mutet mehr als 80 Jahre später historisch und gleichzeitig brandaktuell an. Angesichts der gigantischen Bilderfluten scheint sich die Wirkung des einzelnen Bildes zu atomisieren. Die Fotografie hat in den vergangenen Jahrzehnten zwar ökonomisch an Gewicht gewonnen, aber sie hat ästhetisch an Gewicht verloren.

Fotografen sind daher in einer einerseits schwierigen und andererseits privilegierten Situation. Privilegiert, weil Bilder in unserer Gesellschaft allgegenwärtig und somit etwas wie ein demokratisches Medium sind. Schwierig, weil die kaum mehr wahrzunehmende Bilderflut mit einem Bedeutungsverlust einhergeht. Sie müssen sie wieder mit Bedeutung aufladen, um überhaupt noch etwas wahrnehmbar zu machen und zu vermitteln. Die Willkürlichkeit und Belanglosigkeit der meisten Bilder drohen aktuell zur Bedeutungslosigkeit aller Bilder zu führen. Statt sie in ihrer weltdeutenden Kraft wahrzunehmen, fangen wir an, sie zu ignorieren, und müssen mit immer dramatischeren Mitteln aufgerüttelt werden.

»Photographieren« heißt nichts anderes als »mit Licht zeichnen«. Die Fotografie hält nicht einfach nur einen Moment fest, sondern sie erhellt und beleuchtet wie mit einem Spot Spezifisches und Unspezifisches unserer Welt, zeigt Brechungen, Brüche und Wendepunkte. Fotografie kann somit ganz in einem Benjamin'schen Sinne der Anstoß für Veränderungen sein. Und sie kann – entgegen ihrem eigentlichen Programm – auch das Verschwinden des Bildes zum Gegenstand haben. Im Digitalen besorgt das die Fotoplattform Instagram selbst – nicht aus humanistischen Gründen, sondern aus Erwägungen des effizienteren Marketings. Seit 2016 erreicht die Plattform viele Menschen mit einem neuen Angebot: »Instagram Stories« löscht Fotos und mit dem Smartphone aufgenommene Filme nach 24 Stunden automatisch. Sie verschwinden.

Und auch das erste Foto der Welt »Ansicht von Le Gras« ist im Verschwinden, seit fast zwei Jahrhunderten. Die 20 Zentimeter hohe und 25 Zentimeter breite beschichtete Zinnplatte, die heute im Harry Ransam Humanities Research Center der Universität von Texas in Austin ausgestellt ist, lässt nur noch schwach erahnen, was Niépce

Anfang des 19. Jahrhunderts recht konturiert gesehen hat. Zur Fotografie gehört offensichtlich nicht nur das Festhalten, sondern auch der Verlust. Ein Moment der Melancholie, der der positivistischen Bildergläubigkeit unserer Gegenwart möglicherweise etwas entgegenzusetzen vermag – und der zugleich darauf verweist, dass kein Umbruch der letzte gewesen sein wird.

POLITISCHE UMBRÜCHE: KUNST DES AUFBRUCHS

Dass Künstlerinnen und Künstler gerade in Umbruchzeiten in das gesellschaftliche Blickfeld geraten, ist keine neue Beobachtung. In sozialen oder politischen Krisensituationen ist die Kunst als Kritikerin der herrschenden Verhältnisse und Quelle alternativen, spekulativen Denkens besonders von Interesse. Als gesellschaftliche Sinngeberin gerät sie überdies schnell selbst unter Druck und löst Solidarisierungs- und Bestärkungseffekte aus. So war es zum Beispiel auch 1977, als tschechoslowakische Bürgerrechtler um Václav Havel die »Charta 77« verfassten, ausgelöst durch das Verbot der psychedelischen Underground-Band The Plastic People of the Universe, in deren damaligen Song »100 Punkte« es hieß:

> *Sie fürchten die Arbeitenden / Sie fürchten die Parteileute / Sie fürchten die Parteilosen / Sie fürchten die Wissenschaft / Sie fürchten die Kunst / Sie fürchten die Poesie / Sie fürchten die Maler und Bildhauer / Sie fürchten die Musiker und Sänger / Sie fürchten die, die an der Maschine stehen / Sie fürchten die Zeitungen / Sie fürchten das Telefon / [...] Warum, zum Teufel, fürchten wir uns vor ihnen?*

Wenig subtil brachte dieser Text ein künstlerisches Selbstbewusstsein zum Ausdruck, das nicht nur die Opposition zu herrschenden Verhältnissen, sondern auch die Kraft zu ihrer Veränderung umfasst. Er steht exemplarisch für die bemerkenswerte Beobachtung, dass in vielen Gesellschaften und Staaten Umbrüche immer wieder durch Künstlerinnen und Künstler eingeleitet werden. Vielleicht liegt es daran, dass die Kunst immer wieder dann besonders in den Fokus rückt, wenn es um das Grundsätzliche, das Generelle, den Sinn unseres Lebens geht und daher vor allem dann an Relevanz gewinnt, wenn die Umstände diesen Sinn zu sehr bedrängen.

Immer wieder sind gesellschaftliche Umbrüche eng mit kulturellen und künstlerischen Positionen verbunden. Jede Generation hat ihr eigenes Thema, steht für »eine Sache«, die sie um- oder durchzusetzen versucht. Das erleben wir seit 2018 mit den weltweiten Fridays For Future-Demonstrationen von Schülerinnen und Schülern, die ihre Eltern- und Großeltern-Generation dazu antreiben, sich endlich und nachdrücklich um den Kampf gegen den Klimawandel zu kümmern. Sie engagieren sich für den Fortbestand des Planeten Erde und den Erhalt der Bedingungen seiner Bewohnbarkeit. Plötzlich findet eine Politisierung jener Generation statt, die bislang eher im Verdacht stand, sich in einem unpolitischen Instagram-Narzissmus zu verlieren. An einem konkreten Thema entzündet sich seit dem Tag, an dem Greta Thunberg mit einem Pappschild zum Schulstreik gegen den Klimawandel aufrief, einer der wirkmächtigsten Jugendproteste seit langem.

Die Referenzfolie dieser Generationenthemen ist aber sicherlich all das, was insbesondere in Westdeutschland rund um das bis heute ikonische Jahr 1968 geschehen ist. Die damalige Radikalität des Auftretens, die nachhaltige symbolische Wirkung und die mittel- bis langfristigen gesellschaftlichen Konsequenzen sind beispielgebend für die Folgegenerationen. Es schien damals so, als sollten die lange und traditionell gewachsenen Institutionen auf ihre Flexibilität und Festigkeit geprüft werden. Ganz gleich, ob im »Summer of Love« 1967 in den USA, auf den Pariser Barrikaden oder beim Prager Frühling – immer ging es darum, wie viel individuelle und gesellschaftliche Freiheit möglich sein kann.

Rund um 1968 ist aber gerade in der bundesdeutschen Gesellschaft etwas Besonderes geschehen, das bis heute nachhallt und das vielleicht gerade in so bewegten Zeiten wie jetzt wieder aktuell ist: Die politische Kultur des Landes hat sich demokratisiert und sich so dem damaligen Zustand in vielen anderen westlichen Demokratien angenähert. Wir wissen aus der politikwissenschaftlichen Forschung bereits seit Jahrzehnten sehr genau, dass es nicht ausreicht, die Verfassungsordnung und die Institutionen einer Demokratie zu betrachten, um zu wissen, ob sie gelingt. Es kommt gleichermaßen auch auf die Einstellungen und Haltungen der Bürgerinnen und Bürger an, die diese Institutionen mit Leben füllen.

Was passiert, wenn diese entgegenkommende politische Kultur fehlt, musste die junge deutsche Demokratie der Weimarer Republik schmerzlich erfahren. Auf der Grundlage einer fortschrittlichen demokratischen Verfassung entstand trotz aller verschriftlichten Ideale nur eine zum Scheitern verurteilte Demokratie ohne Demokraten, wie Historiker heute urteilen. Und nach dem Untergang des Nazi-Regimes war es von 1945 bis 1968 in Westdeutschland, in der jungen Bundesrepublik, nicht großartig anders: Das Grundgesetz war in Kraft, die Institutionen arbeiteten, das Wirtschaftswunder sorgte für wachsenden Wohlstand – aber an den Einstellungen gegenüber individuellen und gesellschaftlichen Freiheiten hatte sich trotz der Bemühungen der alliierten Reeducation zunächst nichts geändert. Das lässt sich gut nachlesen in den heute klassischen Studien von Gabriel Almond und Sidney Verba, die seit den fünfziger Jahren auf die kulturellen Grundlagen der Demokratien schauten und bis Ende der sechziger Jahre doch erhebliche Unterschiede in Westdeutschland feststellten, die erst danach begannen, sich aufzulösen.[5]

Erst vor 50 Jahren also begriff die westdeutsche Gesellschaft so richtig, was es bedeutete, in einer demokratischen, freien und offenen Gesellschaft zu leben. Steven Levitsky und David Ziblatt stehen mit ihrem Buch *Wie Demokratien sterben* ganz in der Tradition dieser politischen Kulturforschung, wenn sie 2018 argumentieren, dass es gerade im 21. Jahrhundert darauf ankomme, die informellen Wertestrukturen einer Gesellschaft im Blick zu behalten, die das institutionelle Setting einer Demokratie mit Leben füllen: »Alle erfolgreichen

Demokratien stützen sich auf informelle Regeln, die zwar nicht in der Verfassung festgeschrieben sind, aber weithin bekannt sind und beachtet werden«, schreiben die Harvard-Politologen. »Normen sind mehr als persönliche Einstellungen. Sie verlassen sich nicht einfach auf den guten Charakter politischer Führer, sondern sind Verhaltenskodizes, die in der jeweiligen Gemeinschaft oder Gesellschaft allgemein bekannt sind und von ihren Mitgliedern akzeptiert, respektiert und durchgesetzt werden.«[6]

Deutlich wurde der Charakter einer demokratischen Gesellschaft 1968 vor allem darin, dass sich traditionelle Gewissheiten nicht nur theoretisch, sondern auch im Alltag verflüssigten und neue Normen entstanden. Plötzlich galt zunehmend auch im gesellschaftlichen Miteinander nur noch als akzeptabel, was sich auch begründen ließ. Wahrheiten waren nicht mehr festgefügt, sondern entstanden im Wettstreit der Argumente und auf der Grundlage gemeinsamer Übereinkünfte. Versuch und Irrtum, Experiment und Exzess wurden Teil einer gemeinsamen Suche nach einer besseren Gesellschaft. Ehemals unüberwindbare moralische und gesellschaftliche, zum Teil sogar strafbewehrte Einschränkungen und Verbote, gerieten ins Schwanken und fielen über kurz oder lang. Die Gesellschaft öffnete sich.

Neue Freiheiten entstanden, die bis tief ins Private hineinreichen: Für heutige Jugendliche dürfte es zum Beispiel undenkbar sein, sich nachts heimlich aus der Wohnung der Freundin oder des Freundes schleichen zu müssen, um die Eltern vor einem Strafverfahren wegen Kuppelei zu bewahren. Der entsprechend so genannte »Kuppeleiparagraph«, der der »Unzucht« vorbeugen sollte, wurde erst 1974 abgeschafft. Und es dauerte sogar bis 1994, bis endlich der Paragraph 175 aus dem Strafgesetzbuch gestrichen wurde, der homosexuelle Handlungen unter Männern unter Strafe stellte. Die Wirkung von 1968 zeigt sich in der Rückschau deutlich in der Zahl der Verurteilungen nach diesem Paragraphen 175. Waren es 1964 noch über 2900, sank die Zahl bis 1970 auf 340 und fiel danach stetig weiter – erst recht als der Paragraph 1973 in einem ersten Schritt auf den vermeintlichen Schutz Minderjähriger unter 18 Jahren beschränkt wurde. Die Geschwindigkeit, mit der sich hier zunächst auch ohne Gesetzesänderungen gesellschaftliches Verhalten veränderte, verdeutlicht, wie überfällig die Anpassungen waren und wie sehr die neuen Freiheiten ersehnt wurden. Vor allem aber zeigt sich in ihnen die Kraft, die gesellschaftliche Haltungen und Initiativen auf die Gestaltung des Staates und seiner Ordnung haben können. Hier verabschiedete sich eine Gesellschaft von der Hegel'schen Staatsidee, innerhalb einer fremdgesetzten staatlichen Ordnung leben zu müssen, und begann, die Dinge selbst in die Hand zu nehmen.

Gesetze und Institutionen mussten sich seitdem immer wieder aufs Neue bewähren oder verändern. Das liegt daran, dass Demokratisierungsprozesse keine einmaligen revolutionären Vorgänge sind, sondern dauerhafte Aufgaben. Die Demokratie strebt nach der Ausweitung der Teilhabemöglichkeiten, die Freiheit nach der Erweiterung der Möglichkeitsräume und der Intensivierung ihrer Inanspruchnahme. Das zeigt auch der immer noch andauernde Kampf um die Gleichberechtigung zwischen Mann und Frau, der trotz des unzweifelhaften Machismo mancher Achtundsechziger damals einen wesentlichen Schub bekam und doch noch längst nicht vorbei ist. Das lässt sich an vielen Beispielen zeigen, eines der eindringlichsten stammt aus dem polititschen Bereich: Von 1949 bis 2018 gab es in der Bundesregierung mehr Staatssekretäre, die Hans hießen (24), als Staatssekretärinnen (19) insgesamt. Wir haben noch viel zu tun. Das hat auch die wichtige *#metoo*-Debatte über alltägliche, sexualisierte Machtstrukturen seit 2017 wieder einmal gezeigt.

Mehr als alles andere aber haben die Umbrüche von 1968 verdeutlicht, dass es nicht reicht, allein die formalen Wege zu beschreiten, sondern dass es auch darum gehen muss, Impulse aus der Gesellschaft zur Entfaltung zu bringen. Manches Mal benötigen diese Impulse trotzdem noch Jahrzehnte, bis sie den gewünschten und notwendigen Widerhall finden. Das gilt auch für die in diesem Fall eng mit der gesellschaftlichen Entwicklung verknüpften künstlerischen Tendenzen und Positionen. Einerseits verändern sich die Künste in derartigen Umbruchphasen selber, weil sie seismographisch auf

Veränderungen reagieren. Andererseits geben sie selbst oftmals entscheidende Impulse für diese Veränderungen.

So war es auch 1968: Natürlich waren Kunst und Kultur schon vorher politisch. Im Zuge der damaligen Proteste aber ist das direkter geworden, zudem wurden sowohl die Idee des Politischen (das nun auch das Private umfassen sollte) als auch die Idee der Kunst radikal weiter gedacht. Die Kunst wurde in den Alltag getragen, ihrer Aura beraubt und bisweilen dann im Museum aus Versehen weggeputzt wie die berühmte »Fettecke« von Joseph Beuys. Sein erweiterter Kunstbegriff verhandelte neue ästhetische Ausdrucksformen und stellte sie in einen mindestens impliziten gesellschaftlichen und politischen Kontext. Schließlich verfügt Kunst durch ihre Vorstellungs- und Verstellungskraft über die Möglichkeit der spekulativen oder provokanten Prüfung gesellschaftlicher Grenzen – und war sich dieser Kraft auch explizit bewusst. Eine Erkenntnis, die Joseph Beuys später als Gründungsmitglied der Grünen auch unmittelbar in politische Prozesse tragen wollte.

Wie umstritten diese politischen Positionierungen sind, zeigt sich erst recht im Gegenschnitt zu den damals in manchen Kreisen als »Nachtclubkunst« diffamierten Werken von Andy Warhol. Beuys und Warhol können in ihren jeweiligen künstlerischen Entgrenzungsbemühungen nach 1968 zumindest oberflächlich durchaus als Antipoden begriffen werden. Paolo Bianchi und Christoph Doswald betrachten sie als »Gegenspieler« und sehen in dem vermeintlichen Idealisten Beuys und dem vermeintlichen Materialisten Warhol mindestens in der populärkulturellen Rezeption gleichsam sinnbildliche Verdichtungen zentraler Konflikte moderner Gesellschaften. In der Gegenüberstellung ihrer Werke seien die Auseinandersetzungen zwischen kapitalistischer Logik und sozialer Gerechtigkeit ebenso virulent wie die zwischen Konsumorientierung und Sinnsuche.[7] Doch genau in diesen unterschiedlichen Strategien im Umgang mit gesellschaftlichen Grundkonflikten bleiben ihre künstlerischen Positionen produktiv aufeinander beziehbar. Ohne Dialektik geht es also auch nach ’68 nicht.

Pop und Protest können gleichermaßen nahe beieinander liegen und meilenweit voneinander entfernt sein. Es ist – nicht erst seit den sechziger Jahren – das Privileg des Pop als Kunstform, zunächst einmal nur hemmungslos dagegen sein zu dürfen. Aber natürlich muss er dann irgendwann zumindest gesellschaftlich auch beantworten, wogegen er denn sein möchte – ob seine lautstarke Kritik nur der privaten Pose oder auch dem politischen Protest dient. Gerade in Zeiten der kapitalistischen Überformung nicht nur der populären Kunst ist das einer der zentralen Debattenräume.

Natürlich wird es auch nicht dadurch einfacher, dass man sich zur Seite des Protests bekennt. Denn in letzter Konsequenz bedeutet die Befreiung der Achtundsechziger auch, dass die damals etablierten Gewissheiten des Protests begründungsbedürftig werden. Schon während die Proteste in den Seminaren und auf der Straße im Gange waren, verabschiedete sich die Frankfurter Schule in ihrem intellektuellen Überbau von den letzten geschichtsphilosophischen Gewissheiten und begann die Vernunft in immer wieder neu zu führenden gesellschaftlichen Verständigungsprozessen zu suchen. Dieser Mühe muss sich jeder unterziehen, der die freiheitlichen Ansprüche von 1968 ernst nimmt. Eine simple Vereinnahmung damals etablierter Freiheiten oder Protestmuster reicht nicht aus.

Auch Künstlerinnen und Künstler, die für Proteste von 1968 kulturell prägend waren und bis heute tätig sind, versuchten sich in der Folge aus dem ethischen Korsett zu befreien, das ihnen die Politisierung ihrer Kunst verpasst hat. Am markantesten vielleicht Bob Dylan, der 1968 ja schon längst mehrmals sein »Blowin' in the Wind« dekonstruiert hatte, sich über Protestsongs lustig machte und sich nach einem Motorradunfall gänzlich aufs Land zurückgezogen hatte, um kulturelle Mythenforschung zu betreiben. Ende der neunziger Jahre sang er in dem oscarprämierten Song »Things have changed« lakonisch: »I used to care, but things have changed.« Als Künstler hat er die Freiheit, sich nicht zu kümmern – aber nur so lange, wie wir uns als Gesellschaft immer wieder darum kümmern, dass diese Freiheit erhalten bleibt.

Paradoxerweise richtete sich im Nachgang der Proteste das durch den »Marsch durch die Institutionen« Errungene bisweilen gegen die Freiheit, wenn die Positionen, die am Ausgangspunkt der Bewegung standen, nostalgisch verklärt oder gar gegen zeitgenössische Kritik im Lichte neuer Konflikte in Schutz genommen werden. Neue Generationen haben neue Themen und stellen neue Fragen – sozial, politisch und kulturell. Der Kern der gesellschaftlichen Befreiung der späten sechziger Jahre liegt darin, diese Fragen zuzulassen und offen zu diskutieren.

Das gilt auch für die Proteste von Fridays For Future, die eine entschlossenere Politik gegen den Klimawandel einfordern. Sie schließen an die 1968 etablierten Formen zivilgesellschaftlicher Kritik an. Ihr Beispiel zeigt, wie aktuell die kulturellen Protestformen sind, die spätestens 1968 Eingang in die politische Kultur unseres Landes gefunden haben. Und doch verdeutlicht es auch, was sich geändert hat: Während die Achtundsechziger gegen eine ganze Vielzahl unterschiedlicher Missstände im Land aufgestanden sind und Teilhabe und Repräsentanz verlangten, mit dem Ziel, sich selbst einbringen zu können, verlangen die Schülerinnen und Schüler heute von der Politik als spezialisiertem gesellschaftlichem Funktionssystem einen anderen Output – ohne aber selbst den langen Marsch durch die Institutionen anzustreben. Es geht ihnen weniger um eine Perspektive in der Politik als vielmehr darum, die Politik im Rahmen des Systems zu verändern. Sie fokussieren dabei auf die Menschheitsfrage Klimawandel und ziehen wissenschaftliche Studien im Gestus absoluter, nicht zu debattierender Wahrheitsansprüche heran. Dabei entheben sie nicht nur die – vermutlich bis auf die AfD konsensfähige – Zeitdiagnose dem politischen Diskurs, sondern immunisieren auch die notwendige Debatte über die richtige politische Strategie gegen jegliche weitere offene Erörterung. So beeindruckend die Politisierung einer ganzen Generation und ihr dramatischer Gestus ist, so wenig hat sie doch zu tun mit den Auseinandersetzungen über die formale Verfasstheit und Offenheit einer sich demokratisierenden Gesellschaft.

Wir müssen vielmehr sehr vorsichtig sein, aufgrund der inhaltlichen Dringlichkeit der Herausforderungen des Klimawandels nicht demokratische Prinzipien in Frage zu stellen. Angesichts der Größe der Herausforderungen und des Schneckentempos der Demokratie haben die ersten Klimaschützer bereits im Sommer 2019 damit angefangen, die Mechanismen der Demokratie in Frage zu stellen. Der Mitgründer der Aktionsgruppe Extinction Rebellion Roger Hallam proklamierte nach den ersten aufsehenerregenden Protesten seiner Gruppe in London, dass der Kampf gegen den Klimawandel »[...] größer ist als die Demokratie, oder wie auch immer Sie das beschreiben wollen, was derzeit noch davon übrig ist. Wenn eine Gesellschaft so unmoralisch handelt, wird Demokratie irrelevant. Dann kann es nur noch direkte Aktionen geben, um das zu stoppen.«[8] In diesem Moment beginnt der Protest sich gegen die kulturellen Prinzipien zu richten, die ihn ermöglichen, legitimieren und in einen Kontext der rationalen Problemlösung stellen. Es wird in den kommenden Monaten und Jahren entscheidend darauf ankommen, die nötige Politik gegen den Klimawandel nicht gegen, sondern mit den Mechanismen einer freien, offenen und demokratischen Gesellschaft durchzusetzen.

Dazu gehört auch die Fähigkeit, Komplexität anzuerkennen und nicht alles soziale und kulturelle Handeln nur noch nach einem Maßstab beziehungsweise einer gesellschaftlichen Zieldimension zu bewerten. Während der Klimaprotest einerseits schnell und berechtigt viel Zustimmung bei Künstlerinnen und Künstlern hervorgerufen hat, muten manche kulturpolitische Reaktionen eher merkwürdig an. Forderungen nach Moratorien für den Bau neuer Kultureinrichtungen kann man noch versuchen zu ignorieren, aber die Anregung, dass wir den künstlerischen Austausch auf der Welt zugunsten einer eher regionalen Perspektive verengen sollten, um weniger Flüge von Kuratorinnen und Ensembles zu generieren, mutet so skurril an, dass sie Widerspruch geradezu herausfordert. Es kann nicht sein, dass wir den kulturellen Radius des Austauschs künftig auf die Wegstrecken begrenzen, die wir mit dem Fahrrad zurücklegen können. Vielmehr bedarf eine kulturell diverse und zueinander findende Welt umso mehr der Möglichkeiten der persönlichen Begegnung – auch wenn dafür auch mal ein Flugzeug bestiegen werden muss.

Kulturelle und künstlerische Positionen können auf ganz andere Weise helfen, den Klimaprotest in die Gesellschaft zu tragen: Sie können die Themen und Anliegen des Kampfes gegen den Klimawandel in ihren Programmen und Angeboten verarbeiten und sie so den gesellschaftlichen Diskursen über Sinn und Unsinn gesellschaftlicher Transformationsstrategien zuführen.

Leider ist der Protest der Fridays For Future-Bewegung über die Unterstützungsbekenntnisse vieler Künstlerinnen und Künstler hinaus kulturell weniger anschlussfähig, als es die umfassend gesellschaftskritischen Proteste der Achtundsechziger waren. Der Szientismus der aktuellen Klimaproteste, der seinen Ursprung natürlich in der Auseinandersetzung mit den irrationalen Leugnern eines menschengemachten Klimawandels hat, immunisiert den Protest oft auch gegen jegliche Verbreiterung seines gesellschaftlichen und kulturellen Fokus. Dabei wäre das angesichts der Lage unserer Gesellschaft ohne weiteres möglich – und nötig.

SOZIALE UMBRÜCHE: KLASSENVERHÄLTNISSE – KULTURKÄMPFE

Nicht nur die Themen von 1968 kommen wieder, auch die Theoretiker der damaligen Revolte stehen wieder auf der Tagesordnung, weil wir die Mechanismen unseres Lebens und Wirtschaftens verstehen müssen, wenn wir wieder den Anspruch formulieren wollen, sie zu verändern. Vor mehr als zehn Jahren hat der Liedermacher Peter Licht sein »Lied vom Ende des Kapitalismus« gesungen – mit der schönen Zeile: »Der Kapitalismus, der alte Schlawiner, ist uns lange genug auf der Tasche gelegen.« Anlass dieses Abgesangs war die weltweite Wirtschafts- und Finanzkrise im Nachgang der Lehman-Brothers-Pleite. Damals stieg die Nachfrage nach dem ersten Band von Karl Marx'

Kapital in Deutschland so rasant an, dass der Dietz-Verlag zunächst eine Verdreifachung der Verkäufe meldete und dann mit dem Nachdrucken nicht mehr hinterherkam, sodass der 23. Band der »Marx-Engels-Werke« schließlich vergriffen war.[9]

Auch nach dem endgültigen Scheitern der auf dem Marx'schen Gedankengut fußenden politischen Ideologie scheint sein nüchtern rationales Analysemodell modernen Wirtschaftens gerade in Zeiten ökonomischer Krisen durchaus wertvolle Deutungsangebote formulieren zu können. Nachdem 1989 die totalitäre Interpretation der marxistischen und dann vor allem leninistischen Gedanken an ihr berechtigtes Ende gekommen war, schienen auch der Marxismus und seine Fragen insgesamt auf dem Müllhaufen der Geschichte gelandet zu sein. Heute wissen wir, dass das nicht stimmt. Wir beobachten aktuell eine spezifische Form der wachsenden Ungleichheit: Der Wohlstand nimmt zwar global zu, einzelne wirtschaftlich schwächere Gruppen und Regionen aber – zunächst vor allem im sogenannten globalen Süden – müssen erleben, dass der Wohlstand Anderer zu ihren Lasten geht. In der jüngeren Zeit stellen wir fest, dass vergleichbare Phänomene insbesondere auch vormals industriell geprägte Milieus in westlichen Gesellschaften treffen, deren relativer Wohlstand unter den Druck globaler Mehrwertverteilung und Kapitalakkumulation gerät. Manche populistische Aufwallung unserer Tage hat hierin ihre Ursache.

Mit Blick auf solche Phänomene ist es kaum ein Wunder, dass wieder vermehrt zu kapitalismuskritischer Literatur gegriffen wird. Und tatsächlich hebt sich der nüchterne und analytische Stil von Karl Marx wohltuend von den raunenden Thesen neulinker Theoretiker wie Michael Hardt und Antonio Negri und ihren Fiktionen einer postindustriellen *Multitude*[10] ab. Karl Marx liefert mit starken empirischen Begriffen rationale Erklärungen für die kapitalistische Wirtschaftsweise. Begriffsschöpfungen wie Entfremdung, Mehrwert oder Akkumulation des Kapitals sind bis heute debattenprägend und empirisch anschlussfähig. Selbst seine Irrtümer verraten viel über den Kapitalismus und seine Dynamik, die nicht nur die Wirtschaft, sondern alle Gesellschaftsschichten und Lebensbereiche durchdringt.

Bis heute ist nur die Bibel weltweit häufiger gedruckt worden als *Das Kapital*. Es ist von so grundlegender und umfassender Bedeutung, dass es 2013 in das Weltdokumentenerbe der UNESCO aufgenommen wurde, um es der Menschheit zu erhalten und den freien Zugang zu diesem bedeutsamen Werk zu sichern. Dabei ist *Das Kapital* bis heute ein Buch von erheblicher Brisanz, anfällig für Missverständnisse und Missbrauch. Das wurde sicht- und erfahrbar auch in dem spektakulären Kunstwerk *Parthenon der verbotenen Bücher*, das die argentinische Konzeptkünstlerin Marta Minujín 2017 zur documenta 14 in Kassel installiert hat: Hier ist auch *Das Kapital* eingewoben in ein kolossales Denkmal von Büchern, die irgendwann in der Geschichte einmal verboten waren und die sich nun eindrucksvoll als ein Gesamtkunstwerk präsentieren, das als Symbol für das Gemeinwesen und für das Ideal der Demokratie steht.

Aber bei aller aktuellen Faszination, die gerade auch unter Künstlerinnen und Künstlern spürbar ist, bedarf die kritische Wiederaufnahme der Kapitalismuskritik einer gehörigen Entschlackung, Repositionierung und Erweiterung, um uns heutzutage noch hilfreich zu sein. Das apodiktische und deterministische Verständnis einer beinahe ausschließlich durch die Produktionsverhältnisse geprägten Gesellschaft übersieht den starken Anteil kultureller und kommunikativer Beiträge zum gesellschaftlichen Selbstverständnis und zur Bearbeitung gesellschaftlicher Herausforderungen und Ungerechtigkeiten. Von dem Wirtschaftshistoriker Karl Polanyi haben wir schließlich gelernt, dass der Markt eben keine empirische Naturgewalt ist, sondern auf gesellschaftlichen Vereinbarungen beruht, die in eine politische, soziale und kulturelle Rahmung des Marktes gefasst sind und sowohl seine Grenzen wie seine Funktionsweise bestimmen.[11] Diese Vereinbarungen sind es daher auch, die Anlass zu der Zuversicht geben, dass die Funktionsweise des Marktes durch lebensweltliches Engagement (beispielsweise von Fridays For Future) verändert werden kann.

Gerade aus der Perspektive einer auch kulturell sensiblen Auseinandersetzung mit den Folgen des kapitalistischen Wirtschaftens stehen wir vor der Aufgabe, den unbedingten Materialismus der Marx'schen Annahmen um die Denkfiguren des Idealismus zu ergänzen, die kultureller Praxis überhaupt erst einen relevanten Stellenwert zukommen lassen. Die kulturelle Leerstelle des Materialismus – gleichermaßen in seiner affirmativen kapitalistischen wie in seiner kritischen marxistischen Ausprägung – ist ein wesentlicher Grund dafür, dass viele an einer kritischen Kulturtheorie interessierte Denkerinnen und Denker letztlich mit Antonio Gramsci und der Frankfurter Schule mehr anfangen konnten, weil sie die Dichotomie zwischen Materialismus und Idealismus nicht so einseitig aufgelöst haben wie Marx.[12] Die Fokussierung auf eine vermeintlich materiell geprägte Basis und die Verbannung aller kulturellen Fragen in einen nur abgeleiteten gesellschaftlichen Überbau ist eine Engführung, für die es heute wenig Belege gibt. Vielmehr sind ehemalige Nebenwidersprüche längst zu prägenden Themen in Politik und Gesellschaft geworden, seit die alten dialektischen Verhältnisse von Arbeit und Kapital, von Proletariat und Bourgeoisie abstrakteren Frontstellungen gewichen sind. Vor allem aber sind die geschichtsphilosophischen Annahmen, die Marx und Engels formulieren, obsolet geworden. Wir wissen längst, dass es keinen Automatismus der Geschichte hinter dem Handeln der Menschen gibt, dass keine geheimnisvolle Logik die Entwicklung steuert.

Schon früh haben die Marx-Exegeten über diese Offenheit moderner Gesellschaftsentwicklung und die richtigen politischen Konsequenzen daraus gestritten. Beispielhaft wurde dies sichtbar im Revisionismusstreit zwischen Eduard Bernstein und Karl Kautsky, die Ende des 19. Jahrhunderts verhandelten, ob man aktuell Reformen anstreben oder später die Revolution erzwingen solle. Es ging, wie der ehemalige SPD-Vorsitzende Franz Müntefering lakonisch zusammenfasste, um die Frage: Wollt Ihr das Paradies später oder Kaffeepausen jetzt? Mittlerweile gehen wir immerhin davon aus, dass das eine das andere nicht ausschließt, sondern dass man auf dem Weg ins Paradies durchaus mal eine Kaffeepause machen kann.

Heute findet die Annahme, dass die Geschichte eine Abfolge vorherbestimmter Klassenkämpfe sei, keine ernsthaften politischen oder wissenschaftlichen Anhänger mehr. Selbst der Begriff der Klasse als anzusprechendes kollektives Subjekt gesellschaftlicher Veränderungen ist in Deutschland seit Jahrzehnten weitgehend aus dem öffentlichen Sprachgebrauch verschwunden. Er wurde ersetzt durch das Konzept der durch Status und Bildung zu differenzierenden Schichten und dann letztlich durch eine aus der Konsumforschung stammende Milieu-Empirie, die als zusätzliche Dimension unterschiedliche Lebensästhetiken mit in den Blick genommen hat. Fast vollständig entsorgt wurde damit jenes antagonistische Verständnis, das dem Klassenbegriff noch bei Marx seine revolutionäre Sprengkraft verliehen hat, weil es auf gesellschaftliche Ungleichgewichte verwiesen hat, die durch im Kollektiv erzwungene Veränderung überwunden werden sollten.

Dass nicht nur der Gedanke der Vorherbestimmtheit, sondern mit ihm gleich auch die Annahme des treibenden sozialen Grundkonflikts aufgegeben wurde, war in der Zeit der vermeintlich immerwährenden Prosperität der Nachkriegsjahre durchaus plausibel. In einer sozial und kulturell vermeintlich weitgehend nivellierten Mittelstandsgesellschaft fehlen die Extreme und damit auch die Protagonisten der Auseinandersetzung. Funktionale Vernunft und systemisches Gelingen rückten in den Fokus. Das umso mehr, weil die Konfliktlinien spätestens seit den siebziger Jahren immer weniger zwischen unterschiedlichen Klassen oder Schichten verliefen, sondern zunehmend zwischen systemischen Zusammenhängen von Wirtschaft und Technologie auf der einen und lebensweltlichen Solidarstrukturen auf der anderen Seite. Wer gegen Atomwaffen oder den Klimawandel kämpft, der findet zunehmend kein klar umrissenes gesellschaftliches Gegenüber mehr, sondern muss sich mit einer entseelten systemischen Funktionslogik herumschlagen.

Der Kernkonflikt unserer ausdifferenzierten Gesellschaft besteht daher mittlerweile darin, die fragilen Bedingungen unserer Kultur-, Kommunikations- und Demokratiefähigkeit gegen sich verselbstständigende systemische Zusammenhänge von politischer Macht und ökonomischem Profitstreben zu schützen und zu verteidigen. Wenn Finanzmärkte algorithmisch gesteuert werden, dann hilft der alte Antagonismus nicht mehr weiter, weil der vermeintliche Kapitalist auf der anderen Seite längst auch ein Getriebener der Verhältnisse ist und das von ihm verwaltete Kapital vielleicht die Betriebsrenten ehemaliger Industriearbeiter sichert. Die Front der gesellschaftlichen Auseinandersetzung verläuft längst anderswo, zwischen der humanen und der digitalen Entscheidung, zwischen Lebenswelt und System. Die ehemaligen Nebenwidersprüche im Klassenkampf rücken ins Zentrum der politischen Auseinandersetzung.

Wenn aber der gesellschaftliche Konflikt auf einmal lautet: »Alle gegen eine strukturelle Logik«, dann verlieren soziale Gruppenzugehörigkeiten plötzlich ihre orientierende Kraft. Integrations- und Veränderungsdynamiken bewegen sich folgerichtig vom Sozialen ins Kulturelle: Die gesetzten und festgefügten Ordnungen der klassischen Industriegesellschaft verflüssigen sich im Gefolge von 1968, individuelle Perspektiven und Narrative, individualistische Lebensentwürfe und -ästhetiken treten an die Stelle von größeren Gruppenzugehörigkeiten. Kritische Bewegungen benötigen dann ein neues Fundament, das angesichts der Umstände sowohl sozial wie zeitlich nur weniger stabil sein kann als die ehemals unterstellten Klassenverhältnisse.

Zugehörigkeit entscheidet sich nicht mehr an der materiellen oder formalen Zugehörigkeit zu einer gesellschaftlichen Gruppe, sondern auf Grundlage eines selbstbestimmt vorgenommenen und damit auch spontan veränderbaren Bekenntnisses zu einem kulturellen und ästhetischen Milieu oder zu einer spezifisch gelebten Identität im Kampf um gesellschaftliche Anerkennung durch die sogenannte Mehrheitsgesellschaft. Nicht mehr die Gewerkschaft und der Arbeitgeberverband, sondern Fridays For Future und Rocket Internet bestimmen den eingenommenen Platz im gesellschaftlichen Gefüge. Am Beginn war das eine große Befreiung. Aber wir stellen heute fest, dass das nicht immer und überall so bleiben muss.

Denn mit dem scheinbaren Auseinanderfallen unserer Gesellschaften in eine Vielzahl von kaum mehr solidarisch organisationsfähigen Milieus verfestigte sich auch ein neoliberaler Marktfundamentalismus, der bisweilen sozialdarwinistische Züge anzunehmen vermochte. Seine Folge ist wieder wachsende soziale Ungleichheit, die nicht nur die Vermögensverteilung, sondern auch die kulturellen Ressourcen der Teilhabe betrifft. Der Grundkonsens derart umgestalteter Gesellschaften wird, sofern er denn überhaupt noch besteht, schnell brüchig und erfordert jedenfalls eine neuerliche Besichtigung und diskursive Befestigung. Letztlich stellen wir nämlich fest, dass wir – mittlerweile auch bedingt durch die elektronische und digitale Partikularisierung – zunehmend die Mechanismen aus der Hand gegeben haben, mit denen wir aus der Vielfalt eine in wichtigen grundlegenden Fragen gemeinsame Perspektive generieren konnten. In der Folge suchen immer mehr Bürgerinnen und Bürger plötzlich doch wieder Halt in einer a priori festgefügten Ordnung.

In einer paradoxen Volte am Ende der großen Individualisierung tauchen plötzlich die marxistisch unterlegten Konzepte von Schicht und Klasse wieder in der wissenschaftlichen, gesellschaftlichen und künstlerischen Debatte auf. Ganz offensichtlich hat sich die gewollte und gewünschte Durchlässigkeit einer Gesellschaft, in der es Chancengleichheit für alle und fließende Übergänge gibt, verändert: Die Durchlässigkeit wendet sich ins Prekäre.

Dieser Befund kann Ausgangspunkt für eine neuerliche Suche nach den Spuren ehemals überkommen geglaubter Klassenverhältnisse in unseren Gesellschaften sein. Dabei geht es nicht nur um den unterschiedlichen Bildungs-, Berufs- oder Einkommensstatus verschiedener Bevölkerungsgruppen, sondern vor allem um die längst nicht mehr nur materiell zu fassenden Ursachen dahinter. Es geht auch um die Festschreibung sozialer Rollenbilder oder den Prozess der Subjektwerdung innerhalb einer Gesellschaft mit zahlreichen binären und zum Teil antagonistischen Ordnungen – männlich oder weiblich, arm oder reich. Die soziale Kategorie »Klasse« wird um zusätzlich relevante Aspekte wie Geschlecht und Ethnie ergänzt, ganz im Sinne der Bourdieu'schen Aneignung und Erweiterung des Klassenbegriffs.

Nicht selten sind es Künstlerinnen und Künstler, die sich auf diese Spurensuche begeben. Ihre Werke ermöglichen es uns, aus der eigenen subjektiven Perspektive zugunsten übergeordneter Standpunkte herauszutreten. Damit wird es potenziell möglich, den Blick für etwas zu öffnen, das vorher nicht sichtbar war.

Eine Ausstellung des Hamburger Kunstvereins hat 2018 verschiedene künstlerische Strategien zusammengebracht, mit denen ein neuer Blick auf die Klassenverhältnisse als Strukturprinzip gelingen kann. Unter der Überschrift *Klassenverhältnisse – Phantoms of Perception* untersuchte die Ausstellung sowohl Phantome der Wahrnehmung als auch identifizierbare Spurenelemente der Möglichkeit von Erkennen und Erkenntnis. Das Phantom war schon für Marx ein prägnantes Motiv seiner Analyse: Es bezeichnet die Zusammenhänge, die unsere Gesellschaft und ihre Möglichkeiten für den Einzelnen prägen, sich aber unserer Wahrnehmung zumindest auf den ersten Blick entziehen. Soziologisch würden wir heute von den Strukturen unserer Gesellschaft sprechen, die uns meistens als Zwänge unseres Handelns begegnen und unsere Selbstbestimmung einschränken, obwohl sie oftmals zugleich darauf gerichtet sind, gewünschte Handlungsergebnisse zu ermöglichen und sicherzustellen.[13] Es ist wichtig, sich dieser normierenden Phantome bewusst zu sein, wenn man sie verändern will. Dies gilt erst recht, wenn man sich in der symbolischen Dimension der Wahrnehmung sozialer Strukturen bewegt und die eigene Kunst als soziale Skulptur begreift, die Verhältnisse demaskieren und veränderbar machen soll.

Wenn es zum Beispiel gelingt, der gläsernen Decke, die nicht nur allgemein über den Chancen sozialer Mobilität schwebt, sondern die ganz konkret bis heute Frauen den Aufstieg in Spitzenpositionen erschwert, mit Hilfe der Kunst einen Anstrich zu verleihen und sie sichtbar zu machen, ist viel geschafft: Denn wenn etwas sichtbar und beschreibbar wird, können wir gesellschaftlich und politisch handeln. Dafür ist es gleichgültig, ob die Erkenntnis individuell mimetisch oder sozial diskursiv entsteht. Entscheidend ist, dass Umstände benennbar werden.

Das gilt umso mehr in Zeiten, in denen wir längst nicht mehr nur über ökonomische, politische oder soziale Verwerfungen reden, sondern Fragen kultureller Sinnhaftigkeit und symbolischen Kapitals zunehmend ins Zentrum der Debatte rücken. Und zwar nicht im Sinne einer Befreiung von traditionalen sozialen Zwängen, sondern mit dem Ziel, die Freiheitspotenziale der Moderne in postmoderner Beliebigkeit und epistemologischem Relativismus so weit aufzulösen, dass ein beziehungsloses Nebeneinander von Gefühlen und Meinungen übrig bleibt, in dem längst nicht mehr nur das Private, sondern auch das Emotionale politisch zu werden drohen. Das Ergebnis ist »Die Emotionale«, die der Liedermacher Peter Licht neuerdings besingt – und noch ist unklar, ob »die hinterfotzigen Hintergründe der Systeme« auch tatsächlich so ans Licht kommen, wie er hofft.

Jedenfalls kann Kunst dazu beitragen, der Beliebigkeit der Perspektiven und Narrationen immer wieder Positionierungen entgegenzustellen, die eine Arbeit am Verstehen, möglichst gemeinsam, gleichsam erfordern. Durch diese Wirkung künstlerischer Werke und kultureller Orte wird en passant auch einer der infamsten Sätze des letzten Jahrhunderts konterkariert.

Es war in den achtziger Jahren die britische Premierministerin Margret Thatcher, die sagte: »There's no such thing as society!«[14] Solche vulgär-libertären Überlegungen sprengen die solidarischen Strukturen, die es braucht, um Veränderungen herbeizuführen – ganz gleich, ob wir sie Gesellschaft, Klasse, Schicht oder Milieu nennen. Wenn diese solidarischen Strukturen emanzipatorisch genutzt werden sollen, dann kommt es darauf an, dass sie aus der Freiheit des Handelns und der Gerechtigkeit der Verhältnisse heraus selbstbestimmt entstehen, um eine gemeinsame Sicht der Welt zu entwickeln und den Willen, sie durch Handeln zu verändern. Sie zielen dabei heute – im Guten wie im Problematischen – auf das, was eine Gesellschaft im Kern zusammenhält: Die gemeinsam errungenen Werte und Regeln, die für alle verbindlich gelten.

Wie wir so eine größtmögliche Gemeinsamkeit mit gleichzeitig größtmöglichem Respekt für Differenz in Einklang bringen können – und zwar auf Grundlage übergreifender Empathie –, das wird eine zentrale Aufgabe der kommenden Zeit sein. Es wird dabei auch darum gehen, den Materialismus unserer Zeit mit idealistischen Positionen zu versöhnen oder mindestens konstruktiv zu konterkarieren. Denn wenn man sich Marx undogmatisch vor dem Hintergrund einer freien und offenen Gesellschaft zuwendet, dann bekommt auch seine anderthalb Jahrhunderte alte elfte These über Ludwig Feuerbach einen nicht mehr nur materialistischen, sondern auch idealistischen und grundstürzend modernen Klang: »Die Philosophen haben die Welt nur verschieden interpretiert, es kommt aber darauf an, sie zu verändern.«[15] Genau das ist die Aufgabe freier und aufgeklärter Bürgerinnen und Bürger. Und es kann der Selbstanspruch von Künstlerinnen und Künstlern sein, die Veränderung durch Interpretation bewirken wollen.

KULTURELLE UMBRÜCHE: VIELFALT UND INTEGRATION

Lange Zeit war das Kugelmodell von Johann Gottfried Herder prägend für unser Verständnis von Kulturen und kulturellen Begegnungen. Herder schrieb 1774: »Jede Nation hat ihren Mittelpunkt der Glückseligkeit in sich selbst, wie jede Kugel ihren Schwerpunkt.«[16] Kulturelle Begegnungen werden in diesem Verständnis zum Billardspiel. Die Kugeln treffen sich, stoßen einander ab und kommen unverändert wieder ganz zu sich selbst. Aber: Dieses Bild stimmt nicht – und es stimmte wahrscheinlich auch zu keinem Zeitpunkt der Geschichte, selbst wenn die neuen Rechten es im Gewand des Ethnopluralismus wieder neu beleben wollen. Gesellschaften werden diverser und neue transkulturelle Netze lassen sich zwischen den Kulturen und durch sie hindurch knüpfen. In der heutigen globalisierten Zeit sehen wir endgültig, dass die gesamte Erde eine Kugel ist, auf deren Oberfläche sich unterschiedliche Kulturen wie selbstverständlich begegnen, vernetzen und mischen. Künstlerische Projekte können auf dieser Grundlage immer wieder aufs Neue wertvolle Beiträge zur Vermittlung zwischen den Kulturen leisten.

Wenn unterschiedliche Wahrnehmungsmuster und Deutungstraditionen kollidieren, dann kann produktive Irritation entstehen. Ein besonders eindringliches Beispiel gelang dem ägyptischen Künstler Wael Shawky, der 2017 in dem Stück *The Song of Roland: The Arabic Version* arabische Perlfischer das mittelalterliche französische Rolandslied und seine islamfeindlichen Gewaltbeschreibungen auf Hocharabisch singen ließ. Unsere üblichen, mitteleuropäischen Codierungen wurden konsequent gegen den Strich gebürstet und unser nur allzu verständliches Bedürfnis nach einer Vereinfachung der Weltbetrachtung gehörig hinterfragt. Das aktuelle, die Rezeption prägende Stereotyp eines gewaltbereiten islamischen Fundamentalismus kontrastierte hier scharf mit der europäisch christlichen Tradition der Gewaltphantasien des Textes und öffnet so den Kopf für eine neuerliche Verständigung über vermeintliche kulturelle Grenzen hinweg.

Kunstproduktion (und zwar aller künstlerischen Sparten) entsteht durch den Kontakt und den Austausch mit anderen Kulturen. Schon immer haben sich Künstler nicht nur den ganz ureigenen Traditionen und Ideen verschrieben, sondern sich von anderen Kulturen und anderen Ästhetiken zu Neuem inspirieren lassen. Beispiele finden sich in der Italiensehnsucht deutscher Künstler im 19. Jahrhundert (kein Geringerer als Goethe ist darunter zu finden), im Einfluss japanischer Kunst auf den Impressionismus oder in der künstlerischen Aneignung afrikanischer Traditionen durch Pablo Picasso, der sich in seiner Malerei von dortigen Skulpturen inspirieren ließ. Und was wären Debussy oder Messiaen ohne die indonesische Gamelanmusik? Was der Jazz ohne afrikanische Rhythmen und europäische Marschmusik?

Aber das, was in der Kunst durch die Jahrhunderte hindurch immer schon praktiziert wurde, scheint uns im Alltag oft schwererzufallen: zu akzeptieren, dass Kultur nichts Statisches ist, sondern etwas sehr Veränderliches. Anknüpfend an immer dünner werdende

Traditionslinien entsteht sie täglich neu. Es ist schon längst keine Selbstverständlichkeit mehr, kulturelle Gewissheiten aus regionalen Traditionen zu ziehen. Vielmehr müssen moderne, offene und vielfältige Gesellschaften die Bedingungen ihres Gelingens immer aus sich selbst heraus schaffen und gewährleisten. Sie müssen sich – einem rationalen Münchhausen gleich – am eigenen Schopf emporziehen. Es gehört zu den großen, immer wieder beschriebenen und diskutierten Paradoxien der Moderne, dass unser Streben nach Vernunft und vernünftigem Handeln genau das auch immer wieder möglich macht. Wir können es nur eben niemals voraussetzen. Es bleibt eine Sisyphos-Arbeit und wir tun gut daran, Albert Camus' Interpretation zu folgen und sie jeden Tag aufs Neue frohen Mutes und vollen Herzens anzugehen.[17]

Moderne Gesellschaften benötigen schließlich auch etwas Verbindendes, damit es jeder und jedem Einzelnen möglich ist, ohne Angst verschieden zu sein. Sie bedürfen eines Konsenses darüber, wie sie friedlich mit ihren immanenten Konflikten umgehen. In dem Maße, in dem sich zunächst Schichten, dann Milieus und Habitusfragen und heutzutage letztlich persönliche Distinktionsstile und Singularitätsstrategien ausdifferenzieren, wird die Gewährleistung dieser notwendigen Gemeinsamkeiten komplexer. Das ist sicherlich einer der Gründe, warum heutzutage wieder vermehrt in Richtung Kultur geschaut wird.

Die empirische Lage jedenfalls ist eindrücklich: Die Körber-Stiftung hat 2017 gemeinsam mit dem infas-Institut eine Studie zur Diversität vorgelegt – und kommt zu dem Schluss, dass Hamburg das vielfältigste aller deutschen Bundesländer ist, noch vor Bremen an zweiter und Berlin an dritter Stelle.[18] In Hamburger Grundschulen hat schon jetzt jedes zweite Kind einen Migrationshintergrund. Tendenz weiter steigend. Und dabei spricht dieser Befund nur eine, wenngleich meist prominent diskutierte, Dimension der Diversität an, die in der Studie zugrunde gelegt wird. Daneben gilt es auch auf Alter, Kaufkraft, Religion, Parteipräferenzen und vieles Weitere zu schauen. Ganz zu schweigen von den immer weiter auseinanderdriftenden Lebensästhetiken, zwischen denen heute selbst bei ähnlichen soziokulturellen Merkmalen Welten liegen können. Die Studie nimmt etliche dieser Kriterien mit auf und weitet so den Blick auf vieles von dem, was uns unterscheidet. Also auch auf das, was gesellschaftlichen Zündstoff bieten kann und manchem – meist unberechtigterweise – Sorge bereitet.

Aus derartigen empirischen Befunden heraus wird zunehmend eine Frage in Richtung Kultur und Kulturpolitik formuliert: Was kann Kultur dazu beitragen, diesen potenziellen gesellschaftlichen Sprengstoff zu entschärfen? Die Gegenfrage liegt näher als die direkte Antwort: Sollen Kultur und Kunst diese Aufgabe wirklich übernehmen und die »Feuerwehr« in gesellschaftlichen Krisen- und Konfliktsituationen spielen? Können sie das überhaupt? Mit einer solchen funktionalistischen Erwartung würde die Kunst nicht nur überfrachtet werden, sondern ihr würde damit auch ein Bärendienst erwiesen, weil ihre unbedingte Freiheit beschränkt würde. Das heißt nicht, dass Kultur und Kunst vollkommen losgelöst von gesellschaftlichen Realitäten agieren. Es gibt viele Künstlerinnen und Künstler, die intrinsisch hoch motiviert Projekte initiieren, die sich an der Schnittstelle zum Sozialen bewegen. Das gilt es durchaus zu unterstützen. Aber Kunst darf nicht zu einem Instrument werden, das primär externen Zwecken dienen soll. Auch Förderbedingungen sollten keinesfalls daran geknüpft werden, dass Kunstprojekte einen direkten, nachvollziehbaren Nutzen vorweisen können. Kunst und Kultur müssen an sich gefördert werden und nicht für irgendetwas. Denn Kunst stiftet ganz aus sich selbst heraus Sinn.

Der Rede von der Kultur als »Kitt der Gesellschaft« liegt ein folgenschweres Missverständnis zugrunde, das umso gravierendere Auswirkungen hat, je weitreichender ein ästhetischer und ein sozialer oder gar anthropologischer Kulturbegriff durcheinandergehen. Kulturelle Angebote können nämlich nicht kitten, was andere Mechanismen auseinandergetrieben oder zerbrochen haben. Sie können lediglich auf die Bruchkanten hinweisen und dazu auffordern, an ihnen zu arbeiten. So ist auch das lesenswerte Plädoyer des Literaturkritikers Terry Eagleton zu verstehen, der sehr eindringlich vor dem Hang zur übermäßigen Kulturalisierung sozialer Konfliktformationen warnt: »Tatsächlich sind die zentralen Fragen, denen sich die Menschheit im neuen Jahrtausend gegenübersieht, alles andere als kulturell«, schreibt Eagleton. »Sie sind weit konkreter und materieller. Krieg, Hunger, Drogen, Waffen, Völkermord, Krankheit, Umweltkatastrophen: Alle diese Phänomene haben ihre kulturellen Aspekte, aber Kultur macht nicht ihren Kern aus. Wenn jene, die von Kultur sprechen, dies nicht tun können, ohne den Begriff aufzubauschen, sollten sie vielleicht besser schweigen.«[19]

Umgekehrt gilt, dass sich in unseren Gesellschaften neue kulturelle Konfliktlinien auftun, die zum Teil gezielt kreiert werden, um soziale und ökonomische Konflikte wahlweise zu übertünchen oder zu vertiefen. Diese oft auf Anerkennungs- und Identitätsfragen bezogenen Konflikte sind ebenfalls selten allein kulturell zu bearbeiten, erhalten durch ihre Kulturalisierung allerdings eine Aufladung, die sie sinnvoll nur im Reich der symbolischen Bedeutungen bearbeitbar machen können. »Bei Identitätsfragen ist es ungleich mühsamer, Kompromisse zu schließen«, stellt Francis Fukuyama fest. »Entweder du erkennst mich an oder nicht. Der Zorn über den Verlust der Würde oder über die eigene Unsichtbarkeit hat oftmals wirtschaftliche Ursachen, doch Kämpfe um die Identität lenken uns davon ab, solche Probleme zu beheben.«[20] Insofern ist es Ausdruck einer sinnvollen politischen Strategie, jene Ungerechtigkeiten und Respektlosigkeiten, die den Ausgangspunkt identitätspolitischer Initiativen markieren, entschlossen zu beseitigen, um auf direkterem Wege zu den Fragen zu gelangen, die Kohärenz und Kohäsion einer diversen Gesellschaft betreffen.

Was Kunst und Kultur in solchen Situationen leisten können, ist jene mimetische Inspiration und Irritation, die Themen anstößt und uns miteinander ins Gespräch bringen kann. Oftmals entstehen genau diese Erlebnisse aus der Bearbeitung jener Diversität, die sie dann wiederum dialektisch zusammenhalten können. Eine multidiverse Stadtgesellschaft zum Beispiel kann insofern je nach Blickwinkel immer entweder als Herausforderung oder als Chance für die Kultur einer Stadt oder als beides gleichermaßen verstanden werden. Vor allem aber ist sie eine Realität.

Wenn es daher in den 2017 von der Initiative Kulturelle Integration vorgelegten »15 Thesen zu kultureller Integration und Zusammenhalt« heißt: »Kulturelle Vielfalt ist eine Stärke«,[21] dann kann dem nur unumwunden zugestimmt werden. Allerdings bleibt der Begriff der Integration in diesem Kontext ein komplizierter. Es droht nämlich die Gefahr, ihn im Rahmen einer Wertedebatte lediglich einseitig als Aufnahme der neuen Bürgerinnen und Bürger in eine bestehende Ordnung engzuführen. Selbst wenn betont wird, dass diese Ordnung nicht statisch gegeben sei, bestehen genügend Probleme, die aus der Idee erwachsen, dass sich hier kulturell die einen in das andere einfügen sollen.

Knapp vor der Veröffentlichung der 15 Thesen hatte deshalb kaum überraschend der damalige Bundesinnenminister Thomas de Maizière versucht, den unseligen Begriff der »Leitkultur« wieder einmal aufzuwärmen und damit Kurs auf ein recht statisches Kulturverständnis zu nehmen, das der Diversität und Dynamik unserer Gesellschaft ein eher kanonisches und traditionelles Verständnis entgegenzusetzen versuchte.[22]

Wir kommen allerdings nicht nur kulturpolitisch in sehr kabbeliges Wasser, wenn Integration zu einer vorrangig kulturellen Aufgabe stilisiert wird und klandestin die kulturelle Assimilation der Neuen angestrebt wird, statt beherzt den Diskurs über die Entwicklung von etwas gemeinsamem Neuen zu suchen. Denn natürlich ist es sinnvoll, nach Antworten darauf zu suchen, wie wir unsere Gesellschaft zusammenhalten. Allerdings gelingt uns das nicht, wenn wir von der Idee der einen, genuinen, unverrückbaren Kultur ausgehen, deren Teil »die anderen« werden müssen. Kulturelle Integration bedeutet schließlich nicht, dass Teile der Gesellschaft mit ihren je kulturellen Eigenheiten einfach »geschluckt« werden.

Es wird also künftig noch stärker darum gehen, das, was unsere Gesellschaft ausmacht und zusammenhält, im täglichen Miteinander beständig neu zu erschaffen. Dazu gehört es, gemeinsame Werte und

Normen zu identifizieren, die allgemeine Gültigkeit haben. Aber in allen weiteren kulturellen Überformungen sollten wir uns von der Vorstellung eines Ordnungsmusters oder einer kanonischen Definition dessen lösen, was Kultur ist oder sein soll und auch, wie sie zu vermitteln ist. Kurz: Wenn Vielfalt schlichte Realität ist, dann ist es sinnvoll, sie innerhalb eines gemeinsam verabredeten Rahmens auch zu leben. Wer kulturelle Diversität sichern will, muss eine gemeinsam akzeptierte politische Kultur entwickeln, deren Normen auf die Sicherung der Gesellschaft in Vielfalt zielen.

Die Grundvoraussetzungen dafür, dass diese Vielfalt Einzug in das tägliche Handeln nehmen kann, sind der wertschätzende Umgang mit der Vielfalt, das Aushalten von Unterschieden – auch wenn das manchmal keine leichte Aufgabe ist – sowie die Bereitschaft zur Begegnung und zur Auseinandersetzung. Politik kann und muss dafür sorgen, dass die Rahmenbedingungen dafür stimmen. Dass jeder ein Dach über dem Kopf hat, dass niemand Armut leiden muss, dass jedem Bildung zuteilwird, dass Teilhabe durch Arbeit möglich ist – diese sozialen Errungenschaften legen das Fundament gesellschaftlichen Zusammenhalts als Grundlage eines Lebens in Vielfalt.

Wenn wir Kultureinrichtungen als Orte der Begegnung verstehen, dann sind sie auf dieser sozialen Grundlage zwangsläufig auch Kristallisationspunkte des Unterschiedlichen. Kulturelle Angebote schaffen Orte und Räume, in denen jenes spontane Aufeinander-Zugehen und Miteinander-Sprechen möglich wird, das in unserer Gesellschaft eben nicht mehr selbstverständlich ist. Deshalb nehmen die Themen »Teilhabe« und »Zugänglichkeit« in den strategischen Zukunftsdiskursen der Kulturinstitutionen oft einen großen Stellenwert ein. Natürlich ist das kein Selbstzweck, sondern zielt darauf ab, ein Publikum zu interessieren und damit Räume zu öffnen, in denen sich eine vielfältige Gesellschaft nicht nur begegnen, sondern auch erkennen kann. Dabei wird zunehmend deutlich, dass zielgruppenspezifische Angebote zwar hilfreich, aber kein Allheilmittel sind. Wichtiger ist vielmehr die Schaffung kultureller Erlebnisräume, die einen weiten gesellschaftlichen, ja gemeinwohlorientierten Anspruch formulieren. Diese Räume eröffnen Möglichkeiten, die Sichtweisen anderer kennenzulernen. Dies ist eine Voraussetzung dafür, die Anonymität des individuellen Daseins zu verlassen, die ursprüngliche Fremdheit zu überwinden und gemeinsam Verantwortung zu übernehmen. Es sind diese Begegnungen in der Vielfalt, im Großen wie im Kleinen, die unsere Gesellschaft nicht nur offen und bunt, sondern auch lebenswert machen. Hier liegen Chancen auf neue Perspektiven.

Wer der Kraft der Kultur vertraut, der ist in der Lage, diese Effekte dadurch zu erzielen, dass sie nicht erstrebt werden, sondern aus der bisweilen irrational entrückt wirkenden Freiheit der Kunst gleichsam dialektisch entstehen. Kulturpolitik hat vor diesem Hintergrund die Aufgabe, einen Beitrag zur Gestaltung des in vielerlei Hinsicht vielfältigen Lebens einer modernen Gesellschaft zu leisten. Und dazu gehört an erster Stelle die Förderung der Kunst. Denn: Kunst ist heute per se interkulturell, international, grenzüberschreitend und lebt davon, Verbindungen zu suchen und herzustellen. Ob sie dabei immer zwingend integrativ oder gar vermittelnd und verbindend sein will, sei dahingestellt. Aber ihre Wirkungen öffnen die entsprechenden kulturellen und sozialen Räume.

Es ist daher kulturpolitisch ganz explizit unsere Aufgabe, unterschiedliche kulturelle Ausdrucksformen zu fördern. Und zwar sowohl mit Blick auf sogenannte Minderheiten als auch in der Selbstvergewisserung der sogenannten Mehrheitsgesellschaft, zum Beispiel indem für Teilgesellschaften Räume für das »Eigene« geschaffen werden, die dann durch Förderung von Austausch mit anderen verbunden werden. Eine besondere Aufgabe ist es hierbei, eine Verbindung zwischen unterschiedlichen ethnisch-nationalen Gruppen herzustellen, was besonders in Stadtteil- und Quartiersprojekten oder soziokulturellen Zentren und mittels Künstleraufenthaltsstipendien gelingen kann. Auch öffentliche Bibliotheken leisten als »Dritte Orte« in den Quartieren wertvolle und nachhaltige kulturelle Begegnungs- und Bildungsarbeit. Sie öffnen Räume, die weder privat noch arbeitsbezogen sind, sondern die öffentliche Begegnung in Gesellschaft ermöglichen.

Kulturelle Erlebnisse können die identitätsstiftende Kraft der Gemeinsamkeit – in der Mimesis wie im Diskurs – vermitteln. Ihre auf diese Weise zusammenführende Kraft im gemeinsamen Erlebnis ist eine freiheitlich offene Alternative zu der von Francis Fukuyama geforderten »Bekenntnisnation«, die sich ebenfalls auf einen kulturell fundierten Wertezusammenhang beruft, diesen aber als zunächst gegeben voraussetzen muss, um das Bekenntnis zu einem geteilten Rahmen einfordern zu können.[23] Dies ist so lange vergleichsweise unproblematisch, wie damit der eher prozedural ernüchterte Verfassungspatriotismus der Bundesrepublik gemeint ist, der sich aus dem Stolz auf die kulturelle Güte und zivilisierende Kraft des Grundgesetzes speist. Aber es führt in problematischere Gefilde, wenn jener zivilreligiöse Anspruch dazutritt, der die USA traditionell prägt, in der demokratischen Kultur unseres Landes aber bis jetzt kaum Anknüpfungspunkte findet.

Kulturpolitik und auf Interkulturalität abzielende Kulturarbeit sind ohne Zweifel vitale Bausteine der Gestaltung einer superdiversen Gesellschaft. Sie können die drohende Atomisierung in individuelle Singularitäten oder versprengte identitätspolitische Zusammenhänge mindestens erschweren. Der vermeintliche Umweg über den kulturellen Zusammenhang stärkt auch den gesellschaftlichen Zusammenhalt. Es hat Sinn, Kultur zu fördern. Und wenn man keine Zweckerfüllung von ihr erwartet, kann sie erstaunliche Wirkungen in einer und für eine vielfältige Gesellschaft entfalten.

KULTUR FÜR ALLE

Der erste Direktor der Hamburger Kunsthalle, Alfred Lichtwark, wollte kein Museum, »das dasteht und wartet, sondern ein Institut, das thätig in die künstlerische Erziehung unserer Bevölkerung eingreift«.[1] Bereits Ende des 19. Jahrhunderts formulierte er es als ein zentrales Anliegen, Bildung in den Künsten für alle Bevölkerungsschichten zu ermöglichen.

Dieser aufklärerische Esprit reicht bis heute. Allerdings geht es mittlerweile in Kultureinrichtungen weniger didaktisch um künstlerische Erziehung als vielmehr darum, öffentliche Orte der Kommunikation und der lebendigen Interaktion zu schaffen. Die künstlerische Erziehung wird heute ersetzt durch das Öffnen individueller und sozialer Erkenntnis und Erfahrung – die ehemalige Werkzentrierung wird zunehmend zu einer Publikumszentrierung.

Gut ein Jahrhundert nach Lichtwarks Einlassungen wurde Hilmar Hoffmanns Forderung »Kultur für alle« zum prägenden Leitsatz, der als idealistische Idee bis heute Gültigkeit besitzt.[2] Der damalige sozialdemokratische Kulturstadtrat von Frankfurt am Main spielte mit seinem berühmten Diktum auf die Notwendigkeit einer Kulturpolitik an, die breiten Schichten der Gesellschaft den Zugang zu Kunst und Kultur ermöglichen sollte – sowohl inhaltlich als auch finanziell. In einem wesentlichen ersten Schritt ging es damals vor allem darum, möglichst allen Zugang zum bereits bestehenden reichhaltigen Angebot zu ermöglichen. Der Kulturbegriff selbst und damit das kulturelle Angebot an sich blieben dem Diskurs zunächst weitgehend entzogen. Das ist heute anders, weil die Demokratisierung an beiden Enden wirkt. Wer ein Opernhaus oder ein Museum dezidiert der ganzen Gesellschaft öffnet, der hofft, nicht nur Einzelne im Publikum, sondern auch die Institution selbst zu verändern.

Dieser Wandel ist sinnvoll: Die tiefgreifenden gesellschaftlichen Veränderungen im Zuge des demographischen und digitalen Wandels, der weltweiten Migration und der wiederkehrenden ökonomischen globalen Krisen führen heute unter anderem zu einer immer größeren Heterogenität der Bevölkerung, die die Kulturvermittlung immer neu fordert, indem sie die Vielfalt kultureller Ausdrucksformen und Möglichkeiten steigert – und damit Kultur selbst bunter und weniger statisch oder kanonisch macht.

Schon in den siebziger Jahren war die schnell allgegenwärtige Forderung »Kultur für alle« nicht nur ein Satz, sondern ein Ansatz, den Sinn von Kultur neu zu denken: Kultur für alle bedeutete nämlich bereits damals mehr als die – schon für sich genommen sinnvolle – soziokulturell begründete Öffnung ehemals elitärer Angebote für die breite Bevölkerung. Angesichts der damaligen Debatten über die Systemfunktionalisierung komplexer, zunehmend ausdifferenzierter Gesellschaften und über die immer drängenderen Legitimationsprobleme des Spätkapitalismus ging es immer auch um die ganz grundsätzlichen Möglichkeiten der Produktion gesellschaftlichen Sinns, mithin um die Gewährleistung jener kulturellen und sozialen Ressourcen, ohne die eine moderne, demokratische und soziale Gesellschaft nicht denkbar ist. Kultur ist eben immer auch das, was wir voraussetzen müssen, ohne es voraussetzen zu können. Neben der wirtschaftlichen Gewährleistung materieller Ressourcen und der politischen Produktion von allgemeinverbindlichen Entscheidungen braucht es auch das alltägliche Ringen um Kohäsion und Kohärenz, um Zusammenhalt und Zusammenhang unseres gesellschaftlichen Alltags. Das ist keine harmonische Veranstaltung, sondern gewinnt auch durch künstlerische Intervention und Irritation an Schärfe, indem wir immer wieder gezwungen werden, uns neu zu begründen und zu hinterfragen.

Es überrascht daher nicht, dass die Debatte über Kultur für alle im Schatten der ersten Weltwirtschaftskrisen stattfand – mithin in Zeiten, in denen schon einmal von Grenzen des Wachstums und vom Ende des Kapitalismus die Rede war und in denen die Integrationskraft politischer und wirtschaftlicher Institutionen an ihre Grenzen kam. Die Analogien zur heutigen Situation sind frappierend. Ohne eine besondere Sensibilität für die lebensweltlichen und damit die kulturellen Ressourcen unserer offenen Gesellschaft wird die Bewältigung der aktuellen Herausforderungen erneut kaum gelingen.

DIE ÖFFNUNG DER ANGEBOTE

In dem Maße, in dem aktuell Debatten über gesellschaftlichen Sinn und Orientierung stärker ins öffentliche Bewusstsein rücken, verschiebt sich die Wahrnehmung kultureller Angebote. Und das aus gutem Grund: Schließlich kann Kultur als gesellschaftlich sinnstiftende, persönlichkeitsbildende und integrative Kraft wirken. Die von Kunst ausgehenden Impulse sind zwar schwer in ihrer Wirkung zu messen, aber das ist auch gar nicht so bedeutsam, weil ihre gesellschaftliche Relevanz in aller Regel offensichtlich ist. Das sehen wir beispielsweise an den zahlreichen Projekten der letzten Jahre mit Geflüchteten. Die Initiativen sind aus den Theatern, aus den Tanzcompagnien, den Museen und Orchestern heraus entstanden. Sie zeigen das Bedürfnis, sich zu öffnen und Kultur wieder stärker in die Mitte unsere Gesellschaft zu rücken. Kulturinstitutionen und freie Künstlerinnen und Künstler suchen immer häufiger die Schnittstellen zur Zivilgesellschaft und arbeiten mit anderen Einrichtungen wie Vereinen, Schulen oder Geschichtswerkstätten zusammen.

Wer die vielen Projekte sieht, die derzeit neu entstehen, der bekommt eine Ahnung davon, welche Kraft in dem alten Schlachtruf »Kultur für alle« immer noch steckt. Nach dem Ende eines falschen, weil einseitig ökonomisch verkürzten Liberalismus verbirgt sich hier die unbändige Kraft einer Gesellschaft auf der Suche nach neuem solidarischem Sinn. Wir leben in spannenden Zeiten – und es lässt sich durchaus vermuten, dass in den zwischenzeitlich abgerissenen Diskursen der siebziger Jahre noch viel ungehobenes intellektuelles Potenzial liegt, dessen Wiederbesichtigung lohnen könnte.

Die Verwirklichung der Absicht »Kultur für alle« steht jedenfalls immer noch aus: Wir müssen bis heute feststellen, dass der Anteil derer, die regelmäßig kulturelle Angebote im engeren Sinne nutzen, sich nur marginal erhöht hat. Studien zu den sogenannten Nicht-Besuchern gehen davon aus, dass rund die Hälfte aller Bürgerinnen und Bürger öffentlich geförderte Kulturveranstaltung wie Theater, Museen oder Konzerthäuser nicht besucht. Gründe dafür finden sich keinesfalls nur im sozialen oder bildungsbezogenen Status und erst recht nicht nur in Eintrittspreisen, sondern auch in der Heranführung durch Elternhaus und Schule, im sonstigen Freizeitverhalten und in einer generellen Unsicherheit bezüglich Ablauf und Erwartungen im Rahmen von Kulturveranstaltungen. Das grundsätzliche Gefühl, von einem Angebot nicht angesprochen zu werden, mithin als Zielgruppe bewusst nicht im Fokus zu sein (in England gibt es den sehr passenden Ausspruch *Not for the likes of us*), ist anscheinend ein wesentlicher Grund, kulturelle Angebote nicht wahrzunehmen. Nun darf man Kultur keinesfalls auf Einrichtungen und Angebote der vermeintlichen Hochkultur verengen, aber es sollte uns nachdenklich stimmen, dass hier immer noch soziale und alltagskulturelle Barrieren existieren, von denen wir wissen, dass sie vor allem in Kindheit und Jugend gebaut oder geschliffen werden können.[3]

Deshalb sind die unmittelbaren Anliegen der siebziger Jahre bis heute aktuell: Teilhabe ermöglichen, kulturelle Bildung stärken, Vernetzungsarbeit leisten. Immer wieder aufs Neue diskutieren müssen wir, wie das am besten umgesetzt werden kann. Das muss jede Zeit und Generation für sich neu verhandeln und bestimmen. Wir befinden uns an einem Punkt, an dem die über Jahrzehnte gewachsenen Strukturen einer damals neuartigen Kulturpolitik heute vor Umbrüchen und Modernisierungsaufgaben stehen:

Unsere Gesellschaft wird immer bunter. Wenn jeder zweite junge Mensch einen Migrationshintergrund hat, dann heißt das natürlich, dass etwas auf die Spielpläne oder in die Museen gehört, das unsere kulturell immer vielfältigere Bevölkerung auch in zehn, zwanzig Jahren noch interessiert – sonst drohen die Besucherzahlen drastisch zurückzugehen, und zwar nicht aus Desinteresse an Kunst und Kultur, sondern weil klassische Formen in neuen Kontexten an Relevanz verlieren können.

Die Digitalisierung verändert Kommunikation und Öffentlichkeit. Nicht nur die Politik ist derzeit noch ein großes Stück davon entfernt, bei diesen schnellen Entwicklungen mitzuhalten. Das gilt für eigene Angebote genauso wie für Rahmenbedingungen, die wir gestalten. Und natürlich müssen sich auch Kultureinrichtungen Gedanken machen, wie Angebote für eine Gesellschaft aussehen, in der jeder jederzeit *always on* ist. Wir erleben fundamentale Umbrüche, die wir verarbeiten müssen.

Unsere Gesellschaft wird älter. Im Zuge des demographischen Wandels kann es sinnvoll sein, soziale und kulturelle Räume, Stadtentwicklung, Kreativität und Kunst verstärkt zusammenzudenken. Der demographische Wandel stellt an unterschiedlichen Orten unterschiedliche Herausforderungen – aber ihm ist gemein, dass Fragen der Zugänglichkeit und Teilhabe auch mit Blick auf Ältere neu auf die Tagesordnung gehören. Das gilt auch generell für die Frage, wie inklusive Angebote für Menschen mit Behinderungen aussehen können. Hier gibt es erste vielversprechende Ansätze für die Arbeit auch mit geistig behinderten oder demenzkranken Besucherinnen und Besuchern.

Die Menschen drängen in die Städte. Hier liegt eine Herausforderung, der wir uns mit Blick auf die Landflucht und die vielen Menschen, die in die Städte kommen, um ihr Glück zu machen, verstärkt annehmen sollten. Natürlich müssen wir uns um kulturelle Angebote im ländlichen Raum kümmern, um ganz Deutschland lebenswert zu gestalten. Aber in den Städten dürfen wir uns durchaus freuen, dass wir es mit Problemen des Wachstums, des Aufbruchs und der Hoffnung zu tun haben. Kultur ist hier im Übrigen wieder kein weicher Faktor des Standortmarketings nach dem Motto: Baut Konzerthäuser, damit Manager abends irgendwo schick ausgehen können. Es berührt vielmehr eine Stadtgesellschaft und ihre Kultur im Kern, wenn viele Menschen aus der ganzen Welt zu uns kommen, die ihr Leben verbessern wollen. Diese Kraft, die gerade in den Vierteln zu finden ist, auf die wir nicht als Erstes zeigen, wenn wir die Attraktivität unserer Städte beschreiben wollen, ist noch viel zu selten im Bewusstsein der diskursprägenden urbanen Eliten und ihrer oftmals zu defensiven Diskurse über die Probleme des Wachstums angekommen.

Kulturelle Angebote auch an die sogenannten bildungs- und kulturferneren Milieus heranzuführen, ist daher eine zentrale kulturpolitische Aufgabe. Da anders als in der Schule die Angebote der Kultureinrichtungen freiwillig besucht werden, geht es vor allem darum, sie so zu gestalten, dass der Wunsch nach Rezeption und Teilhabe überall in der Gesellschaft entsteht und sich möglichst alle angesprochen fühlen. Die Frage nach den erreichten und erreichbaren Zielgruppen kultureller Angebote ist deshalb zentral. Ihre Vielfalt ist schließlich zumindest mittelbar ein Maßstab der Sinnhaftigkeit kultureller Angebote.

Wenn nur wenige eine Kultur für alle nutzen, dann begeben wir uns zumindest in einen Widerspruch, der nicht immer leicht auszuhalten ist. Schließlich ist Kultur für alle nicht nur ein Versprechen von Teilhabe, sondern appelliert auch an die eigene Verantwortung, am Haben und am Sagen teilhaben zu wollen. Die Aufgabe von Kulturvermittlung besteht nach Ansicht professioneller Beobachterinnen und Beobachter daher oftmals darin, »eine Verbindung zwischen den verschiedenen Interessensgruppen und individuellen Lebensrealitäten aufzubauen.«[4]

Kulturpolitisch wurde dieses Thema in den letzten Jahren eher aus der Perspektive des Einzelnen betrachtet, ein besonderer Fokus lag auf Kindern und Jugendlichen. Mit zunehmendem Bewusstsein für die Bedeutung der frühkindlichen Bildung und das lebenslange Lernen wurden vielfältige Ansätze entwickelt, die kulturelle Bildungsprozesse von klein auf unterstützen und systematisch fördern sollen. Dabei kommt den Vermittlungsangeboten der klassischen Kulturinstitutionen eine wichtige Rolle zu: Ob Theater, Orchester, Bibliothek oder Ausstellungshaus – hier lässt sich eine Vielzahl von Vermittlungsformaten entwickeln, die eine willkommene Abwechslung und Ergänzung zum formalen Lernen bieten und in strukturierter Zusammenarbeit mit Bildungsträgern wie Schulen und Kitas den gewünschten breiten Zugang für Kinder aller Bevölkerungsgruppen gewährleisten können.

Aber natürlich geht es bei Fragen der kulturellen Vermittlung längst nicht nur um jüngste und junge Zielgruppen, sondern um das gesellschaftliche Publikum in seiner ganzen Heterogenität. Sollen die hohen Ansprüche einer »Kultur für alle« in Form realer Zugangsgerechtigkeit verwirklicht werden und klassische Kultureinrichtungen lebendiger Teil dieser gesellschaftlichen Entwicklung sein, werden sie sich weiter verändern müssen. Deswegen geht es heute zunehmend nicht nur um die individuelle Perspektive, sondern auch darum, kulturelle Angebote und Orte zu schaffen, die neben Wissen auch Deutungsangebote vermitteln und daher Sinn und Orientierung fördern. Diese Orte gewinnen dann an Kraft, wenn sie allen offenstehen und nicht künstliche oder tradierte Barrieren pflegen.

Wenn wir zu Recht davon ausgehen, dass es Kultur ist, die unsere zivilisierte Gesellschaft in ihrem innersten Kern zusammenhält, dann müssen wir uns Gedanken machen, wie wir den Zugang zu diesem Kern allen offenhalten – in der Rezeption genauso wie in der Produktion. Schließlich entsteht er ja auch erst aus der Gesamtheit *aller* Lebensformen unserer Gesellschaft. Wenn unser Land bunter wird, dann wird es auch unsere Kultur. Sie ist nichts Geronnenes und Statisches, sondern entsteht täglich in unseren Lebenswelten neu.

Vermittlungsformate dürfen sich daher nicht nur an der Majorität ausrichten, sondern müssen auch diejenigen in den Blick nehmen, die aus unterschiedlichen Gründen einen erschwerten Zugang haben. Im Idealfall schaffen sie es, aus der Vielheit der Perspektiven und Stimmen auch das Verbindende herauszusuchen, das das entspannte Zusammenleben in Vielfalt überhaupt erst ermöglicht.

DER LEBENDIGE PROZESS DER AUFKLÄRUNG

Die Programmatik einer Kultur für alle muss darauf achten, den Eigensinn der Kunst nicht zu beschädigen. Es hat einen intrinsischen Wert, wenn sich Künstlerinnen und Künstler intensiv mit den drängenden Fragen unserer Zeit beschäftigen. Dass sie dies nicht immer ohne Widerspruch tun, gehört zum Charakter der Kunst, paradox in unsere Routinen zu intervenieren und so neue Perspektiven und Erkenntnispotenziale zu öffnen – und Beziehungen zu ermöglichen. »Kunst entfacht libidinöse Verwirrungen«, sagte einmal ein Kunstkritiker im Deutschlandfunk. Begeisterung, Faszination, Enttäuschung, Unverständnis, Kritik: Kunst kann in uns die ganze Palette der Gefühle hervorrufen. Und sie geht – so die Pointe in dem Radiobeitrag – manchmal auch fremd. Damit ist gemeint, dass Kunst ihren eigenen Kopf hat und macht, was sie will. Egal ob Galerist, Sammler, Kurator, Kunstkritiker, Connaisseur, Bürger oder Kulturpolitiker – wir können noch so sehr von den Künstlerinnen und Künstlern einfordern: Macht Sachen, die sich gut verkaufen lassen, oder solche, die kritisch die Gegenwart abbilden, ästhetisch wie auch inhaltlich! Macht Kunst, die viele verstehen und vielen gefällt oder am besten alles auf einmal! Wir müssen uns daran gewöhnen, dass das so noch nie funktioniert hat. Die Geschichte zwischen Kunst beziehungsweise Künstlerinnen und Künstlern einerseits und Kunstbetrachterinnen und -betrachtern andererseits ist eine immerwährende Liaison zwischen Eigensinn und Hingabe – und zwar von beiden Seiten.

Und gerade weil die Kunst sich so wenig festlegen und vorhersagen lässt, ermöglicht sie uns die Beschäftigung mit uns selbst. Sie lädt uns ein auf eine abenteuerliche Reise mit ungewissem Ausgang und bietet uns eine Möglichkeit des Verstehens, ohne es uns dabei leicht zu machen. Diese Möglichkeiten sollten allen offenstehen. Kunst und Kultur fordern Aufmerksamkeit, Konzentration und Anstrengung, Bereitschaft zur Wertung, zur Kritik und zum Aushalten unterschiedlicher Urteile. Jürgen Habermas beschreibt die frühbürgerlichen Gespräche über Kunst und Literatur daher sogar als wesentliche Katalysatoren gesellschaftlicher Vernunft. Ihm zufolge »gelangt [...] das Publikum erst auf dem Wege über die kritische Aneignung von Philosophie, Literatur und Kunst dazu, sich aufzuklären, ja, sich als den lebendigen Prozess der Aufklärung zu begreifen.«[5] In dem Moment, in dem die Kunst nicht mehr nur dem Adel und dem Klerus vorbehalten war, begann der Prozess einer gesellschaftlichen Demokratisierung, der bis heute nicht abgeschlossen ist.

Die Lust am Denken ist, wenn man dieser Idee folgt, gleichzusetzen mit der Befähigung zur Demokratie. In der Betrachtung von Kunst und vor allem auch im Gespräch über Kunst sind wir aufgefordert, Argumente zu entwickeln und zu formulieren. Und Argumentieren setzt – im besten Falle – eine Betrachtung der Dinge von allen Seiten voraus und eine sich daraus ergebende eigene Haltung. Kunst lehrt uns somit schon seit Jahrhunderten in allerbester Form den Disput, die Neugier auf andere Sichtweisen und andere Argumente, und sie befähigt uns, die eigene Wahrnehmung zu schärfen und Sachverhalte zu kontextualisieren. Dieser »lebendige Prozess« der Aufklärung macht uns zu Citoyens – also zu mündigen Bürgerinnen und Bürgern, die sich aktiv und kompetent in die Gesellschaft einbringen.

Aber es braucht als Ausgangspunkt das Kunstwerk oder das kulturelle Programm, an dem sich diese Prozesse entzünden können. Kulturpolitisch entscheidend sind deshalb auch im Streben nach einer »Kultur für alle« die Künstlerinnen und Künstler, deren Werke diese aufklärerischen Zwiegespräche überhaupt erst ermöglichen, indem sie ein Publikum erzeugen und zur Beschäftigung herausfordern. In einem Interview mit dem *ZEIT-Magazin* sagte der Fotograf Wolfgang Tillmans im Jahr 2017: »Das ist das Tolle am Bildermachen: dass es immer erst durch den Betrachter vollendet wird. Ohne Ursprung und Empfänger sind Bilder ohne Zusammenhang, also völlig bedeutungslos. Nur dadurch, dass sie etwas auslösen, bekommen sie eine Bedeutung, die nicht immer mit Worten zu benennen ist.«[6] Tillmans definiert Kunstvermittlung also weit entfernt von biederer Kunstdidaktik oder arroganter Hybris. Er denkt sie vielmehr als eine Art innige Ménage-à-trois von Künstler, Kunstwerk und Kunstbetrachter. Zur Bundestagswahl 2017 hat Tillmans eine Plakatkampagne mit einem parteienungebundenen Wahlaufruf veröffentlicht – ein Beispiel dafür, wie sich Kunst ganz konkret in der Gegenwart verankert, um als Seismograph für politische und gesellschaftliche Entwicklungen zu wirken. Kunst kann uns Widerhaken ins Bewusstsein treiben, uns zu Widerspruch anregen oder uns zu Utopien auffordern.

Kunst – ganz gleich, ob im Theater, im Konzertsaal, im Museum oder in der Literatur – kann heute nicht mehr davon ausgehen, dass es ein bürgerliches Publikum gibt, das auf sie wartet. Kunst schafft sich im Werkzusammenhang immer wieder neu ihr Publikum oder abstrakter den gesellschaftlichen Zusammenhang ihrer Rezeption. Selbst ein inhaltlich kontroverses und spaltendes Werk verbindet in einem abstrakten Sinne eine konkrete Gruppe von Betrachterinnen und Betrachtern, in der Kritiker und Apologeten gleichermaßen zusammenkommen können. Wenn die Vernunft heutzutage tatsächlich in der Vielheit ihrer Stimmen liegt, dann schafft das Werk die Möglichkeit, diese Vielstimmigkeit zusammenzubringen und auf die Suche nach einer gemeinsamen Sichtweise zu senden.

DIE ORTE DER VERMITTLUNG UND VERSTÄNDIGUNG

Kultureinrichtungen haben die Chance, sich systematisch darum zu bemühen, Schwellenängste abzubauen und Zugangsmöglichkeiten zu schaffen. Die Gründe für zunächst erschwerte Zugänge können vielfältig sein. Sie können aus körperlichen Handicaps, Budgetgründen, eingeschränkter Mobilität oder mangelnden kognitiven Fähigkeiten oder Sprachkenntnissen erwachsen. Nicht selten haben sie neben solchen objektiven Barrieren aber auch etwas zu tun mit den weichen Barrieren, die sich aus unbekannten kulturellen Codes ergeben, die eine Teilhabe an kulturellen Angeboten erschweren. Das Gefühl, dass sich ein Angebot nicht an einen selbst wendet, ist eine sehr hohe Hürde im Alltag. Angesichts der Struktur der Mitarbeiterschaft vieler Kultureinrichtungen überrascht sie nicht, wenn bis heute festzustellen ist, dass sich die kulturelle Landschaft unseres Landes aus wenigen Milieus heraus speist und deutlich vielfältiger werden muss, um neues Publikum zu erreichen. Es gibt einen sehr bösen Gary-Larson-Comic, auf dem ein Junge mit Ranzen auf dem Rücken versucht, die Tür eines Hauses aufzudrücken. Auf dem Schild neben der Tür steht: »School for the gifted« – und auf der Tür: »Pull«. Ein bisschen erinnert das leider manchmal auch an die Situation der Kunstvermittlung. Wer nicht über das Wissen und die Codes der Eingeweihten verfügt, der muss draußen bleiben.

Aber das muss nicht so bleiben: Dass am traditionsreichen Hamburger Ohnsorg-Theater mittlerweile mit Murat Yeginer ein Oberspielleiter mit türkischen Wurzeln ein Programm prägt, das sich um das plattdeutsche Erbe kümmert, ist ein schöner Beleg dafür, was alles gehen kann, wenn man will. Es zeigt aber auch, dass es zu kurz greift, wenn die Aufgabe der Öffnung nur auf den Vermittlungsauftrag bezogen wird. Auch das Programm und die Binnenstruktur der Einrichtungen müssen sich öffnen. Insgesamt geht es darum, Brücken zu bauen zu Orten, die einem Teil der Bevölkerung wenig vertraut und bisher unzugänglich sind. Und natürlich geht es auch darum, durch Partizipation zu ermutigen, kulturelle Identitäten und

Themen einzubringen und dadurch den angestammten Angebotskanon der Einrichtungen in Frage zu stellen und zu bereichern. Dazu braucht es Vielfalt nicht nur im Programm, sondern schon unter den Programmmacherinnen und -machern. Hier Diversität zu fördern wird eine der zentralen Aufgaben der kommenden Jahre sein.

Besonders deutlich zeigen sich solche Fragen aktuell in den Diskussionen über die zukünftige Rolle der Museen. Schon Hilmar Hoffmann verband seine Bemühungen um eine Kultur für alle mit strategischen Entwicklungsperspektiven für die Frankfurter Museen. In einer Gesellschaft, in der Information und Wissen zunehmend zu zwar allgemein verfügbaren, aber dennoch zunehmend prekären Ressourcen werden, stellt sich die Aufgabe einer Aktualisierung von Aufgabe und Funktion künstlerischer und historischer Vermittlungsinstitutionen in zugespitzter Dringlichkeit. *More than worth it – The Social Significance of Museums*, so lautet der Titel – und zugleich auch das Fazit – einer Forschungsarbeit der niederländischen Museumsvereinigung aus dem Jahr 2011, die sich mit der aktuellen und auch der zukünftigen Bedeutung von Museen auseinandersetzt.[7] Diese Fragestellung reicht weit über die Niederlande und weit über die jüngere Geschichte hinaus.

Seit jeher versuchen Menschen, die Dinge der Welt zu ordnen und ihre Geschichte und Bedeutung – mithin also ihren Wert – zu ermitteln. Im Mittelalter geschah dies zwar noch nicht in Museen, dafür kennen wir aus dieser Zeit beispielsweise umfangreiche Enzyklopädien, die neben Sachwissen vor allem eine moralisch-allegorische Deutung vermittelten. In der europäischen Renaissance gab es dann zunächst die sogenannten Wunderkammern, also überwiegend enzyklopädische Sammlungen von Kunstobjekten, Geschichtszeugnissen, naturwissenschaftlichen Objekten und vielem mehr. Die hieraus hervorgegangenen, meist privaten Sammlungen waren die Grundlage für viele spätere Museen. Im 20. Jahrhundert entwickelten sich Museen zu zentralen Kultureinrichtungen und Wissensstandorten. In einem regelrechten Boom entstanden knapp 90% aller Museen weltweit nach 1945 – und damit in einer Zeit gesellschaftlicher Umbrüche und hoher Dynamik. Das ist kein Wunder, gehören Museen doch zu den vorzüglichsten Einrichtungen, die unsere aufgeklärten Gesellschaften hervorgebracht haben. Sie vermitteln Information über Kunst, Kultur und Geschichte an viele Bürgerinnen und Bürger. Sie öffnen Möglichkeiten zur Auseinandersetzung mit der Welt, ihrer gesellschaftlichen und künstlerischen Aneignung.

Traditionell werden vier Säulen benannt, auf denen die Museumsarbeit ruht: Sammeln, Bewahren, Forschen und Vermitteln. Seit Jahrzehnten wähnen wir uns in der trügerischen Gewissheit, dass es ausreicht, diese Aufgaben umfassend, solide und kreativ zu erfüllen, um die Legitimität unserer Museen zu untermauern und ihre Ausstellungen zu Publikumserfolgen zu machen. »Das Museum entfaltet sich in einem Kraftfeld zwischen den Polen Unordnung und Ordnung, zwischen Chaos und Kosmos«, stellt der Museumstheoretiker und Ausstellungsmacher Joachim Baur treffend fest: »Auf der einen Seite kultiviert es ein ausgeprägtes Messie-Syndrom; es gründet auf zwanghaftem Sammeln wertloser oder verbrauchter Dinge. Es widmet sich dem Abfall von Kultur und Geschichte, den Resten überkommener Epochen, eben jenen Dingen, die ihren Wert in der Welt außerhalb der Museumsmauern verloren haben. Zugleich sind Museen Agenturen des Sortierens, Kategorisierens, Systematisierens, Definierens. Es sind Apparate, die die Unordentlichkeit in der Welt in Ordnung überführen.«[8]

Diese Gewissheit ist jedoch in den letzten Jahren weggebrochen. Von einer Legitimationskrise der Museen sprach Thomas E. Schmidt bereits 2005 in der *Zeit*.[9] Und der Kunstwissenschaftler Hans Belting monierte 2007, dass es den Museen an Orientierung mangele, dass sie nicht mehr erklären könnten, wofür sie gebraucht würden, was ihre Raison d'Être sei.[10] Als Kulturinstitutionen, die in der Tradition des Sammelns, Bewahrens und Erforschens entstanden sind – also einer Tradition, die langsam in der Zeit gewachsen ist –, müssen sie lernen, mit der innovationsgetriebenen Schnelllebigkeit unserer Zeit umzugehen. Dazu müssen sie neue Formen der Vermittlung identifizieren und ausprobieren. Und sie müssen ihre über Jahrhunderte gewachsene eurozentristische Perspektive einem größeren Horizont öffnen. Zugleich stehen gerade die Museen mit ihrem hohen gesellschaftlichen Ansehen und ihrem Ruf als Wissensspeicher und Konstante im Fokus vieler Menschen, die in unsicheren Zeiten umso mehr nach Orientierung und Antworten suchen. Es gilt also, einen Spagat zu meistern zwischen der notwendigen Modernisierung einerseits und den gesellschaftlichen Erwartungen an ein Museum als Konstante andererseits.

Was also macht unsere Museen heute zu unverwechselbaren und einzigartigen Kulturorten? Welche aktive Rolle können sie in einer diversifizierten Gesellschaft einnehmen? Wie können sie sich, neben den unbegrenzten digitalen Möglichkeiten, die bereits die Lebenswelt der kleinsten Kinder prägen, mit ihren besonderen authentischen Objekten und analogen Erfahrungsmöglichkeiten behaupten? Was macht Museen darüber hinaus heute relevant? Suay Aksoy, die aus Istanbul stammende Präsidentin des Weltverbands der Museen (ICOM), hat diese Frage folgendermaßen beantwortet: Angesichts von Entwicklungen wie der in ihrem Herkunftsland bestünde die Herausforderung von Museen heute mehr denn je darin, ihre Nähe oder Distanz zur politischen Macht zu reflektieren. »How to be able to speak the unspeakable?«[11] Es gebe noch sehr viel zu tun, um die Geschichte von Minoritäten und von Menschen aus benachteiligten oder prekären Verhältnissen in das *master narrative* regionaler und nationaler Museen zu integrieren. Noch immer seien Museen zu schwerfällig, um auf aktuell relevante Themen zu reagieren. Dabei seien sie in der globalisierten und digitalisierten Welt das seriöseste Medium überhaupt und müssten die aus dem breiten und soliden Wissen folgende Verantwortung bereitwillig wahrnehmen.

Aber was könnten Museen noch alles sein? Interkulturell arbeitende Museumsverantwortliche definieren die Rolle von Museen gerade völlig neu.[12] Sie konturieren neue Aufgaben und Funktionen: Museen seien zum Beispiel zunehmend als Erinnerungsspeicher für Vergangenes und Gegenwärtiges zu begreifen, in denen das kulturelle Erbe und die Werte der Gesellschaft – einschließlich der Beiträge der Zugewanderten – gesammelt werden. Sie können Zentren für zivilgesellschaftliches Engagement werden, Orte der politischen Auseinandersetzung, an denen Menschen zu zivilem Engagement ermutigt werden. Sie können künftig verstärkt als Schutzräume für Kommunikation wirken, an denen individuelle Stimmen gehört werden und kollektives Wissen entstehen kann. Und sie wachsen zunehmend in die Rolle von Mediatoren und Vertretern einer kulturellen Diplomatie hinein, die aktiv Brücken zwischen Gemeinschaften und Kulturen baut und die internationale Zusammenarbeit befördert.

Nachdem den Museen bereits seit vielen Jahren eine große Zahl kaum zu erfüllender Aufgaben übergestülpt wurde (Wissensvermittlung, kulturelle Bildung, Unterhaltung, erlebnisorientiertes oder lebenslanges Lernen, Begegnung, Austausch, Kontemplation), wird nun zusätzlich verstärkt über eine neue zivilpolitische und emanzipatorische Dimension im Aufgabenspektrum diskutiert.

In vielen Häusern sucht man jedenfalls bereits intensiv nach Wegen, damit umzugehen, dass es augenscheinlich längst nicht mehr ausreicht, schöne Kunstwerke unter interessanten Blickwinkeln an die Wände attraktiver Räume zu bringen. Immer mehr Häuser wenden sich der Frage zu, was die Kunst in der Gesellschaft bewirken kann und ob das Museum auch etwas durch Kunst bewirkt. In der Hamburger Kunsthalle ist im Jahr 2017 aus solchen Fragen heraus das Projekt »Open Access – 13 Blicke in die Sammlung« entstanden, für das sich 13 Hamburger Neubürgerinnen und Neubürger intensiv mit den Werken der Hamburger Kunsthalle beschäftigten und ihre zum Teil sehr individuellen und überraschenden Deutungen zu den fünf Themen Dialog, Empowerment, Freiheit, Gemeinschaft und Respekt zum Ausdruck brachten. Kuratorisch begleitet haben hier Laien mit den Beständen gearbeitet und eigene Deutungsangebote entwickelt, die vielleicht nicht immer den professionellen Anforderungen erfahrener Kuratorinnen und Kuratoren genügen, gleichwohl aber das Haus neuen Perspektiven und neuen Zielgruppen geöffnet haben. Wenn solche punktuellen Versuche nicht nur Eintagsfliegen bleiben, sondern sie gründlich evaluiert und weiterentwickelt werden, um aus ihnen langfristige und nachhaltige Strategien abzuleiten, dann können hier noch nicht absehbare Potenziale der Veränderung und Modernisierung der Museumsarbeit entstehen.

Alle Häuser stehen heutzutage vor der Aufgabe, die eigenen Besucherinnen und Besucher besser kennenzulernen und gleichzeitig Aufschlüsse darüber zu erlangen, wer aus welchen Gründen nicht in die Museen kommt. Nur auf der Basis verlässlicher Daten und Auswertungen wird es möglich sein, die richtigen Weichen für die langfristige Entwicklung zu stellen. Schließlich muss es gleichzeitig darum gehen, ein bestehendes Publikum stärker zu binden und zu erweitern sowie neue Besuchergruppen zu erschließen. Neben ihrer zahlenmäßigen Vergrößerung steht dabei auch die qualitative Bindung der (neuen) Zielgruppen im Fokus.

Wir brauchen gerade in diesen unübersichtlichen Zeiten attraktive Orte der Kultur- und Wissensvermittlung. Wie sehr sie nachgefragt werden, zeigt beispielsweise auch die Entwicklung öffentlicher Bibliotheken zu sogenannten Dritten Orten, an denen sich Bürgerinnen und Bürger weder im Privaten noch am Arbeitsplatz, sondern tatsächlich in sozialer und kultureller Gesellschaft begegnen. »Es wird gelesen, gestritten, geschlafen, am Handy gespielt, geflirtet. Die Zentralbibliothek der Hamburger Bücherhallen ist für Tausende ein Ort der Begegnung«, hieß es im Frühjahr 2019 in einer bemerkenswerten Reportage in der *Süddeutschen Zeitung*.[13] Kultureinrichtungen können solche Orte der Begegnung werden – unvermachtet, nicht kommerziell und kulturell anregend. Das ist es, was zunehmend viele Bürgerinnen und Bürger in einer Gesellschaft suchen, in der die unvermittelte und spontane Begegnung mit anderen in sozialen Räumen immer mehr an den Rand gedrängt wird.

Kulturpolitisch stehen wir in der Verantwortung, derartige Angebote – und dazu zählen auch alle anderen Kulturinstitutionen vom Konzerthaus bis zum Stadtteilkulturzentrum – kontinuierlich zu stärken: zum Beispiel durch bauliche Veränderungen, die aus den einstigen Tempeln des Wissens und der Kunst einladende und offene Häuser machen, durch die Modernisierung der Dauerausstellungen, durch ausreichende Mittel für attraktive und aktuelle Sonderausstellungen und durch neue Impulse und Projekte und, ja, auch durch neue Museen, die sich den Fragen unserer Zeit zuwenden und Information zugänglich machen, ohne sie gleich zu historisieren oder zu kanonisieren. Im Umfeld fluider Wissens- und Wahrheitsvorstellungen ist es sinnvoll, auch in der Sicherung als wahr unterstellten Wissens und in der Präsentation daran anschließender Informationsangebote neue, dynamischere Wege auszuprobieren.

Begreifen wir die aktuelle Unsicherheit über Wahrheit und Wissen also als eine aufklärerische Kraft und als Ansporn, Wissen zu erlangen! Dann kann es gelingen, sie positiv zu wenden. Kultureinrichtungen im Allgemeinen und Museen im Besonderen können diese Veränderungen aktiv gestalten. Angesichts der aktuellen gesellschaftlichen Umbrüche sind sie herausgefordert, das eigene Selbstverständnis zu überdenken und zu erweitern. Gelingt ihnen das, öffnen sich neue Möglichkeiten, ihre gesellschaftliche Relevanz zu mehren, um Kultur für alle zu ermöglichen.

KULTUR DER HEIMAT

Die Möglichkeiten des Zugangs zu kulturellen Angeboten sind selbst in einem föderal strukturierten Land wie der Bundesrepublik ungleich verteilt. Allzu oft konzentrieren sie sich auf die urbanen Räume, während in vielen ländlichen Regionen im besten Fall noch ein privat betriebenes Kino oder ein Gemeindesaal einen kulturellen Ort der Begegnung eröffnet oder sich lokale zivilgesellschaftliche Initiativen mit viel Herzblut darum kümmern, eine kulturelle Infrastruktur aufrechtzuerhalten. Dieser Umstand führt hinein in einen der aktuell am heftigsten diskutierten politischen Zusammenhänge in westlichen Demokratien: das Verhältnis von Stadt und Land. In den USA zeigten sich bei den Präsidentschaftswahlen von 2016 dramatische politische Differenzen zwischen den Metropolen und den dünner besiedelten Gebieten in den sogenannten *flyover states*. In Frankreich haben die Proteste der Gelbwesten im Herbst 2018 verdeutlicht, wie weit die Hauptstadt Paris und die Peripherie des Landes mittlerweile kulturell und politisch auseinandergerückt sind. Und auch in Deutschland wird die präventive Stärkung des »ländlichen Raums« diskutiert und mit bundespolitischen Programmen unterlegt, um solchen Entwicklungen vorzubeugen. Kulturelle Angebote spielen dabei eine wesentliche Rolle. Mit Recht fokussiert die politische Debatte seit einiger Zeit darauf, dass der Staat hier stärker mit in die Verantwortung muss – um Kultur überall im Land zu ermöglichen. Schließlich hat die »Gleichwertigkeit der Lebensverhältnisse« Verfassungsrang.

Das aber darf nicht darüber hinwegtäuschen, dass der weltweite Trend zur Urbanisierung nach wie vor ungebrochen ist. Wie unter einem Brennglas lassen sich die Herausforderungen und die Chancen der Moderne heute in den großen Städten finden. Dichte, Diversität und Dynamik machen Städte zu Laboratorien der Moderne, in denen künftige Lebensstile ausprobiert und Lösungen für alltägliche und nicht so alltägliche Probleme entwickelt werden. Und auch das Stadt-Land-Schisma, über das so viel diskutiert wird und das in Büchern wie *Rückkehr nach Reims*[1] oder *Hillbilly-Elegie*[2] eindringlich beschrieben wird, ist ja nicht zuletzt dadurch gekennzeichnet, dass man sich aus der Peripherie heraus an den kulturellen Lebensstilen der Großstädte und Metropolen abarbeitet oder dass sich urbane Protagonisten in ihrem Unverständnis gegenüber der Peripherie gefallen. Es lohnt also, die kulturelle Kraft der Städte besonders in den Blick zu nehmen.

URBANE HERAUSFORDERUNGEN

»Urbanität heißt das Nicht-Zueinander-Passende, das Ungeordnete, das Zwielichtige, das Spontane und Fluktuierende. Das Übermaß der Eindrücke ist eine Herausforderung an die sinnliche Wahrnehmungsfähigkeit«,[3] schreibt Christina Weiss, die die Stadt zugleich als eine »Bühne zur Selbstinszenierung, zum Auftritt, der in der Flüchtigkeit der Kontakte Aufmerksamkeit sichert«,[4] begreift. Wenn wir unsere Gesellschaft heute als eine von sozialen Distinktionsnotwendigkeiten geprägte Gemeinschaft individueller Besonderheiten begreifen, dann bieten Städte in der dichten Vielfalt ihrer Stile und Möglichkeiten alle kulturellen Gelegenheiten, diese Optionen auszuprobieren und weiterzutreiben. Zugleich aber verlangen sie von uns, dass wir lernen, wie wir als Verschiedene auf so engem Raum miteinander friedlich und freiheitlich umgehen können, um die offene Gesellschaft, die die urbane Metropole ermöglicht, auch als Qualitätsmerkmal eines städtischen Lebensstils entwickeln zu können.

Stadtsoziologisch hat dieser Befund zunächst vor allem zu einer merkwürdig funktionalistischen Engführung in der Betrachtung urbaner Milieus geführt. Lange Jahre war Richard Floridas »Creative Class« ein Leitmotiv der Stadtentwicklung und hat den Versuch befördert, städtische Räume für bestimmte, akademisch gebildete und im Lebenszyklus solvente Milieus attraktiver zu machen.[5] Das war verbunden mit der gravierenden Folge, dass sich bestimmte soziale Gruppen das Leben in der Stadt zunehmend weniger leisten konnten und entgegen ihrer eigenen Lebensplanung ökonomisch an die Peripherie gedrängt wurden. Eine gewünschte kulturelle Pluralität hatte so eine abnehmende soziale Diversität zur Folge, in deren Konsequenz manche große Metropolen sozioökonomisch zu nur noch eingeschränkt bewohnbaren Lebensräumen wurden. Wer in Städten wie London oder Paris auf die Struktur der Einwohnerinnen und Einwohner schaut, der muss heute feststellen, dass die einstige soziale Durchlässigkeit längst Vergangenheit ist. In seinen jüngeren Publikationen wendet sich Richard Florida diesen problematischen Entwicklungen zu, die die Austreibung elementarer Qualitätsdimensionen des Urbanen unter dem Deckmantel urbaner Diversität zur Folge haben und mit dem allfälligen Schlagwort von der Gentrifizierung nur unzureichend umrissen werden.[6]

Wenn Künstler und Kreative in ein Viertel gehen, weil es dort noch bezahlbaren Atelierraum oder bezahlbaren Wohnraum gibt, verändert das dieses Viertel. Es entstehen andere Angebote: kleine Galerien, Design-Läden, aber auch Bars und Clubs im Schlepptau dieser kreativen Szene. Die Attraktivität des Viertels steigt – und mit ihr auch die Mieten und die Lebenshaltungskosten. Aus der willkommenen kulturellen Aufwertung wird so leicht eine soziale Veränderung, in deren Folge sich auch die Bewohnerstruktur wandelt. Alteingesessene Anwohnerinnen und Anwohner fürchten, durch die steigenden Mieten verdrängt zu werden. Verhindern lassen sich solche Prozesse nur dann, wenn Politik bereit ist, Verantwortung zu übernehmen – mit einer engagierten Wohnungsbaupolitik, die Knappheit nicht entstehen lässt und so Mietpreisanstiege dämpft, aber auch mit verschiedenen weiteren Instrumenten, die die Veränderungen im Bestand beherrschbar machen. Es gibt durchaus eine ganze Reihe von politischen Handlungsmöglichkeiten, die helfen zu verhindern, dass Viertel sich zu schnell verändern und es sprunghafte Verdrängungsprozesse gibt: etwa das Mietrecht, die Rolle der Stadt als Vermieter in kommunalen Wohnungsbaugesellschaften oder die Regulierung durch Bebauungspläne oder soziale Erhaltungsverordnungen, mit denen aufwändige (Luxus-)Modernisierungen und spekulative Umwandlungs- und Verkaufstätigkeiten begrenzt werden können. Wenn diese Instrumente genutzt werden, dann lassen sich kulturelle und kreative Strategien durchaus zur Verbesserung der Lebensqualität in unseren Städten einsetzen, ohne dass allzu dramatische Kollateralschäden entstehen.

Viele unserer Städte sind in den fünfziger und sechziger Jahren nach dem damaligen Leitbild der sogenannten funktional differenzierten Stadt wieder aufgebaut worden. Ziel war es, Wohnen, Arbeiten und Freizeit an unterschiedlichen Orten in der Stadt zu konzentrieren, um jeweils ungestörtes Funktionieren sozialer Lebensbereiche zu ermöglichen. Verbunden mit einem autogerechten Ausbau der Städte entstanden so urbane Strukturen, die sich scharf von den gründerzeitlichen Vorstellungen einer hohen Dichte und Nähe aller dieser gesellschaftlichen und wirtschaftlichen Aspekte von Stadt absetzten. Genau diese Vorstellungen von Stadt erleben aber eine Renaissance, wenn heute von der *Walkable City* die Rede ist,[7] in der sich alle Aspekte des alltäglichen Lebens in einem Radius von anderthalb Kilometern finden sollen – von der Wohnung über Kita und Schule bis hin zum Arbeitsplatz, zum Sportverein und natürlich auch zum Musikclub oder Theater.

Urbanität heißt ja: Nutzungsmischung von Gewerbe, Wohnen, Arbeiten, Freizeit und Kultur. Solche neuerlichen Entgrenzungen individueller Lebensbereiche und daraus folgend städtischer Funktionsbereiche werden oftmals von Kultur- und Kreativakteuren entwickelt und ausprobiert. Insbesondere die sogenannte Freie Szene ist ein Labor für neue künstlerische und gesellschaftliche Entwicklungen und damit auch ein wichtiger Bestandteil einer städtischen Kultur- und Soziallandschaft. Darüber hinaus erobert sie sich regelmäßig neue Räume in der Stadt und gibt auf diese Weise wichtige Impulse für die Stadtentwicklung. Es gelingt ihnen oftmals, in einem Viertel unterschiedliche Akteure zu gemeinsamen Projekten zusammenzubringen und Zusammenhalt und Zusammenhang zu bewirken. Soziale und kulturelle Einrichtungen sind wichtig für das Wohlbefinden der Bewohner und für eine funktionierende Nachbarschaft. Sie liegen also auch im wohlverstandenen Eigeninteresse von Projektentwicklerinnen und Investoren. Die kompliziertere Frage ist: Wie lässt sich erreichen, dass Räume für Kunst und Kultur von vornherein mitgedacht und mitgeplant werden?

Die Antwort wird nicht leichter dadurch, dass zwei sehr unterschiedliche Erzählungen die Debatte prägen: Zum einen die Pionierfunktion von Kunst, also die Einleitung von Wandel an städtischen Bruchkanten, und zum anderen die möglichen Beiträge von Kunst und Kultur zur Sicherung sozialer Kohärenz und Kontinuität. Zwei Phänomene, die zu unterschiedlichen Zeiten in unterschiedlichen Zusammenhängen auftreten, die den gleichen Ursprung haben und doch sehr unterschiedlich konnotiert werden.

Da, wo urbane Dichte ist, entsteht Kreativität. Kunst und Kultur als Initial städtischer Entwicklung kommen meist da zum Zuge, wo es Leerräume gibt, die gefüllt werden können, wo es billigen Wohn- oder Atelierraum gibt, städtische Brachen, verrottende Gebäude, Gewerbeschwund oder Leerstand – dort entwickeln sich kreative Milieus. Diese Impulse braucht eine kulturell sensible Stadtentwicklung. Kulturelle Zwischennutzungen sind für Künstlerinnen und Kreative durchaus interessante Angebote und helfen, den Veränderungsprozess zu steuern und zu beherrschen. In Hamburg kümmert sich seit 2010 die Kreativgesellschaft darum, eine städtische Tochtergesellschaft, die über einen städtischen Zwischennutzungsfonds auch Mittel zur Verfügung hat, um Areale wie einen ehemaligen Betriebshof der städtischen Wasserwerke oder ein altes Güterbahnhofsgelände in zentraler Lage temporär zu entwickeln. Solche Prozesse müssen schrittweise und dialogorientiert organisiert werden, wenn Künstler und Kreative nicht nur strategisch als Pioniere zur Aufwertung benutzt werden, um »den Boden urbar« zu machen, sondern wenn eine maßvolle Transformation gelingen und den Pionieren auch eine Perspektive gegeben werden soll, die nicht allzu prekär ist. Denn natürlich bleiben Künstlerinnen und Kreative auch dann noch ein Teil solcher Projekte, wenn die Brache zum Bauland, das Wrack zum Wohnviertel wird. Nicht nur aus schierer Nächstenliebe, sondern weil urbane Viertel ohne Kunst und Kultur nicht funktionieren können oder mindestens weniger lebenswert wären.

Dies hat etwas damit zu tun, dass kulturelle Angebote nicht nur bei der Entwicklung helfen, sondern natürlich auch soziale und solidarische Kristallisationspunkte im Viertel bieten. Gute Stadtplanung berücksichtigt deshalb nicht nur soziale, ökologische, wirtschaftliche und infrastrukturelle Aspekte, sie sorgt nicht nur für Naherholungsräume, Läden, Schulen, Kindergärten und Arbeitsplätze in erreichbarer Nähe – sondern eben auch: für die Bücherhalle, das Stadtteilkulturzentrum, den Musikclub, die Probenräume, das kleine Kino um die Ecke, die Off-Galerie und die Geschichtswerkstatt. Da es sich oft um private und privatwirtschaftlich betriebene Angebote handelt, sind der Planung hier, vor allem im Zusammenspiel mit ebenfalls privaten Investoren, Grenzen gesetzt. Aber natürlich gibt es durch entsprechende Flächenausweisungen, städtebauliche Verträge und eine kultursensible Projektbegleitung viele Möglichkeiten, der Kultur die notwendigen Räume zu öffnen.

Gelingt dies, dann beeinflusst es oft spürbar positiv das soziale Klima im Stadtteil, bietet Begegnungsräume, Gestaltungsspielraum, aktiviert Selbstermächtigungsprozesse und Austausch. Das gilt erst recht in den großen Städten, die in einer migrationsgeprägten Gesellschaft längst zu Ankunftsstädten geworden sind, in denen die Aufnahme von Migrantinnen und Migranten in einen neuen kulturellen Kontext ihren Anfang nimmt.[8]

Urbanität heißt Milieubreite: Alteingesessene und Zugezogene, junge Familien und Musikclubs, produzierendes Gewerbe und Wohnungen. Dadurch entstehen bisweilen auch Nutzungskonflikte. Dann sind den jungen Familien die Clubs plötzlich zu laut, derentwegen sie einst ins Viertel gezogen sind. Umgekehrt lässt sich Musik nur auf einer Dezibelskala, nicht aber im gesellschaftlichen Wert unumwunden als Lärm betrachten. Das sind Problemlagen, die nur im Austausch der urbanen Nachbarn gelöst werden können. Deshalb sind städtische Veränderungsprozesse immer auch eine Aufforderung zum Gespräch darüber, welche unterschiedlichen Bedürfnisse es im Viertel gibt, was man gemeinschaftlich ändern will oder wo Politik und Stadtplanung einwirken müssen. Hier können in heiklen Lagen selbstverständlich moderierte und – auch kulturell – angeleitete Prozesse sinnvoll sein.

Aber auch wenn die Kultur explizit mitgedacht wird, macht sie es uns nicht einfach. Wenn Politik oder Stadtplanung mit Kultur gestalten wollen, entsteht oft eine zweckbetrachtete »Kultur um zu«-Kultur – um ein Viertel aufzuwerten, um Veränderungsprozesse zu begleiten, um Akzeptanz herzustellen, um Nachbarschaft zu stärken, um Integration voranzutreiben. Diese Ziele sind alle gut und ehrbar. Und sie sind mit einer ganz besonderen Verantwortung verbunden: der Verantwortung für einen Veränderungsprozess, der oft auch Sorgen und Ängste hervorruft. Wandel war schon immer ein Vexierbild zwischen Verheißung und Bedrohung. Kultur ist aber nicht dafür da, der Stadtplanung den Weg zu ebnen. Stadtplanung sollte hingegen Möglichkeitsräume, also auch kulturelle Möglichkeitsräume, für die Menschen schaffen. Wie also können Kultur und Stadtplanung sinnvoll und sich gegenseitig befruchtend zusammenwirken?

Bei einer Befragung verschiedener Bürgermeisterinnen und Bürgermeister in Österreich zur Relevanz kulturell informierter Stadtentwicklung wurde unter anderem folgende Antwort gegeben: »Wir haben mit viel kulturellem Engagement [unsere Stadt] zu einem Best-Practice-Beispiel für regionale Stadtentwicklung gemacht und gezeigt, dass eine erfolgreiche Verbindung zwischen Kulturarbeit und Tourismus viele Früchte trägt.« 150000 Kulturgäste pro Jahr und 4 Millionen Euro Wertschöpfung zeugen auf dieser Grundlage in der Stadt Gmünd von einer Revitalisierung einer sonst wirtschaftlich schwachen Region.[9] Das ist großartig, keine Frage. Ein bisschen stutzig macht es allerdings, wenn ein Initiator einer kulturellen Plattform sagt: »Am ehesten kann man einen Entscheidungsträger für eine kulturelle Initiative begeistern, wenn diese ein unmittelbares Problem löst. Zum Beispiel Leerstand in Stadtzentren oder Abwanderung junger Bevölkerungsgruppen.«[10] Das ist strategisch zwar eine richtige und nachvollziehbare Überlegung, führt aber dennoch auf eine gefährlich schiefe Ebene.

Denn hier begegnen wir wieder jenem verzweckten Kulturverständnis, das allenfalls kurzfristige Geländegewinne in der politischen Auseinandersetzung bringt, mittel- bis langfristig aber beinahe garantiert eine Gegenbewegung nach sich ziehen wird, wenn sich der versprochene Erfolg nicht gleichermaßen sozialempirisch oder ökonomisch messbar belegen lässt. Nur wenn wir auch in der Stadtplanung Kunst und Kultur als vollkommen zweckfreie, dabei aber höchst sinnvolle Angelegenheiten begreifen, werden wir kulturpolitisch auch im strategischen Sinne erfolgreich sein.

Dass sich kulturelle Investitionen zweckrationalen Betrachtungen immer wieder kreativ zu entziehen wissen, zeigt ein Beispiel, das auf den ersten Blick wie der vollständige Beleg einer zweckrationalen Investition in die Kultur wirken mag: die Elbphilharmonie. An ihrer Wiege stand unter anderem der Wunsch nach der ultimativen transformativen Wirkung durch ein kulturelles *landmark building*, vergleichbar mit dem Guggenheim-Museum in Bilbao oder der Tate Modern in London. Auf verschlungenen Pfaden und mit am Ende völlig divergenten Nebenwirkungen gelangte sie zu einem nur leicht verschobenen, aber doch völlig anderen Ziel.

Am besten ablesen lässt sich dies in einem Kommentar im Nachrichtenmagazin *Der Spiegel* zu den jüngeren Münchner Plänen für einen neuen Konzertsaal. Darin heißt es: »Kultur dient nicht mehr so sehr der sozialen Integration, sie fördert eher die Spaltung der Gesellschaft.« Früher, so der Kommentator, sei vom Münchner Kulturzentrum Gasteig in die Stadt hinein gedacht und gewirkt worden. Heute erhoffe man sich von einem neuen Konzerthaus eine Wirkung aus der Stadt heraus. Während also der heute als überholt kritisierte Kulturbau aus den siebziger Jahren eigentlich wertvolle zusätzliche Aufgaben für die Stadtgesellschaft übernehme, seien die Neubaupläne geprägt von dem Wunsch, München in der Welt durch einen neuen Ort der Kultur noch bekannter zu machen. Der Text lässt seine Kritik gipfeln in der bemerkenswerten Wortschöpfung eines angeblich »touristisch-elitären Kulturbegriffs«, den man auch in Hamburg bei der Elbphilharmonie finde, und bei dem es insbesondere um Repräsentation ginge: »Hier wird Kultur, in diesem Fall die klassische Musik und der Konzertbetrieb, als Schmuckstück der Macht benutzt.«[11]

Der Kommentar macht hellhörig, weil er eine sehr grundsätzliche Veränderung in der Wahrnehmung der Kultur suggeriert. Und es besteht ja in der Tat die Gefahr, dass sich die Politik der Kultur bemächtigt, um wichtige Repräsentations- und Symbolbauten zu schaffen – auch die Elbphilharmonie war in ihrer Entstehungsgeschichte davon nicht frei. Andererseits sehen wir in ihrem Beispiel aber auch, wie robust und widerstandsfähig die Kultur und ihre Institutionen sein können.

Die Baugeschichte der Elbphilharmonie war zunächst abenteuerlich. Es wurde zu früh mit dem Bau begonnen und die zunächst kommunizierten Projektkosten erwiesen sich als deutlich zu niedrig. Noch 2011, also vier Jahre nach Baubeginn, gab es keinen fertigen Bauplan. Eine komplette Neuordnung des Projekts war nötig. Das Haus wurde damals gemeinsam mit Stuttgart 21 und dem Berliner Flughafen BER zu einer Chiffre für die vermeintliche Unfähigkeit der öffentlichen Hand, ambitionierte Großprojekte zu realisieren. Heute aber ist diese dramatische Vorgeschichte beinahe vergessen, die Resonanz auf den neuen Konzertsaal ist regional, national und international enorm und hat die Wahrnehmung Hamburgs verändert. Nicht nur die Außenwahrnehmung, auch die Selbstwahrnehmung der Stadt entwickelt sich mehr und mehr zu der einer Kulturstadt.

Schon von Beginn an sollten mit der Elbphilharmonie drei Ziele erfüllt werden: Erstens die Schaffung eines herausragenden Konzerthauses, zweitens ein Wahrzeichen für die Stadt und drittens ein Haus für alle. Das ist gelungen. Sowohl ästhetisch als auch akustisch ist die Elbphilharmonie im weltweiten Vergleich ein Konzertsaal der Spitzenklasse, in dem beinahe alle Spitzenkünstlerinnen und -künstler der Musik auftreten wollen. Das Haus ist seit seiner Eröffnung ein Besuchermagnet. Die Konzerte sind durchweg ausverkauft, die Zahl der für klassische Konzerte verkauften Karten in Hamburg hat sich nach der Eröffnung verdreifacht, und gerade einmal zweieinhalb Jahre nach ihrer Eröffnung verzeichnete die Plaza, die öffentliche Plattform des Gebäudes, bereits 10 Millionen Besucher – eine Dimension, die sonst zum Beispiel das Empire State Building in New York erreicht.

Dieser Erfolg rührt auch daher, dass die Elbphilharmonie als Wahrzeichen so eng an den Ort ihres Entstehens gebunden ist. Viele der allerorten entstehenden sogenannten *landmark buildings* sind so generisch, dass sie ohne Probleme auch an einem anderen Ort stehen könnten. Die Elbphilharmonie aber passt nur zu dem Ort, an dem sie heute steht: genau an der Schnittstelle zwischen Stadt und Hafen. Ähnlich wie die ebenfalls von Herzog & de Meuron entworfene Tate Modern in London korrespondiert sie intensiv mit ihrer urbanen Umgebung und unterstützt einen Prozess der wechselseitigen Aufladung und Aufwertung. Auch aufgrund dieser architektonischen Kraft ist sie binnen kürzester Zeit auch zu einem ikonischen Symbol des aktuellen demokratischen Deutschland geworden und ergänzt die bislang vorwiegend durch das Brandenburger Tor, Schloss Neuschwanstein und den Kölner Dom gewährleistete visuelle Repräsentanz des Landes in bewusst moderner Weise.

Auch der Anspruch, ein Haus für alle zu sein, wird offensichtlich eingelöst. Diese Öffnung des Hauses wird insbesondere über ein abwechslungsreiches und qualitativ herausragendes Programm erreicht, das nicht nur klassische Musik, sondern auch viele andere Genres präsentiert. Zudem sorgen gestaffelte und somit auch für niedrigere Einkommensgruppen bezahlbare Ticketpreise dafür, dass – abgesehen von der hohen Nachfrage – keine materiellen Zugangsbarrieren bestehen. Wer eines der attraktiven Konzerte besucht, der kann sehen, wie bunt im besten Sinne das Publikum dort ist.

Verschiedene Musikvermittlungsprogramme bauen Brücken für besondere Zielgruppen. Und das ehrgeizige Ziel, dass jedes Hamburger Kind während seiner Schulzeit mindestens einmal die Elbphilharmonie besucht, ist eine konkrete Umsetzung des Anspruchs, ein Haus für alle zu sein. Über das Internet verfügbare Videostreams und Public-Viewing-Angebote vor dem Haus erhöhen die Zugänglichkeit des kulturellen Programms. Dies alles zeigt, dass die Elbphilharmonie auch in die Stadt und in die Gesellschaft hinein wirkt – aber nicht etwa pädagogisch, sondern kulturell programmatisch aus eigener Kraft! Die Kunst, so kann man den Effekt des Hauses vielleicht zusammenfassen, braucht keine strategische Einkleidung, um gesellschaftlich zu wirken. Sie tut es aus dem Selbstvertrauen in ihre eigene Wirkung heraus von selbst.

Natürlich entsteht aus der gewünschten Öffnung als »Haus für alle« auch Reibung. Aber es war ein großartiger Beleg für den Erfolg dieses Konzeptes, dass ein Teil des Publikums offenbar mit den Regeln des klassischen Konzertbetriebs nicht vertraut war – und gerade in den Anfangsmonaten zwischen den Sätzen der dargebrachten Symphonien begeistert klatschte. Das zeigte, dass es gelungen war, neue Milieus und Zielgruppen für klassische Musik zu begeistern. Mancher diesbezüglich naserümpfende Kommentar wirkte reichlich borniert und wie die allzu durchschaure Verteidigung einer Abgrenzung durch unterschiedliche kulturelle Codes. Wer ein Haus für alle will, der sollte sich freuen, wenn auch alle kommen – unabhängig davon, ob sie schon wissen, wie man sich während eines Konzertes vermeintlich zu benehmen hat. Entscheidend ist, dass sie sich dem Wagnis einer künstlerischen Erfahrung ausliefern.

Was das bedeuten kann, hat der Hamburger Generalmusikdirektor Kent Nagano im Anschluss an das Eröffnungskonzert des Philharmonischen Staatsorchesters im Januar 2017 eindringlich beschrieben. Als US-Amerikaner, so führte er aus, habe er einen Präsidentschaftswahlkampf verfolgen müssen, an dessen Ende ein Kandidat gewonnen habe, der die Worte »arts« oder »fine arts« kein einziges Mal in den Mund genommen habe und unmittelbar nach seiner Amtsübernahme begann, die Abschaffung des »National Endowment for the Arts« zu betreiben. In schroffem Gegensatz dazu habe die hohe politische Präsenz bei der Eröffnung der Elbphilharmonie – Bundespräsident, Bundestagspräsident, Bundeskanzlerin, Bundesverfassungsgerichtspräsident, das halbe Bundeskabinett, der Hamburger Senat, etliche Ministerpräsidenten und viele weitere waren anwesend – gezeigt, welche Bedeutung der Kultur in Deutschland selbstverständlich auch seitens der Politik beigemessen werde. Dies sei ein gutes Zeichen für die Verfasstheit einer offenen und freiheitlichen Gesellschaft. Und auch die Mezzosopranistin Joyce DiDonato sagte sinngemäß bei der Verleihung des Echo Klassik im neuen Konzertsaal, dass der Gegensatz des Krieges nicht Frieden sei, sondern Schöpfung. Und dass somit die Elbphilharmonie als ein Haus künstlerischer Kreation aus sich selbst heraus ein Symbol des Friedens und der Schöpfung sei und damit auch das Symbol eines gesellschaftlichen Modells, das immer wieder neu gesichert werden müsse.

Der Umstand, dass der Kunst solche Wirkungen zugeschrieben werden, macht sie gerade im Hinblick auf die Entwicklung unserer Städte und Gemeinden zu einem interessanten Partner der Politik. Der Historiker und Kulturwissenschaftler Jörn Rüsen schreibt: »Kultur hat eine dreifache [...] Funktion: Die der Deutung, die der Kritik und die der Utopie.«[12] Insbesondere die Utopie ist eine spannende Kategorie – für Künstler und Kreative genauso wie für Stadtplaner. Welchen baulichen Rahmen brauchen wir für die Organisation unserer Gesellschaft? Welche Frei-Räume benötigen wir für das Ungeplante, das unser Leben auch braucht? Welchen Platz brauchen wir für die soziale Begegnung? Die Koordinaten, die unsere Städte heute bestimmen, kann man wohl nur schwerlich einheitlich definieren. Obwohl der »Megatrend Urbanisierung« ausgerufen wurde und viele große Städte wachsen, gilt dies nicht für alle städtischen Regionen im Land. Die kommunale Selbstverwaltung und die damit verbundenen Möglichkeiten der Gestaltung sind daher eine wichtige Voraussetzung für eine kluge Stadtentwicklung. Die Kenntnis der Bedarfe sowie der Risiken und Chancen ist unabdingbar, um die relevanten Ansprechpartner, Sachverständigen und lokalen Akteure bei der Planung von Veränderungsprozessen mit ins Boot zu holen. Ohne Berücksichtigung der kulturellen Dimension unseres Zusammenlebens werden unsere Städte keinen Sinn ergeben.

DIE SUBSTANZ DER HEIMAT

Wer über den Zusammenhang von Kultur und Stadtentwicklung vertieft nachdenkt, der muss sich auch mit dem Umgang mit unserem baukulturellen Erbe auseinandersetzen. Es ist ganz offensichtlich, dass Baudenkmäler, markante Gebäude und Stadtansichten, aber auch die spezifische Atmosphäre einer Stadt oder Gemeinde etwas ganz Besonderes sind. Sie vermitteln Bürgerinnen und Bürger das Gefühl, zu Hause zu sein. Dieses behagliche (oder auch irritierende) Empfinden »Hier gehöre ich hin« ist die maßgebliche Grundlage jener Vorstellung von Heimat, über die heutzutage in der Politik wieder vermehrt gesprochen wird.

Es braucht offensichtlich ein emotionales Widerlager zu den vielen drastischen Entgrenzungs- und Entfremdungsprozessen unserer Zeit, das nicht allein den Traditionalisten überlassen werden kann. Es gehört dazu, wenn Bürgerinnen und Bürgern einen Sinn entwickeln wollen für den Ort und für die Gemeinschaft, die sie konkret (er)leben. Angesichts dieser unmittelbaren Emotionen ist der Denkmalschutz eine zentrale kulturpolitische Aufgabe, da er die Eingewobenheit in kulturelle Bezüge ganz praktisch anhand baulicher und haptischer Strukturen erlebbar machen kann. Denkmäler manifestieren oftmals sehr greifbar die Substanz der Heimat.

Wie die Kulturpolitik insgesamt erlebt auch der Denkmalschutz seine wiederkehrenden Renaissancen. Die letzte liegt beinahe ein halbes Jahrhundert zurück; in den siebziger Jahren herrschte eine

Aufbruchsstimmung, die zu einem weitreichenden Umdenken in der städtischen Planung und Politik führte. Nach zunehmender Kritik an den radikalen Technik- und Zukunftsparadigmen der Moderne und an den mechanistischen Tabula-rasa-Praktiken der Stadtentwicklung – zuvor geronnen in Mitscherlichs Schlagwort von der »Unwirtlichkeit unserer Städte«[13] – setzte sich damals erstmals wieder ein größeres Bewusstsein für den Wert unseres baukulturellen Erbes durch, das in der Begründung einer ganzen Reihe denkmalpflegerischer Innovationen mündete und auch dem zivilgesellschaftlichen Kampf für den Erhalt heimatlicher Strukturen wie beispielsweise der zur planerischen Disposition gestellten Bergarbeitersiedlungen des Ruhrgebietes zu neuer Durchschlagskraft verhalf.

Heute ist das gesellschaftspolitische Umfeld des Denkmalschutzes wiederum in Bewegung – insbesondere in jenen Städten, die Jahr für Jahr wachsende Bevölkerungszahlen verzeichnen, weil ihre Attraktivität, Wirtschaftskraft und Lebensqualität neue Bürgerinnen und Bürger anzieht, die hier ihre Zukunft suchen. Dieser urbane Attraktivitätssprung zieht nicht nur eine enorme Bautätigkeit nach sich, um allen neuen Nachbarinnen und Nachbarn auch ein Dach über dem Kopf zu ermöglichen, sondern er geht auch einher mit einer Veränderung der gesellschaftlichen Vorstellungen vom guten urbanen Leben. Dies führt unweigerlich zu Konflikten und zu Eingriffen in gewachsene städtische Strukturen, die mit den veränderten Zahlen und Bedürfnissen nicht mehr mitwachsen können. In Hamburg haben diese Konflikte wohl eine besondere Tradition, wie der pointierte Begriff der »Freien und Abrissstadt Hamburg«, den Alfred Lichtwark geprägt hat, belegt.[14] Er bezog sich auf den Verlust der mittelalterlichen, äußerst eng gebauten Gängeviertel am Hafen, die Ende des 19. Jahrhunderts nach schrecklichen Choleraepidemien der neuen Speicherstadt weichen mussten, die heute selbst als Welterbe von der UNESCO anerkannt ist.

Viele Konflikte darüber, was erhaltenswert ist und was weichen muss, sind durch kluge Verhandlungen und Planungen aufzulösen, einige wenige eskalieren, in extrem seltenen Fällen ist im Ergebnis eines konkreten stadtentwicklungspolitischen Prozesses auch der Verlust eines Baudenkmals zu beklagen. Jede dieser Entscheidungen wird von intensiven Diskussionen begleitet, die dabei helfen, Maßstäbe zu schärfen und ein gemeinsames Verständnis der Bedeutung des Denkmalschutzes zu entwickeln.

Dieser diskursive Ansatz ist für das Politikfeld des Denkmalschutzes essenziell, wenn es gelingen soll, die beiden diametral entgegengesetzten Positionen der Debatte zumindest im Hinblick auf konkrete Einzelfallentscheidungen zum Kompromiss zu bewegen. Das ist keine leichte Aufgabe: Auf der einen Seite steht das Bedürfnis nach bekannten, ja heimatlichen Strukturen und Ansichten, die angesichts rasanter Veränderungen ein Gefühl der räumlichen und kulturellen Geborgenheit vermitteln. Auf der anderen Seite verändern sich die Vorstellungen von einem guten Leben in der Stadt zyklisch. Aktuell tritt an die Stelle funktional differenzierter Strukturen wieder der Wunsch nach urbaner Dichte, in der alle Aspekte des Alltags nahe beieinander in funktionsgemischten Quartieren liegen. Hier wollen wir arbeiten, leben, unsere Kinder zur Schule bringen, einkaufen, Freizeiteinrichtungen nutzen. Noch vor 50 Jahren haben wir Städte gebaut, in denen das alles deutlich voneinander getrennt stattfand. Angesichts dessen muss es uns in der Regel gelingen, das, was uns geblieben ist aus früheren Epochen, heute nutzbar zu machen, einzubinden und unter Umständen in völlig neue Nutzungskontexte zu stellen. Das ist insbesondere in der Diskussion über die Bauten der Nachkriegsmoderne von Bedeutung. Es ist eine nach wie vor offene Frage, wie es gelingen kann, solche Solitäre einer funktional differenzierten Stadt in eine Struktur einzubinden, an die mittlerweile völlig andere Anforderungen und Erwartungen gestellt werden.

Moderne Großstädte sind komplexe, atmende Organismen – und zu ihrer Lebensfähigkeit gehört der Erhalt historisch gewachsener Quartiere mit ihrem Bestand an Baudenkmalen genauso wie die Akzeptanz notwendiger Veränderungen. Der Ausgleich zwischen diesen unterschiedlichen Interessen ist umso bedeutsamer, weil es in unseren schnelllebigen Zeiten im Denkmalschutz regelmäßig auch darum geht, einen *urban reset* zu organisieren, im Sinne einer Neubetrachtung, Neubewertung oder Umnutzung. Dafür brauchen wir diejenigen, die einen Blick für das haben, was schon ist, und für das, was bewahrenswert ist und einen kulturellen Wert besitzt. Ohne lebendigen, aktiven und klugen Denkmalschutz sind lebenswerte Städte kaum denkbar.

2018 wurde das Europäische Kulturerbejahr unter dem Titel »Sharing Heritage« veranstaltet. Es fand statt zu einem Zeitpunkt, an dem es nicht hätte wichtiger sein können, sich in Erinnerung zu rufen, was die grundlegenden normativen, aber auch praktischen kulturellen Übereinkünfte sind, auf denen das Projekt Europa beruht. Und zwar nicht nur in den abstrakten philosophischen Debatten, die man dazu führen kann, und auch nicht nur in den kleinteiligen Richtlinien, Regularien und Verordnungen, mit denen man sich dann in Brüssel jahrelang beschäftigt, sondern auch ganz praktisch im Alltag der Bürgerinnen und Bürger. Wir leben in Europa in einer merkwürdigen, aber auch einzigartigen und beglückenden Kombination von einerseits dem Bewusstsein für Differenz innerhalb eines sehr heterogenen Kulturraums, der sich trotzdem entschlossen hat, eine gemeinsame Zukunft zu gestalten, und andererseits im Wissen um den jahrhundertelangen Austausch zwischen diesen verschiedenen kulturellen Traditionen und dem Wissen um die Hybride, die daraus entstanden sind.

Das ist ein Ansatzpunkt, aus dem wir die friedliche Zukunft eines Kontinents gestalten wollen, der in der Vergangenheit leider immer wieder bewiesen hat, dass er die Differenz auch in Krieg, Gewalt, Hass und Zerstörung münden lassen kann. Dabei hilft der präzise Blick für die Hinterlassenschaften des kulturellen Austauschs, mit denen wir in unseren Städten jeden Tag leben. Denn wir können das einst Fremde im Eigenen vor der Haustür spielerisch entdecken. Am Beispiel Hamburgs lässt sich – ebenso wie in vielen anderen Städten und Regionen – aufzeigen, wie verwoben und aufeinander bezogen die kulturellen Traditionen unseres Kontinents sind. Aber gerade Hamburg – Deutschlands Tor zur Welt – hat es immer verstanden, kulturelle Einflüsse aufzunehmen, deren vielfältige Spuren sich bis heute im Alltag finden lassen:

Die Deichanlagen und die längst abgetragenen, aber im Stadtplan noch erkennbaren Befestigungsbauwerke sind holländischen Ursprungs.

Der Jüdische Friedhof Hamburg-Altona erinnert an die portugiesisch-jüdischen Glaubensflüchtlinge, die als zwangsgetaufte Katholiken kamen, sich hier als bedeutende Kaufleute etablierten und ihren jüdischen Glauben leben konnten.

Altona selbst wurde jahrhundertelang dänisch regiert. Die Infrastrukturen der Stadt aus dem 19. Jahrhundert sind ein Import aus England. Der Londoner Ingenieur William Lindley wirkte über 25 Jahre in Hamburg. Auf ihn gehen nicht nur das Trinkwasser-, das Abwasser- und das Gasleitungssystem zurück, sondern auch die erste Eisenbahnlinie nach Bergedorf – der Ausgangspunkt der Strecke Hamburg-Berlin – sowie Teile der Stadt- und Hafenerweiterung.

Weiter heißt es, das Franzbrötchen – eine Hamburger Gebäck-Spezialität – gehe auf die Franzosenzeit zurück und stelle den Versuch eines Hamburger Bäckers dar, das Croissant nachzuempfinden.

Spannungsfrei waren und sind diese wichtigen europäischen Bezüge nicht. Deshalb müssen wir uns im Blick zurück auf dieses reiche Erbe vor falscher Romantik hüten: Die sephardischen Juden durften ihre Religion nicht in der Stadt ausüben und mussten ihre Toten vor den Toren begraben. Deshalb liegt der jüdische Friedhof auch in Altona, das damals außerhalb der Hamburger Stadtmauern lag. Es ist dokumentiert, dass Lindley und andere Engländer damals von Hamburgern angefeindet wurden – und das, obwohl Hamburg schon im 19. Jahrhundert als die anglophilste Stadt des Kontinents galt. Die Franzosenzeit hat uns vielleicht das Franzbrötchen gebracht, aber davon abgesehen war die Besatzung Anfang des 19. Jahrhunderts von viel Leid geprägt.

Die Kraft aufzubringen, ohne Angst verschieden sein zu können, mussten wir alle in Europa erst miteinander lernen. »Vielfalt in der Einheit« lautet der kluge und mutige Anspruch Europas. Verschiedene Staaten, Sprachen, Religionen und Kulturen unter einem europäischen Dach zu vereinen – das erfordert Verbindlichkeit und Autonomie, das Bewusstsein der eigenen Kultur ebenso wie Neugier auf die Kultur der anderen. Kultur – sei es Sprache oder Musik, sei es Kochkunst oder Baukunst – kann uns ganz anschaulich, ganz konkret und sinnlich etwas erzählen über die Menschen, ihre Zeit und ihre Werte. Sie führt uns vor Augen, wie ähnlich wir uns selbst in unseren Differenzen sind.

Auf Reisen durch Europa finden wir gerade in Denkmälern Wiederholungen und Adaptionen vertrauter Motive – Aneignungen, Umdeutungen, Wiederverwendungen. Vielleicht ohne Details benennen zu können, erfassen wir Gemeinsamkeiten und Unterschiede zwischen italienischer, französischer und Weser-Renaissance oder zwischen süddeutschem, preußischem und dänischem Klassizismus. Jeder Dreiecksgiebel – egal ob hochgezogen oder flachgedrückt, ob aus Naturstein, Backstein, weiß verputzt oder farbig gefasst – spricht dann zu uns als Verweis auf die alten Griechen und zugleich als Ausdruck ganz spezifischer lokaler Gegebenheiten zu einer ganz bestimmten Zeit. Diese Gleichzeitigkeit des Vergangenen und des Gegenwärtigen aller Unterschiede und Gemeinsamkeiten unseres kulturellen Erbes bildet ein stabiles Fundament unserer gemeinsamen Zukunft in Vielfalt.

Zu diesem zukunftsweisenden kulturellen Erbe gehören auch die gemeinsamen Werte der europäischen Aufklärung: liberale Demokratie, individuelle Freiheit, soziale Sicherheit. Ihr Quell ist die menschliche Begabung zur Vernunft. Und das Wissen darum, dass diese Vernunft sich nicht im Einzelnen manifestiert, sondern in der

Vielheit der Stimmen des gesellschaftlichen Gesprächs buchstäblich zwischen uns liegt. Deshalb sind es universelle Werte, für die Europa mit besonderem Nachdruck und in einer spezifischen Tradition eintritt. Wer Europa stärken will, der darf diese Werte nicht bloß abstrakt beschwören, sondern muss konkret sagen, wie sie in Politik übersetzt werden. Auch das ist ein Grund dafür, dass sich Deutschland – von den Kommunen über die Länder bis hin zum Bund – so sehr für das Europäische Kulturerbejahr 2018 stark gemacht hat.

Wir hatten damit die Chance, eine Geschichte weiter zu erzählen, die als Friedensprojekt begann und sich längst zu dem atemberaubend kühnen Versuch ausgeweitet hat, die tragfähige Architektur einer lebendigen deliberativen Demokratie jenseits der Nationalstaaten zu errichten. Geschichtsbewusstsein und Heimatgefühl können, ja müssen dabei mit einem kosmopolitischen Geist einhergehen. Hamburg ist ein gutes Beispiel: Hier bildet ein starkes lokales Bewusstsein – das hanseatische Selbstverständnis – quasi eine Wesenseinheit mit Weltoffenheit. Über die Jahrhunderte hinweg stand die Stadt buchstäblich mit dem Rücken zur eigenen Nation und hat den Blick in die Welt gerichtet. Diese Kühnheit, der Welt und dem Fremden zugewandt zu sein und genau daraus Selbstbewusstsein und Heimatgefühl zu entwickeln, ist Teil einer zivilen Identität, die mit den aktuellen Veränderungen umzugehen weiß, weil sie ein klares Gefühl ihrer eigenen Position besitzt.

BEWUSSTSEIN DURCH ERINNERUNG

Weil Erinnerungen generell Bewusstsein formen, ist nicht nur der Denkmalschutz ein zentrales und grundlegendes kulturpolitisches Feld, sondern erst recht die Entwicklung eines erinnerungspolitischen und -kulturellen Umgangs mit der eigenen Vergangenheit und der Verantwortung für die von den Vorfahren begangenen Verbrechen. Für die bundesrepublikanische Geschichte ist die konzentrierte Aufarbeitung der eigenen Vergangenheit Kernbestand des republikanischen und verfassungspatriotischen Selbstverständnisses. Auch sie rührt an den Sinn unserer offenen und freiheitlichen Gesellschaft und steht aktuell aus verschiedenen Gründen unter Druck.

ZUMUTBARE WAHRHEITEN UND ERINNERUNGEN

In ihrer berühmten Rede anlässlich der Verleihung des Hörspielpreises der Kriegsblinden im Jahr 1959 sagte die Schriftstellerin Ingeborg Bachmann: »Die Wahrheit [...] ist dem Menschen zumutbar. Wer, wenn nicht diejenigen unter Ihnen, die ein schweres Los getroffen hat, könnte besser bezeugen, daß unsere Kraft weiter reicht als unser Unglück, daß man, um vieles beraubt, sich zu erheben weiß, daß man enttäuscht, und das heißt, ohne Täuschung, zu leben vermag.«[1]

Die Wahrheit ist dem Menschen zumutbar. Was aber ist die Wahrheit? Wie bereits ausführlich diskutiert, gibt es in der Moderne keine unumstößlichen Wahrheiten mehr. Aber natürlich gibt es vieles, das wir heute als Wahrheit gemeinsam anerkennen und mit guten Gründen nicht in Frage stellen können. Die Wahrheit, dass knapp 44 Prozent der Wählerinnen und Wähler bei der Reichstagswahl im März 1933 Adolf Hitler zum Sieg verholfen haben. Und dass sich auch in der Folgezeit die übergroße Mehrheit der Bevölkerung ihm und seinem Regime nicht in den Weg gestellt hat, sondern mitgelaufen ist. Die Wahrheit, dass während des Krieges vielen Menschen großes Leid und Unrecht widerfuhr und dass über 60 Millionen im Zweiten Weltkrieg getötet wurden. Die Wahrheit, dass aus diesem Morden die systematische Vernichtung ganzer Bevölkerungsgruppen durch den SS-Staat, und insbesondere die Shoa, der nationalsozialistische Massenmord an der jüdischen Bevölkerung Europas, als singuläre Barbarei herausragt. Die Wahrheit, dass die Einsätze der Alliierten eine Antwort auf das menschenfeindliche, verbrecherische Unrechtsregime der Nationalsozialisten waren, in der Hoffnung und der Absicht, dieses endlich zu beenden. Die Wahrheit, dass auch dabei viele Menschen getötet wurden. Dass Menschen getötet haben, um endlich das systematische Morden der Nazis zu beenden. Und auch die Wahrheit, dass Menschen, die tagtäglich in den Konzentrationslagern von den Nazis mit dem Tod bedroht wurden, nach den »Feuerstürmen« der alliierten Bombenangriffe die Trümmer beiseiteräumen und die Leichen bergen mussten. Und somit fast Übermenschliches geleistet haben angesichts der eigenen Bedrohung, die sie erleiden mussten.

Was also ist die Wahrheit? Die Wahrheit ist, dass in einem Krieg niemand gewinnen kann. Die Wahrheit ist, dass im Krieg die Menschlichkeit verloren geht. Daran müssen wir uns erinnern. Immer wieder.

Dieses Erinnern kann viele Facetten haben: Es gibt die persönliche und die öffentliche Erinnerung, die emotionale und die faktenreiche, es gibt die verdrängte Erinnerung und auch *false memory*, die bruchstückhafte oder die sehr detailscharfe Erinnerung. Gemeinsames und institutionalisiertes Erinnern sind deshalb so wichtig, weil es uns die Möglichkeit gibt, die vielen Einzelschicksale und die vielen vereinzelten Erinnerungen zu einem Gesamten zu verbinden. Erst durch den Kontext der Geschichte können wir begreifen, was dem Einzelnen widerfuhr und wie geschehen konnte, was geschah. Erst so erkennen wir Strukturen und Mechanismen und können aus ihnen lernen.

Es ist aber ebenso wichtig, aus dem Gesamtkontext bisweilen auch die Einzelschicksale herauszulösen. Sie können die Geschichte, wenn sie droht, zum Historienbild zu erstarren, wieder lebendig machen, indem sie uns vergegenwärtigen, welche individuelle Relevanz sie besitzt. Jedes Einzelschicksal ist von Bedeutung. Für die Identität jeder Person – und als konkrete, als erlebte Geschichte, als Geschichte, die eben nicht nur aus Daten, Zahlen und Fakten besteht, sondern die immer auch die Geschichte von Menschen ist.

Das institutionalisierte Erinnern ist für uns Nachgeborene wichtig. Wir brauchen Orte, die Erinnerung und Wissen bündeln – und für alle zugänglich machen. Denn solche traumatischen Erlebnisse wie die des NS-Terrors und des Zweiten Weltkrieges haben nicht nur Auswirkungen auf jene Menschen, die sie selbst erleben mussten, sondern auch auf die Nachfahren. Geschichte prägt Familien. Es gibt vererbte Traumata oder verdrängte Geschichte auf allen Seiten: auf der Seite derjenigen, die Kinder und Enkelkinder von Opfern sind; auf der Seite derjenigen, deren Vorfahren zu den Streitkräften der Alliierten gehörten, als auch auf der Seite derjenigen, deren Eltern oder Großeltern als Täterinnen und Täter die nationalsozialistische Herrschaft ermöglicht oder geprägt hatten. Viele KZ-Gedenkstätten arbeiten deshalb seit einigen Jahren mit Vertreterinnen und Vertretern der zweiten und dritten Generation in Recherche- und Gesprächsseminaren zusammen. So lässt sich das Netz der Erinnerung weiter in die Zukunft knüpfen.

Erinnerung ist die Voraussetzung von Bewusstsein. Und Bewusstsein die Voraussetzung von Orientierung. In der Geschichtswissenschaft wird bisweilen das Beispiel des Aufwachens in einem fremden Hotelzimmer bemüht, um zu verdeutlichen, wie wichtig es ist, sich zu erinnern: Im ersten Moment weiß man nicht, wo man ist. Die Lampe steht links, anstatt wie zu Hause rechts, das Licht ist anders, das Bett steht an der Wand. Erst wenn die Erinnerung zurückkommt, dass man gestern in eine andere Stadt gereist ist und sich in einem Hotel befindet, gelingt es, sich in der Gegenwart des Hotelzimmers zu orientieren, zu wissen, wo welche Objekte stehen, und so handlungsfähig zu werden. Erinnerung ist also unersetzlich für das Verstehen von Gegenwart und somit auch für das Gestalten der Zukunft. Nur wenn wir uns bewusst sind, dass es ein Gestern gegeben hat und ein Morgen geben wird, können wir zu handelnden Menschen werden.

Dieses Beispiel zeigt, dass die Handlungsfähigkeit eines Menschen eben nicht nur davon abhängt, dass wir die notwendigen materiellen Ressourcen für unser physisches Leben haben – also ein Dach über dem Kopf, Nahrung oder Gesundheit. Es braucht, wie der Historiker Jörn Rüsen ausführt, mehr als das – nämlich die Übersicht über und die Einsicht in die komplexen Verhältnisse von Mensch und Welt und die Befähigung zur Interpretation derselben. Erst das ermöglicht es uns, Orientierung und damit Handlungsfähigkeit zu gewinnen. Rüsen fasst dies kurz und bündig zusammen in dem Satz: »Man muss die Welt immer schon interpretiert haben, um sie verändern zu können.«[2] Damit stellt er kurzerhand die elfte Feuerbach'sche These von Karl Marx auf den Kopf und besteht darauf, dass die Interpretation die Transformation bedinge. Der Mensch muss verstehen, und das heißt ja auch interpretieren, um die Welt verändern zu können.

Die Neuzeit hat unser Geschichtsverständnis dahingehend revolutioniert, dass wir ihren Verlauf nicht mehr als Beweis einer (göttlichen) Vorsehung begreifen, sondern als etwas Menschengemachtes. Das ist Freiheit und Verantwortung zugleich. Den Aufklärern verdanken wir die Einsicht, dass die Vernunft dabei als prüfende Instanz gelten muss, weil sie Bosheit und Zerstörungswillen konterkarieren könne und so den Schlüssel in sich berge, die von den Menschen selbst verschuldeten Missstände zu beseitigen. Deshalb sollten wir die Vernunft, die ja immer auch mit dem Glauben an eine gerechte Welt verbunden ist, zur gestaltenden Kraft der Geschichte machen. Wahrlich keine einfache – und vor allem eine immer wieder aufs Neue aktuelle – Aufgabe.

Jahres- und Gedenktage sind eine notwendige Mahnung, dass aus Ressentiments und Hass eine unaufhaltsame Spirale der Gewalt entstehen kann. Sie halten uns an, das aufklärerische Primat der Vernunft zu bewahren, Demokratie und Freiheit zu verteidigen und den populistischen Tendenzen unserer Zeit einen wehrhaften Humanismus entgegenzusetzen. Oft beginnt die Eskalation von Gewalt mit der Verrohung von Sprache. Das können wir gegenwärtig erleben an den Pöbeleien, Diffamierungen, Manipulations- und Skandalisierungsversuchen, die leider auch in den Bundestag eingezogen sind. Populistische Schlachtrufe und eine aggressive »Wir zuerst«-Rhetorik, in der jeder Sinn zerfällt und nur die manipulative Agitation übrig bleibt, führen zurück in finstere Zeiten. Sprache ist aber unser zentrales Mittel der Verständigung – im Alltag ebenso wie im gesellschaftlichen Miteinander und in der politischen Auseinandersetzung. Wir brauchen daher einen demokratischen Diskurs, der nicht auf Provokation, sondern auf die Klugheit und die Stärke des besseren Arguments setzt. Wir brauchen das Gespräch, das nicht darauf aus ist, gewonnen zu werden, sondern das auf Verständnis, Verstehen und Meinungsaustausch zielt. Dazu braucht es auch authentische Orte der Erinnerung, die Raum und Gelegenheit bieten, das öffentliche Gespräch zu führen.

Dieses Gespräch ist auf allen Ebenen relevant. Als Martin Buber 1953 den Friedenspreis des Deutschen Buchhandels verliehen bekam, sagte er in seiner Dankesrede: »Ich glaube, [...] daß die Völker [...] in ein echtes Gespräch miteinander kommen können. Ein echtes Gespräch ist eines, in dem jeder der Partner den andern, auch wo er in einem Gegensatz zu ihm steht, als einen existenten Partner wahrnimmt, bejaht und bestätigt; nur so kann der Gegensatz zwar gewiß nicht aus der Welt geschafft, aber menschlich ausgetragen und der Überwindung zugeführt werden.«[3] Seine Worte haben bis heute ihre Gültigkeit und Aktualität behalten.

Martin Buber gründet seine »Philosophie des Dialogs« darauf, dass der Mensch die ganz besondere Begabung zur dialogischen Bewegung habe. Das meint die Befähigung, ein Gegenüber in seiner Andersheit (Buber spricht von »Anderheit«) wahrzunehmen und sich ihm zuzuwenden und zu erfahren, was sich vom eigenen Blick auf die Welt unterscheidet. Distanz und Hinwendung sind bei Buber also zwei Seiten der gleichen Medaille: Die Begabung zum Gespräch, die auch die Begabung zur Gemeinschaft ist. Die Bereitschaft, den anderen zu verstehen, ist entscheidend. Immer wieder geht es um die Fähigkeit, die Position des jeweils anderen spekulativ nachzuvollziehen, um so abschätzen zu können, wo der Raum des Gemeinsamen zwischen den immer zunächst Verschiedenen liegt und wie er vergrößert werden kann.

Gerade in der erinnerungskulturellen Arbeit und in der Gedenkstättenpädagogik spielt dieser Aspekt eine entscheidende Rolle. Die Bereitschaft zur Einfühlsamkeit, zur Empathie, zum Nachvollzug des Nichtverstehbaren ist die grundlegende Voraussetzung dafür, auch den heutigen, nachfolgenden Generationen ihre historische Verantwortung gegenüber den Verbrechen der NS-Zeit näherzubringen. Das wiederum setzt voraus, dass wir uns in unserer modernen und in vielen Bereichen längst zum gelungenen Gegenentwurf geronnenen Gesellschaft nicht vor dem schonungslosen Blick auf die Vergangenheit drücken. Noch in den achtziger Jahren legte Ralph Giordano in seinem Buch *Die zweite Schuld oder Von der Last Deutscher zu sein* die schonungslose Bilanz einer solchen erinnerungskulturellen Verweigerungshaltung vor.[4] Er wollte der Gesellschaft, als deren Teil er sich begriff, mit aller Macht vor Augen führen, dass in ihr viele Überlebende und damit Augenzeugen der Nazi-Gräuel lebten, die nicht vergessen und auch nicht schweigen wollen.

Er meinte die deutsche Gesellschaft und ihr jahrzehntelanges Schweigen über die Gräueltaten des Naziregimes. Dieses Schweigen, das Ralph Giordano als »zweite Schuld« beschrieben hat, kann nur durch das immer wieder erneute Konfrontieren dieser Gesellschaft mit ihrer eigenen Geschichte gebrochen werden. Und viele Augenzeugen haben nicht geschwiegen. Sie haben geredet und geschrieben. Ihre Bücher legen Zeugnis ab von unfassbarem Grauen, sie beschreiben detailliert das eigentlich Unsagbare. So wie es Ralph Giordano immer wieder getan hat. Die Grundlagen für eine ausgiebige und nachhaltige Beschäftigung sind dauerhaft gelegt und breit zugänglich.

Aber dieser Umstand darf uns nicht in falscher Sicherheit wiegen. Ein Ausruhen in der Auseinandersetzung mit dem Nationalsozialismus darf es nicht geben, gerade angesichts zunehmender Enttabuisierung rassistischer Diskurse und des wachsenden Erfolgs rechtspopulistischer Strömungen. Wir müssen die Aktualität der Geschichte immer wieder aufs Neue begreifen und mit der nächsten Generation darüber ins Gespräch kommen. Das setzt voraus, dass wir auch in der Erinnerungs- und Gedenkstättenarbeit neue Anspracheformen entwickeln. Es wird zukünftig noch viel stärker darum gehen, Erinnerungsorte als Interventionen in den Alltag zu konzipieren, um Konfrontationen mit der Vergangenheit auch dann zu ermöglichen, wenn man nicht aktiv danach gesucht hat. Die Stolpersteininitiativen sind ein bemerkenswerter zivilgesellschaftlicher Weg, auf dem erreicht werden kann, dass die Verbrechen der Vergangenheit buchstäblich auf Schritt und Tritt in unseren Städten sichtbar und bemerkbar bleiben.

Zukünftig, wenn auch die letzten Augenzeugen nicht mehr da sind, um zu reden, muss sichergestellt sein, dass ihre Erfahrungen nicht verloren gehen und dass die Erinnerung wach gehalten wird. Dazu können Zeugnisse wie die von Ralph Giordano einen entscheidenden Beitrag leisten. Fortwährend mit antisemitischen Anfeindungen konfrontiert und angeekelt von ideologischen Kontinuitäten und Entlastungsbedürfnissen, von radikalisierenden und ausgrenzenden Entwicklungen, verwies er zeitlebens auf die Fragilität demokratischer Verhältnisse und appellierte an die Mehrheitsgesellschaft, sich schonungslos mit Ursachen und Folgen des Nationalsozialismus auseinanderzusetzen, um sich von ihnen tatsächlich emanzipieren zu können. So hat er es 2014 in seiner Rede anlässlich der Verleihung des Bertini-Preises gesagt – einem Preis, benannt nach seinem bekanntesten Buch, der Schülerinnen und Schüler auszeichnet, die sich gegen Unrecht, Ausgrenzung und Gewalt und für eine Aufarbeitung der NS-Geschichte einsetzen. Giordano sagte, er kämpfe für den »demokratische[n] Verfassungsstaat – die einzige Gesellschaftsform, in der ich mich sicher fühle«.[5]

Es bedarf des Engagements aller für das Gemeinwesen einer Gesellschaft, in der sich Menschen jedweden Glaubens und jeder Herkunft, die Mitbürgerinnen und Mitbürger jüdischen Glaubens unter uns ebenso wie jene, die hier vor politischer Verfolgung und den Kriegen unserer Tage Zuflucht suchen, sicher fühlen können. Die Bereitschaft, sich in die Lage des anderen hineinzuversetzen, ist eine notwendige Voraussetzung für das Gelingen des Zusammenlebens in einer offenen und vielfältigen Gesellschaft, die ja schließlich auf der Anerkennung dessen beruht, dass alle anders sind und sein dürfen. Der Schutz des Anderen ist dadurch immanent der Schutz des Eigenen. In Zeiten, in denen auch in Deutschland Synagogen von bis an die Zähne bewaffneten Rechtsradikalen angegriffen werden, in denen auch auf deutschen Straßen israelische Fahnen brennen, Kippa-Träger attackiert werden und antisemitische Parolen im Alltag häufiger als früher zu hören sind, ist dies mehr als nur eine entscheidende Erkenntnis – es ist auch ein demokratischer Imperativ einer aufgeklärten Gesellschaft und ihres Staates.

Deshalb müssen wir uns auch Gedanken darüber machen, wie wir die Konfrontation mit den Verbrechen des Nationalsozialismus in gesellschaftlichen Kontexten organisieren können, in denen eine entsprechende Vorprägung durch das Elternhaus oder den Freundeskreis keineswegs mehr als selbstverständlich unterstellt werden kann. Zum einen rücken die Verbrechen zwischen 1933 und 1945 in einen zeitlichen Abstand, der sich gleichsam wie ein *cordon sanitaire* immunisierend zwischen Vergangenheit und Gegenwart legt. Und zum anderen brauchen wir insbesondere in den Vermittlungsanstrengungen Strategien, die der Diversität insbesondere jüngerer Zielgruppen gerecht werden. Wenn es nicht mehr nur um das Bewusstsein der Nachfahren der Tätergeneration geht, sondern längst die Dimension eines universalen und einzigartigen Menschheitsverbrechens in den Mittelpunkt rückt, müssen wir damit umgehen und den Nachdruck noch einmal erhöhen. Die seit Jahrzehnten verdienstvollen Angebote der Gedenkstätten verdienen noch mehr gesellschaftliche Unterstützung und pädagogischen Nachdruck. Eine beständige zeitgemäße Weiterentwicklung der Erinnerungsorte kann dabei helfen, diese wichtigen Orte noch mehr Besucherinnen und Besuchern aus allen Altersgruppen zu öffnen. »Nie wieder« – der moralische Imperativ der jungen Bundesrepublik gilt im 21. Jahrhundert ungemindert fort.

Dass das möglich ist, zeigt der Umgang mit der zweiten Schuld in den achtziger Jahren, der nicht nur stattgefunden und zu einem veränderten geschichtspolitischen Umgang mit den Verbrechen des Nationalsozialismus geführt hat, sondern eine der wesentlichen Spätwirkungen der politischen Arbeit der Achtundsechziger war, wie Aleida und Jan Assmann argumentieren, die 2018 den Friedenspreis des Deutschen Buchhandels bekommen haben.[6] Man dürfe, so sagten sie anlässlich der Verleihung, eine Generation nicht ausschließlich auf ihre Jugendphase festlegen, sondern müsse auch ihre später erwirkten Errungenschaften in den Blick nehmen. Insofern besteht durchaus jede Hoffnung, dass auch unsere Generation ihrer erinnerungspolitischen Verantwortung gerecht werden wird.

VERANTWORTUNG FÜR GERAUBTE MENSCHLICHKEIT

Ein weiteres erinnerungskulturelles Kapitel schlagen wir aktuell mit der Aufarbeitung der Verbrechen der Kolonialzeit auf. Es übersteigt in seinen Dimensionen bei weitem den kulturpolitischen Raum und ist zugleich doch zumindest in seinen Ursprüngen ebenfalls eng verwoben mit den aufklärerischen Bemühungen der Achtundsechziger. Bereits 1968 wurde in Hamburg mit dem Sturz des bis dahin vor dem Hauptgebäude der Universität stehenden Wissmann-Denkmals symbolträchtig und vehement eine Aufarbeitung der kolonialen Vergangenheit eingefordert. Seit 1961 verlangten Studierende – zunächst erfolglos – die Demontage des Denkmals auf dem Gelände der Universität, das die deutsche Kolonialvergangenheit verherrlichte und die afrikanischen Kommilitonen beleidigte. Mit der zunehmenden Politisierung der Studierendenbewegung verstärkten sich die Proteste. Die deutsche Kolonialgeschichte wurde mit den Befreiungsbewegungen des Globalen Südens und der US-Politik in Vietnam in Verbindung gebracht.

Nach zwei vergeblichen Versuchen im Jahr 1967 gelang in der Nacht des 31. Oktober 1968 schließlich der Denkmalsturz. Mit gelber Farbe beschmiert landete das Wissmann-Denkmal zusammen mit dem Standbild des Kolonial-Offiziers Hans Dominik, das ebenfalls vor der Hamburger Uni aufgestellt war, im Keller der Sternwarte Bergedorf am Rand der Stadt. Sein Sturz steht nicht nur paradigmatisch für den revolutionären Geist der Achtundsechziger – »Macht kaputt, was euch kaputt macht!« –, sondern auch für einen langen Prozess des Umdenkens, der hier seinen Anfang genommen hat. Seitdem wurde das Denkmal mehrmals für Kunstaktionen hervorgeholt. Zuletzt war es jeweils liegend in der großen Kolonialismus-Ausstellung im Deutschen Historischen Museum in Berlin und in der Achtundsechziger-Ausstellung des Hamburger Museums für Kunst und Gewerbe zu sehen, als Sinnbild für ein neues Bewusstsein für die Notwendigkeit einer kritischen Aufarbeitung der deutschen Kolonialgeschichte.

Diese Aufarbeitung ließe sich in Deutschland auf festem politischem und gesellschaftlichem Fundament begründen, wenn wir uns bestimmter, heute verschütteter historischer Linien wieder erinnerten: »Im Grunde genommen ist das Wesen aller Kolonialpolitik die Ausbeutung einer fremden Bevölkerung in der höchsten Potenz. Wo immer wir die Geschichte der Kolonialpolitik in den letzten drei Jahrhunderten aufschlagen, überall begegnen wir Gewalttätigkeiten und der Unterdrückung der betreffenden Völkerschaften, die nicht selten schließlich mit deren vollständiger Ausrottung endet. Und das treibende Motiv ist immer, Gold, Gold und wieder nur Gold zu erwerben.«[7] Diese klaren Worte stammen nicht von dem kamerunischen Philosophen Achille Mbembe, der mit seiner *Kritik der schwarzen Vernunft* eine kluge Analyse der Zusammenhänge zwischen Kapitalismus, Kolonialismus und Rassismus vorgelegt hat.[8] Diese Worte sprach August Bebel am 26. Januar 1889 als sozialdemokratischer Abgeordneter im Berliner Reichstag. Erst vier Jahre zuvor – und nur wenige hundert Meter entfernt – hatten bei der Westafrika-Konferenz die europäischen Mächte unter deutscher Vermittlung die Voraussetzung für die vollständige koloniale Aufteilung Afrikas geschaffen. In seiner Rede scheint Bebel bereits die schrecklichen Kriegsverbrechen vorauszuahnen, die die deutschen Kolonialtruppen wenige Jahre später von 1904 bis 1908 in Deutsch-Südwestafrika an den Herero und Nama verüben sollten.

Es wäre unzutreffend, August Bebel als Vordenker der post-kolonialen Theorie zu feiern. Im Gegenteil. Auch er war nicht frei vom kolonial-chauvinistischen Geist seiner Zeit. Aber es ist richtig und wichtig, an seine kritischen und leidenschaftlichen Worte zu erinnern. Denn sie zeigen, dass vieles, was aktuell in der postkolonialen Debatte neuerlich diskutiert wird, im Grunde genommen schon vor über einhundert Jahren hätte eingelöst werden können. Doch stattdessen wurde bis weit in die siebziger Jahre hierzulande einer kolonialen Nostalgie gefrönt. Ihr folgte eine koloniale Amnesie, deren dumpfe bleierne Schwere sich erst seit ein paar Jahren dank des immer lauter werdenden zivilgesellschaftlichen Engagements sowie der wissenschaftlichen Forschung mehr und mehr auflöst.

Hamburg gehörte als Hafen- und Handelsstadt seit jeher zu den wirtschaftlichen Drehscheiben der kolonialen Expansion Europas. So waren es auch die Kaufleute der Hamburger Handelskammer, die 1883 – sozusagen am Vorabend der Berliner Westafrika-Konferenz 1884/85 – mit einer Denkschrift an den Reichstag appellierten, deutsche Kolonien in Afrika zu errichten. Es war der damalige Präses der Hamburger Handelskammer Adolph Woermann, der mit seiner Deutschen Ost-Afrika-Linie jahrzehntelang den Linienverkehr nach Ostafrika dominierte und später auch die Truppentransporte und Versorgungsfahrten ermöglichte, die zur erbarmungslosen Niederschlagung des antikolonialen Widerstands und schließlich zum Völkermord an den Herero und Nama führten.

Mittlerweile hat Hamburg begonnen, sich zunehmend der Verantwortung für seine koloniale Vergangenheit zu stellen. Seit Ende der neunziger Jahre haben verschiedene zivilgesellschaftliche Gruppen, unter ihnen insbesondere die Black Communities und People of Color, mit hohem Engagement und großer Kreativität das Thema in die öffentliche Aufmerksamkeit gebracht. 2014 hat der Hamburger Senat schließlich beschlossen, das koloniale Erbe der Stadt aufzuarbeiten, um geeignete Formen der Erinnerung und der geschichtsdidaktischen Vermittlung zu entwickeln. Dieser Beschluss war deutschlandweit einmalig und dient andernorts durchaus als Vorbild. Ziel des in Aussicht genommenen postkolonialen Erinnerungskonzepts ist es, »eine Plattform und Räume zu schaffen, die dazu beitragen, eine aktive Debatte zum postkolonialen Erbe zu führen.«[9] Daran wird aktuell im engen Dialog unter anderem mit Wissenschaftlerinnen und Wissenschaftlern und mit zivilgesellschaftlichen Initiativen gearbeitet.

Das bedeutet, dass die Voraussetzungen und Rahmenbedingungen für einen offenen, dynamischen und kritischen gesellschaftlichen Diskurs geschaffen werden sollen. Dabei geht es um einen langfristigen Lern- und Reflexionsprozess, der zu einer dynamischen Entwicklung einer postkolonialen Erinnerungskultur führt. Hierfür gilt es, Spuren sichtbar zu machen, Zusammenhänge aufzuzeigen und Debatten anzuregen. Es geht darum, den Kolonialismus als Teil der Geschichte zu akzeptieren, ihn in seinen bis heute prägenden Auswirkungen zu verstehen und darüber ins Gespräch zu kommen. Dekolonisierung kann nur im Dialog und durch die Teilhabe möglichst vieler gesellschaftlicher Gruppen und Communities gelingen.

Aber der Prozess der Aufarbeitung kolonialer Verbrechen wird komplex bleiben. Das zeigt sich überall in Europa anhand des Umgangs mit kolonial belasteten Objekten in den Museumssammlungen. Als bedeutende Hafen- und Handelsstadt profitierte Hamburg nicht nur jahrhundertelang von der europäischen Expansion nach Übersee und entwickelte sich schließlich zur Kolonialmetropole des deutschen Kaiserreichs. Auch im Zusammenhang mit dem wohl größten Kunstraub der Kolonialgeschichte – der Plünderung des Königspalasts von Benin City 1897 durch die britische Kolonialarmee – kommt Hamburg als Drehscheibe des internationalen (Kunst-) Handels eine zentrale Rolle zu. Die gewaltsame Entwendung der Benin-Bronzen stellt nicht nur einen weitreichenden Fall von Kunstraub dar. Aufgrund ihrer religiösen, politischen und historiographischen Bedeutung sind die Bronzen zudem wichtige Zeugnisse der sozialen und nationalen Identität Benins. Ihr Verlust besiegelte damit auch symbolisch die Zerschlagung eines Königreichs, das bis dato zu den wirtschaftlichen und kulturellen Zentren Westafrikas gehörte.

Der französische Staatspräsident Emmanuel Macron hat im November 2017 in einer vielbeachteten Rede an der Universität von Ouagadougou in Burkina Faso erklärt, er könne nicht länger akzeptieren, »dass sich ein großer Teil des kulturellen Erbes mehrerer afrikanischer Länder in Frankreich befindet«. Zwar gäbe es dafür »historische Erklärungen«, so Macron weiter, allerdings »keine gültige, dauerhafte und bedingungslose Rechtfertigung«. Folgerichtig kündigte er an, dass er innerhalb der nächsten fünf Jahre in Zusammenarbeit mit den betroffenen afrikanischen Ländern »die Voraussetzungen für die zeitweilige oder dauerhafte Rückgabe des afrikanischen Kulturerbes nach Afrika« schaffen wolle.[10]

Manche sehen in Macrons Ankündigung einen Paradigmenwechsel in der Debatte um die Restituierung kolonialer Sammlungsgüter. Dabei war Macrons Forderung schon damals nicht neu. Seit 1972 hat die Generalversammlung der Vereinten Nationen wiederholt Resolutionen verabschiedet, die die Rückgabe von Kulturgütern an die Herkunftsländer fordern. Auch der Internationale Museumsrat ICOM appelliert in seinen ethischen Richtlinien an die Bereitschaft der Museen, »in einen Dialog bezüglich der Rückgabe von Kulturgütern an ihre Herkunftsländer oder -völker zu treten.«[11] Für den Bereich der *human remains*, also für den besonders sensiblen Bereich der menschlichen Überreste, die in verschiedenen anthropologischen, anatomischen oder naturkundlichen Sammlungen verwahrt werden, hat der Deutsche Museumsbund 2013 Empfehlungen veröffentlicht, die eine wichtige Hilfestellung für den Umgang mit Restitutionsforderungen sowie für proaktive Rückführungsvorhaben bieten.[12]

Anders sah es lange Zeit bei der Restitution von Kulturgütern aus. Hier begann erst im Zuge der Debatte um das Berliner Humboldt-Forum eine eingehende Auseinandersetzung mit einem Erbe, das zunehmend als sensibel, schwierig, ja heikel erkannt wird. Sammeln im kolonialen Kontext profitierte natürlich auch von den kolonialistischen Machtmechanismen, von Ausbeutung, Rassismus, Diskriminierung und Repression. Daher stehen für nicht wenige Historiker, wie den Hamburger Kolonialismus-Forscher Jürgen Zimmerer, Objekte, die während der Kolonialzeit erworben wurden, generell »unter dem Verdacht unrechtmäßig erworben zu sein, bis das Gegenteil bewiesen ist«.[13] Dies macht die koloniale Provenienzforschung zu einer Kernaufgabe unserer Museen, die jedoch nicht einseitig erfolgen kann. Ihr Gegenstand ist ein *shared heritage*, ein gemeinsames Erbe, dessen Geschichte und Bedeutung erst in transnationalen Kooperationen mit »Source Communities«, Initiativen und Institutionen der Herkunftsgesellschaften angemessen erfasst werden kann. Oftmals wird es in diesem Prozess notwendig sein, von der Anerkennung des *shared heritage* zu einer Praxis des *sharing heritage* zu gelangen. Die Restitution von Kulturgütern kann Teil postkolonialer Wiedergutmachung sein. Transparenz und gleichberechtigter Dialog sind ihre Voraussetzungen.

In Frankreich war lange Zeit auch politisch am deutlichsten zu vernehmen, dass die Kulturgüter aus der Kolonialzeit an die Staaten in Subsahara-Afrika zurückgegeben werden sollen. Was der französische Staatspräsident Emmanuel Macron im November 2017 in Ouagadougou ankündigte, wurde gut ein Jahr später in einem Bericht des senegalesischen Ökonomen und Essayisten Felwine Sarr und der französischen Kunsthistorikerin Bénédicte Savoy konkretisiert.[14] Rund 90000 Objekte in französischen Museen stehen zur Disposition, die Beweislast soll umgekehrt, das französische Kulturerbe-Recht angepasst werden. Der französische Vorstoß setzt auch andere europäische Länder wie Deutschland unter Zugzwang.

Die Verabschiedung einer international verpflichtenden Vereinbarung zum Umgang mit kolonialem Kulturgut, ähnlich den »Washingtoner Prinzipien« zur NS-Raubkunst, ist längst überfällig. Doch schon heute lassen sich in Deutschland wichtige Schritte auf dem Weg zu einer Praxis der Dekolonisierung zeigen. Und während das Beispiel Frankreich auch zeigt, wie sich die Politik hinter markigen Berichten verstecken kann, unternimmt die hiesige Kulturpolitik konsequente erste Schritte. Vermutlich nirgendwo in Europa ist der Konsens der gesamtstaatlichen Kulturpolitik im Hinblick auf die postkoloniale Verantwortungsübernahme so weit gediehen wie in der Bundesrepublik.

So können mit der Erweiterung der Aufgabenstellung des Deutschen Zentrums Kulturgutverluste die notwendigen politischen, rechtlichen und nicht zuletzt finanziellen Rahmenbedingungen für eine fundierte Provenienzforschung als Voraussetzung für faire und kooperative Entscheidungen der Restituierung geschaffen werden. Das ist 2018 zwischen SPD und Union auf Bundesebene so beschlossen worden. Es ist eine der wichtigsten kulturpolitischen Weichenstellungen der jüngeren Zeit, dass hier die Aufarbeitung der deutschen Kolonialgeschichte neben der Aufarbeitung der NS-Terrorherrschaft und der SED-Diktatur erstmals zum »demokratischen Grundkonsens in Deutschland« erklärt wird. Im Frühjahr 2019 wiederum haben Bund, Länder und kommunale Spitzenverbände sich auf erste Eckpunkte zum Umgang mit kolonial belastetem Sammlungsgut geeinigt und im Herbst 2019 neben wichtigen inhaltlichen Festlegungen auch die Einrichtung einer Anlaufstelle vereinbart, die angesichts der von außen recht unübersichtlichen föderalen Struktur der Bundesrepublik die Platzierung konkreter Restitutionsforderungen erleichtern soll. Gleichzeitig hat das Auswärtige Amt angekündigt, eine Agentur aufzubauen, die Kooperationsprojekte zwischen deutschen und afrikanischen Museen erleichtern und begleiten soll.

Diese politischen Aufarbeitungsschritte sind dringend notwendig, weil sie den Dialog ermöglichen, der am Anfang jeder geschichtspolitischen Auseinandersetzung steht. Der Kolonialismus war unzweifelhaft ein Verbrechen gegen die Menschlichkeit. Durch brutalen Völkermord, systematische Versklavung und rücksichtslose Ausbeutung von Ressourcen etablierten die europäischen Kolonialmächte asymmetrische Herrschaftsverhältnisse und Abhängigkeiten, die bis heute in wirtschaftlichen Ungleichheiten, politischen Instabilitäten und humanitären Katastrophen global nachwirken. Der massenhafte Raub von Kulturgütern und Kunstschätzen führte insbesondere auf dem afrikanischen Kontinent zu kultureller Entwurzelung und einem kollektiven Verlust kultureller Erinnerung. Kulturgutraub war schon immer ein Akt der Dehumanisierung. Was einst unter Gewalt oder Zwang angeeignet wurde, kann daher heute nicht guten Gewissens als rechtmäßig erworben angesehen werden. Es steht somit außer Frage, dass Kulturgüter aus kolonialen Kontexten den legitimen Eigentümern in den Herkunftsgesellschaften zur Rückgabe angeboten werden müssen.

Es ist notwendig, die Souveränität über das eigene kulturelle Erbe zu ermöglichen, um auf dieser Grundlage in einen vertieften Austausch auf Augenhöhe zu gehen. Wenn diese Souveränität aufgrund eines unzulänglichen rechtlichen Rahmens heute nicht umstandslos gewährleistet ist, dann braucht es eine Revision dieses Rahmens. Hier lohnen alle Anstrengungen, auch jenseits des Nationalstaates eine gemeinsame Positionsbestimmung analog der Washingtoner Erklärung zu erarbeiten und in diesem Zuge auch ganz neue Eigentumskonzepte auszuprobieren, die der Geschichte der Objekte im Sinne eines *shared heritage* genauso gerecht werden wie den konkreten berechtigten Eigentumsansprüchen der Herkunftsgesellschaften.

Allen muss in diesem Prozess allerdings klar sein, dass Restitution allein keinesfalls die pauschale Antwort auf die Frage der Dekolonisierung ist, die mit all ihren globalen Implikationen eine der größten gesellschaftlichen Herausforderungen des 21. Jahrhunderts darstellt. In diesem Sinne fragte Achille Mbembe in einem Vortrag im Mai 2018 im Hamburger Museum am Rothenbaum: »Was, wenn wir das Angebot der Rückgabe verweigern?« Und weiter: »Wollen wir wirklich in einer Welt leben, in der jeder und alles wieder nach Hause zurück muss?« Die Art und Weise, wie wir unsere koloniale Vergangenheit bewältigen, erzählt viel darüber, wie wir in einer globalisierten Welt leben wollen. Dies macht das Thema nicht nur kulturpolitisch, sondern auch gesellschaftspolitisch so bedeutsam. Das Ziel einer dekolonisierten Welt wäre in den Worten Mbembes eine Welt, »in der sich Menschen und Dinge frei bewegen können«. Bezogen auf den Umgang mit Objekten aus kolonialen Kontexten plädiert Mbembe entsprechend für ein »grenzenloses Zirkulieren von Kunstgegenständen [...]. Und zwar nicht nur der geraubten Objekte aus Afrika, sondern des gesamten Erbes der Menschheit«. Mbembe skizziert hier das Ideal wahrhafter Gemeingüter eines universellen Kulturerbes. Der dafür auch gesellschaftlich, politisch und rechtlich notwendige Rahmen muss gedacht und zügig erarbeitet werden.[15]

Ebenso stehen wir in einer gemeinsamen Verantwortung dafür, eine Rückgabe oder Zirkulation von Objekten auch praktisch zu ermöglichen, zum Beispiel durch eine konkrete Unterstützung der zahlreichen Museumsprojekte, die insbesondere in den Staaten Afrikas die kulturelle Landschaft erheblich beleben. Aktuell wird in der Debatte nämlich zunehmend deutlich, dass die Ankündigung von Rückgaben durchaus auch auf zurückhaltende Reaktionen bei den Museumsexpertinnen und -experten in den betroffenen Ländern stößt. So weist etwa Nzila Marina Mubusisi, Chefkuratorin am Nationalmuseum von Namibia, darauf hin, dass es gar nicht nur um eine Rückgabe der Gegenstände gehe: »Die Museumsobjekte an sich – ohne Anerkennung der Geschichte und der deutschen Verantwortung – das bedeutet uns nichts.«[16] Notwendig seien Austausch, Dialog und Wissenstransfer anhand der Objekte, um eine gemeinsame Perspektive und damit auch eine gemeinsame Geschichte zu entwickeln und zu schreiben.

Voraussetzungen dafür sind die Provenienzforschung sowie die sukzessive Digitalisierung und Online-Stellung der Sammlungen und Forschungsergebnisse. Erst diese schaffen die notwendige Transparenz und Zugänglichkeit, die eine Zusammenarbeit auf Augenhöhe ermöglichen kann. Zu Recht hat der Präsident des Goethe-Instituts, Klaus-Dieter Lehmann, die Rückgabe ohne Dialog als »Ablasshandel« kritisiert.[17]

Das bedeutet aber auch, dass wir in der Provenienzforschung neue Wege gehen müssen, weil die konkreten Anforderungen an die Dokumentation einer spezifischen Objektgeschichte sich bei Sammlungsgütern aus kolonialen Kontexten oftmals nicht so präzise oder lückenlos erfüllen lassen, wie es heute oft gefordert wird. Die in Frankreich vorgeschlagene Beweislastumkehr, die es hiesigen Kulturinstitutionen künftig auferlegen würde, den rechtmäßigen Besitz nachweisen zu müssen, könnte ein Weg sein, die gewachsenen Disparitäten so auszugleichen, dass der gewünschte Dialog in Augenhöhe auch tatsächlich ermöglicht wird.

Vor diesem Hintergrund erscheint der Weg, den der Deutsche Museumsbund mit seinem mittlerweile in zweiter Fassung vorliegenden Leitfaden zum Umgang mit Sammlungsgut aus kolonialen Kontexten eingeschlagen hat, durchaus zielführend.[18] Dieses Positionspapier ist bisher weltweit einzigartig und verdient große Beachtung – und zwar nicht als Abschluss einer Diskussion, sondern vielmehr als veränderbare Grundlage eines offenen Diskussionsprozesses, in dem die Erfahrungen, Rahmenbedingungen und Fragestellungen deutscher Museen benannt, zur Diskussion gestellt und an die Erwartungen und Bedürfnisse internationaler Partner angepasst werden.

Während Frankreich als Zentralstaat die Möglichkeit genutzt hat, mit einem Aufschlag die landesweite Debatte neu zu prägen, gilt es im föderal verfassten Deutschland, den Wandel schrittweise umzusetzen. Neben der Schaffung notwendiger rechtlicher Rahmenbedingungen, der finanziellen Förderung, dem Abschluss bilateraler Vereinbarungen sowie der Erarbeitung postkolonialer Erinnerungskonzepte wird in Zukunft insbesondere die Einbindung von Individuen, Interessensgruppen und Institutionen aus ehemals kolonisierten Herkunftsgesellschaften von großer Bedeutung sein – sowohl im internationalen Austausch als auch in der Zusammenarbeit mit der hier lebenden Diaspora. Nur im Perspektivwechsel kann es gelingen, eurozentristische Narrative in Kultur und Gesellschaft aufzubrechen und zu einem transkulturellen Dialog auf Augenhöhe zu finden.

»Wenn wir die Schönheit der Welt miteinander teilen wollen«, so Achille Mbembe in seiner Dankesrede anlässlich der Verleihung des Gerda Henkel Preises, »müssen wir lernen, mit all ihrem Leid solidarisch zu sein. Wir müssen lernen, uns gemeinsam zu erinnern und damit gemeinsam das Gewebe und das Antlitz der Welt zu flicken.«[19] Die Restitution kolonial belasteter Kunstwerke ist in diesem Verständnis nicht der Abschluss eines langwierigen und notwendigen Prozesses der Aufarbeitung eigener Verstrickungen, sondern markiert vielmehr den Beginn eines noch viel längeren Weges hin zu einer transkulturellen Vernetzung, die überall auf der Welt einen universalen Zugang zu den künstlerischen und kulturellen Schätzen in ihrer ganzen Vielfalt ermöglicht.

Es wäre schließlich global gesehen ein Rückschritt, wenn jeder Kultur wieder nur ihr eigenes kulturelles Erbe – wie auch immer konstruiert – zur Verfügung stünde. Vielmehr benötigen wir die umfassende Souveränität über das eigene kulturelle Erbe, um darauf aufbauend in einen vertieften universalistischen Austausch zu gehen und noch engere transkulturelle Netzwerke zu knüpfen, die Grundlage eines kulturell fundierten globalen Miteinanders sein können, das unser gemeinsames koloniales Erbe annimmt, um seine gravierenden sozialen, ökonomischen, politischen und kulturellen Konsequenzen überwindbar zu machen.

Wir können Geschichte nicht ungeschehen machen. Aber wir können in gemeinsamer Trauer und im gemeinsamen Erinnern zur Versöhnung finden. Eine friedliche, geeinte Welt hat Voraussetzungen, wie Achille Mbembe schreibt: »Um diese uns allen gemeinsame Welt zu schaffen, müssen wir jenen, die in der Geschichte einen Prozess der Abstraktion und Verdinglichung erfahren haben, den ihnen geraubten Teil an Menschlichkeit zurückerstatten.«[20]

DER DIGITALE KULTURBRUCH

Wer heutzutage über globale Disparitäten und ihre gesellschaftlichen Folgen redet, kann von der Digitalisierung und ihren Konsequenzen nicht schweigen. Auch der gesellschaftliche Metadiskurs über Charakteristika und Konsequenzen der Digitalisierung hat einen starken kulturellen Kern, der gleichwohl oftmals durch eine eher technische Herangehensweise an seine wirtschaftlichen und gesellschaftlichen Konsequenzen verdeckt wird. Die Debatte zerfällt in einen technologischen und wirtschaftlichen Chancendiskurs, der auf die Notwendigkeit schnellerer Anpassungen und Transformationen zielt, und einen gesellschaftlichen Risikendiskurs, der vor den problematischen Folgen der Umstellung sozialer Entscheidungen auf eine binäre Logik warnt. Eine übergreifende kulturelle Perspektive hingegen, die die Digitalisierung als gesellschaftliche Transformationskraft einordnet, zugleich aber auch aufzeigt, wie wir sie sozial einhegen können, um ihre Chancen zu nutzen, ohne ihren Risiken ausgeliefert zu sein, fehlt weitgehend.

Der Soziologe Armin Nassehi hat mit seinem Buch *Muster* dazu jüngst einige lesenswerte Deutungsvorschläge unterbreitet, die vor allem darauf abzielen, sowohl die Apologetiker als auch die Apokalyptiker der Digitalisierung ein wenig rational zu ernüchtern. Er dekliniert eine These durch, die dem Gestus der großen Veränderung zunächst wenig abgewinnen kann: »Digitale Praktiken und Routinen, Detektorfunktionen und Anwendungsgebiete werden zwar als disruptive, geradezu verflüssigende Erscheinungen diskutiert, verweisen aber exakt auf das Gegenteil, auf die merkwürdige Stabilität des gesellschaftlichen Gegenstandes, seine Musterhaftigkeit und seine Struktur.«[1] Für ihn sind digitale Techniken in erster Linie eine verfeinerte Möglichkeit, mit der ohnehin vorhandenen Komplexität moderner Gesellschaft besser umgehen zu können. Deshalb, so Nassehi, biete es sich auch nicht an, die Digitalisierung als eine externe Kolonialisierung bestehender Gesellschaftlichkeit und Kultur zu beschreiben, sondern vielmehr als ihre rationale Konsequenz.

Diese Prämisse lässt sich freilich nur in einem systemtheoretisch ausgefeilten Gesamtblick auf die Gesellschaft halten. Wenn man stattdessen davon ausgeht, dass Gesellschaft auch noch einen lebensweltlichen und damit generalistischen Bereich umfasst, in dem Menschen ihre Welt immer schon kulturell und sozial interpretiert haben, dann erscheint das Vordringen technologischer Datenverarbeitung und Mustererkennung in diesem Bereich eben doch als eine potenzielle Austrocknung sinnbezogener Kommunikations- und Produktionsprozesse.

Unabhängig davon aber, ob der soziologische Tiefenblick weit mehr Strukturfestigkeit auszumachen vermag als das praktische soziale Handeln auf den Oberflächen der Gesellschaft, müssen wir den Blick mehr auf strukturelle Veränderungen und weniger auf aufgeregte Oberflächenphänome richten. Das bedeutet für den normativ praktischen Alltagsdiskurs auch: Nur wenn wir die digitale Transformation auch in ihrer kulturellen, und damit ihrer sinnbezogenen, Tiefendimension zu fassen bekommen, werden wir in der Lage sein, ihre Potenziale gesamtgesellschaftlich zu heben.

Für Kunst und Kultur geraten dabei insbesondere die kommunikativen Möglichkeiten der entmaterialisierten Übertragung von konkreten Informationen und abstrakten Daten in den Blick. Unzweifelhaft erleben wir hier einen einschneidenden Kulturbruch, dessen Dimensionen Vergleiche zur Erfindung des Buchdrucks und zur frühen Industrialisierung mühelos rechtfertigen. Wenn wir uns über die Frage der Bedeutung von Kultur und Kommunikation für die Sinnstiftung in offenen demokratischen Gesellschaften verständigen wollen, dann wird das nicht gehen, ohne diese tiefgreifende Veränderung mit in den Blick zu nehmen und auch die Chancen und Freiheitspotenziale herauszuarbeiten, die in der technologischen Entwicklung liegen.

TRANSFORMATION DES ÖFFENTLICHEN

Wer von Digitalisierung spricht, meint damit heutzutage oft die neuen Informations- und Kommunikationsangebote, die sich mit dem Internet und mit digitalen Plattformen verbinden. Sie haben die Rahmenbedingungen der Selbstverständigung unserer Gesellschaft fundamental umgewälzt – eine Situation, die moderne offene Gesellschaften allerdings keineswegs zum ersten Mal erleben: Wenn wir uns die Mediengeschichte ansehen, ist sie über Jahrhunderte hinweg immer wieder maßgeblich von technologischen Innovationen geprägt worden und nur in zweiter Linie von menschlichen Kommunikationsbedürfnissen.

Als 1605 in Straßburg die erste regelmäßig gedruckte Zeitung in Europa erschien, geschah dies, weil ein Drucker eine nicht ausgelastete Druckmaschine im Keller hatte. Er überlegte sich, dass er die beim Postmeister durchlaufenden Avisen abschreiben, mit seiner Druckmaschine vervielfältigen und daraus ein Geschäft machen könnte.[2] Der Beginn der modernen Presse war damit keineswegs so aufklärerisch, wie ihn Jürgen Habermas in seinem Buch vom *Strukturwandel der Öffentlichkeit* beschreibt.[3] Natürlich spielte das Bedürfnis von Bürgerinnen und Bürgern, sich austauschen und das demokratische Gute besprechen zu wollen, auch eine Rolle. Aber in erster Linie ist die Zeitung entstanden, weil jemand ein Geschäft machen wollte und dazu die technischen Möglichkeiten hatte.

Dieses Motiv wiederholt sich in der Mediengeschichte mehrmals. Dass in der zweiten Hälfte des 19. Jahrhunderts eine Presse entstanden ist, die nicht mehr parteigebunden war und stattdessen die

Gesellschaft als Ganzes adressierte, war nicht nur ein Ergebnis der gescheiterten Revolution von 1848, sondern lässt sich auch darauf zurückführen, dass mit Rollen-Offsetverfahren im Vergleich zu dem klassischen Druck leicht hohe Auflagen erstellt werden konnten. Angesichts dieser Möglichkeit lag es nahe, den Markt nicht künstlich zu limitieren, indem Angebote etwa nur Sozialdemokratinnen oder nur Konservative ansprachen. Vielmehr haben die damaligen Verleger im Lichte der neuen Möglichkeiten versucht, die Reichweite zu erhöhen, indem sie überparteilich eine ganze Stadt oder Region adressierten.

In der weiteren Folge ermöglichten die kabelgebundenen Telegraphenwellen das Geschäft der Nachrichtenagenturen und die terrestrische Übertragung von Radiowellen das Radio und anschließend das Fernsehen. Das Internet hat seinen Ursprung in den Überlegungen der US-Armee, Datenpakete zu entbündeln, um zu verhindern, dass bei einem Erstschlag die gesamte Informationsinfrastruktur zerstört wird. Die Rechner wurden so dezentral vernetzt, dass es keine Rolle mehr spielte, ob eine Komponente ausfiel, da der Rest autonom weiter funktionierte. Daraus entstand die Struktur des heutigen Internet.

Technologische Innovationen spielen in der Medien- und Kommunikationsgeschichte also eine große Rolle und beeinflussen maßgeblich, wie wir uns als Gesellschaft verständigen, wie wir kommunizieren – und damit natürlich auch, wie wir als Gesellschaft Kunst und Kultur produzieren und rezipieren können. Neu sind in der Digitalisierung die Tiefenwirkung und die Umschlagsgeschwindigkeit, mit der neue Angebote auf den Plan treten. Der Verband der Zeitschriftenverleger hat vor einigen Jahren bei seiner Jahrespressekonferenz eine Statistik vorgelegt, aus der hervorgeht, wie lange einzelne mediale Angebote gebraucht haben, um weltweit 50 Millionen Nutzerinnen und Nutzer zu erreichen. Während es bei der klassischen Presse noch vier Jahrhunderte gedauert hatte, waren es beim Fernsehen noch 37 und beim Radio immerhin noch 13 Jahre. Beim damals aktuellen und mittlerweile für Privatkunden wieder eingestellten sozialen Netzwerk Google+ waren es nur noch sechs Monate, bis weltweit 50 Millionen Nutzerinnen und Nutzer den Dienst in ihren Alltag integriert hatten.

Die Geschwindigkeit, in der sich neue Angebote in unserer medialen Welt durchsetzen, ist mittlerweile enorm. Als Gesellschaft müssen wir lernen, damit umzugehen. Anders als in früheren Zeiten, in denen etwa vor der Einführung des Kabelfernsehens jahrelange ausgedehnte wissenschaftliche Kabelpilotprojekte durchgeführt wurden, ist heute oftmals nur die nachträgliche Analyse und Einordnung möglich. Und ständig kommen neue Themen und Entwicklungen hinzu. Aktuell drängen zum Beispiel mit Macht alle Fragen rund um internetbasierte Assistenten, die auf unsere Stimme reagieren, auf die Agenda. Während wir medienpolitisch noch intensiv diskutieren, wie objektiv und nachvollziehbar die Platzierungen in den Listensortierungen der Suchmaschinen oder sozialen Netzwerke sind, tritt eine Technik auf den Plan, die solche Listen gar nicht mehr kennt, weil die Schnittstelle zum Nutzer nicht mehr der Bildschirm, sondern nur noch eine Lautsprecherbox mit Mikrophon ist, deren virtuelle Stimme auf eine Frage exakt eine Antwort gibt. Neue medien- und kulturpolitische Diskussionen werden folgen.

Zugleich aber besteht wenig Anlass zu hektischen Kurzschlussreaktionen, wie sie immer wieder die öffentliche Debatte über neue digitale Optionen prägen. Denn trotz der stark zunehmenden Geschwindigkeit setzen sich neue Angebote in der Regel nicht so schnell durch, wie anfangs prognostiziert wurde. Zugleich aber sind die Konsequenzen, wenn der *tipping point* erst einmal erreicht ist, oftmals dramatischer als zunächst angenommen. Gesellschaftlich und kulturell stehen wir also vor der Aufgabe, diese Latenzphase zwischen der ersten Prognose und dem Eintreten der Folgen sinnvoll zu nutzen – für die humane und soziale Gestaltung der sich anbahnenden technischen Optionen.

Die bisherige Digitalisierung hat sich überdies in durchaus musterhaften Wellenbewegungen vollzogen. Die erste Welle haben wir vor rund 20 Jahren erlebt, als die Informations- und Kommunikationsstrukturen in unserer Gesellschaft digitalisiert worden sind. Damals wurden digitale Technologien eingeführt, um Datentransfer und Datenverkehr zu erleichtern. Schnell zeigten sich dramatische Folgen für Wirtschaftszweige, die auf die plötzliche Immaterialisierung ihrer Produkte nicht vorbereitet waren. Das prägnanteste Beispiel ist sicherlich die Musikwirtschaft: Die Möglichkeit, Musikfiles unter Umgehung bestehender legaler Geschäftsmodelle untereinander auszutauschen, hat beinahe einen ganzen Markt zerstört. Die Musikwirtschaft musste sich in ihrem Marktvolumen erst halbieren, bevor sie technologiebasierte neue Strategien wie das Streaming entwickelt hat, mit denen es mittlerweile wieder aufwärts geht.

Die zweite Welle der Digitalisierung verbindet sich landläufig mit dem Begriff »Industrie 4.0«. Sie hängt zusammen mit dem Eindringen digitaler Technologie in die Produktions- und Logistikprozesse unserer Ökonomie. Die dritte Welle der Digitalisierung erleben wir aktuell: Sie umfasst das Vordringen digitaler Technologien und Schnittstellen in unsere gesamte öffentliche Infrastruktur und den öffentlichen Raum. Neben die Verflüssigung kultureller Gewissheiten tritt so auch eine zunehmend fluide und allverfügbare technische Innenausstattung unseres Alltags. Es gibt eigentlich kaum einen Gegenstand, kaum eine Umgebung, in der wir nicht auf irgendeine Weise eine digitale Schnittstelle vorfinden. Die These, dass perspektivisch jedes Gerät, das Strom hat, auch online sein wird, ist nicht unplausibel. Das führt auch für die Kultur- und Kreativwirtschaft zu herausfordernden Entgrenzungen: Plötzlich fragen sich Autokonzerne »Was spielt mein Auto eigentlich?«, weil ihre Kundinnen und Kunden sich mindestens ebenso sehr für die Unterhaltungstechnologie und die exklusiven Medieninhalte interessieren wie für die Spaltmaße beim Karosseriebau oder die Verbrauchsdaten des Motors.

Derartige fundamentale Umbrüche werden in der öffentlichen Debatte oft unter der Überschrift »Disruption« diskutiert. Kaum ein Artikel oder Interview, kaum eine Publikation oder Keynote zum Thema Digitalisierung kommt ohne dieses Wort aus – meist im Sinne einer Metapher des Abrisses als Beschreibung einer abrupten Veränderung, die hektische Reaktionen fordert. Dabei wird oftmals nicht deutlich, dass hinter dem allgegenwärtigen Begriff eine viel tiefer gehende wirtschaftswissenschaftliche These steht: Der US-

Ökonom Clayton M. Christensen verbindet mit dem Begriff die Beobachtung, dass diejenigen Unternehmen, die heute unter gegebenen Marktbedingungen besonders erfolgreich sind, oft nicht rechtzeitig erkennen, wenn sich Marktbedingungen radikal verändern. Deswegen sind sie am wahrscheinlichsten davon bedroht, aufgrund solcher Disruptionen in Zukunft nicht mehr erfolgreich am Markt zu sein.[4] Diese Annahme, dass aktueller Erfolg zugleich die Gefahr steigen lässt, morgen nicht mehr erfolgreich zu sein, lässt sich wiederum anhand der Musikindustrie nachvollziehen: Nie wurden mehr Tonträger verkauft als in dem Jahr, in dem Internet-Piraterie technisch möglich wurde. Dass sich im Untergrund neue Verbreitungs- und Zugangswege entwickelten, die auch abseits der Wertschöpfungsketten genutzt werden konnten, war ganz offensichtlich zu wenigen rechtzeitig bewusst.

Vor dem Hintergrund derartiger Erfahrungen ist es im Umgang mit technologisch abrupten Veränderungen entscheidend, rechtzeitig Veränderungen in den Unternehmen anzuregen, damit diese mit der Marktentwicklung Schritt halten können. Dies ist umso dringlicher angesichts der mehr als plausiblen These, dass ein Computer – aufgrund seiner expansiven Eigenlogik – alles, was er machen kann, perspektivisch auch machen wird. »Das Digitale ist geradezu indifferent für fast alles zu gebrauchen«, schreibt Nassehi.[5] Und es setzt sich überall dort durch, wo es anschlussfähig ist, weil es Probleme löst beziehungsweise Produkte und Prozesse stabilisiert und verbessert.

Die sich daran unmittelbar anschließende Frage lautet: Gelingt es uns angesichts der hohen Eigendynamik der technischen Systeme, eine im Umgang damit angemessene kulturelle Praxis zu entwickeln und daran anschließend gesellschaftliche und politische Regeln zu vereinbaren, mit denen wir diese expansive Entwicklung so gestalten, dass wir zwar die Potenziale der Technologie im Alltag und im Wirtschaftsraum nutzen können, ohne zugleich die Autonomie humanen Handelns in ihren Grundfesten zu gefährden?

Im globalen Maßstab erleben wir derzeit, dass Digitalisierung ein starker Treiber unterschiedlicher Gesellschaftsmodelle ist. In den

USA, im Silicon Valley, finden wir einen stark marktgetriebenen Digitalisierungsprozess, dem es vordringlich um die betriebswirtschaftliche Optimierung und um Profit geht. In China hingegen beobachten wir einen autoritären, staatsgetriebenen Digitalisierungsprozess, der sogar so weit führt, dass der chinesische Staat das Verhalten seiner Bürgerinnen und Bürger im Alltag überwachen kann und daran anschließend ein soziales Belohnungssystem entwickelt.

Es ist aktuell eine offene Frage, ob es Europa gelingen wird, zwischen diesen beiden Wegen einen dritten, gesellschaftsgetriebenen Weg der Digitalisierung zu entwickeln, der dadurch gekennzeichnet ist, dass digitale Technologien nach der Maßgabe offener Standards entwickelt und zum kulturellen und gesellschaftlichen Nutzen eingesetzt werden. Wenn Europa sich nicht auf den Weg macht, die dafür notwendigen Rahmenbedingungen ebenso zu entwickeln wie die technische Innovationslust, dann bleibt irgendwann nur noch die Option, sich entweder dem einen oder dem anderen Weg anzuschließen. Diese falsche Alternativlosigkeit ist durch zupackende Gestaltung durchaus noch abwendbar. Dazu aber wird es entscheidend sein, die Digitalisierung nicht als eine externe Bedrohung zu betrachten, sondern als etwas, das sich durch wirtschaftliche, politische und vor allem soziale und kulturelle Praxis gestalten lässt.

KULTURELLE ANEIGNUNG DES WANDELS

Der Innovationsforscher Sascha Friesike hat diese Gestaltbarkeit digitaler Innovation und die Auswirkungen kultureller Aneignungsstrategien anhand zweier sehr unterschiedlicher Beispiele der Einführung von Online-Kundenbewertungen anschaulich illustriert.[6] Zum einen beschreibt er die Auswirkungen der Einführung einer Taxi-App im Iran. Vor ihrer Etablierung war Taxifahren dort seinen Erzählungen zufolge ein größeres Abenteuer mit ungewissem Ausgang: Das Taxi kam irgendwann oder kam auch nicht, der Taxifahrer fuhr Umwege und der Preis änderte sich beliebig. In dem Moment, in dem es eine App gab, über die man die Leistung der Fahrer bewerten konnte, war Transparenz über die Fähigkeit und Vertrauenswürdigkeit eines Taxifahrers gewährleistet. Binnen weniger Monate veränderten sich dadurch das Verhalten und die Qualität einer ganzen Branche erheblich. Die Informationstransparenz hat die Marktbedingungen zügig zum Besseren verändert.

Das gleiche Modell wurde, so berichtet Friesike, in Malaysia für lokale Bed-and-Breakfast-Anbieter eingeführt. Über eine Buchungsplattform konnte man mitteilen, in welchem B & B es einem gefallen hat und in welchem nicht. Dort hat dieses Modell allerdings zu einem negativen Effekt geführt, weil etliche Kundinnen und Kunden es dazu nutzten, den B&B-Anbietern größere Zimmer zu billigeren Preisen abzupressen, indem sie damit drohten, andernfalls eine schlechte Bewertung abzugeben. Wie so oft im Leben ist die Technik alleine ohne ihre kulturelle Einkleidung und ohne ihre kulturelle Nutzung offensichtlich erst einmal agnostisch. Entscheidend ist, wie wir sie nutzen und welchen Rahmen wir ihr geben.

Die lebhaften und kontroversen gesellschaftlichen Diskussionen darüber, wie digitale Optionen bewertet werden sollten, gehören zu dem Prozess, in dem wir das gesellschaftlich herausfinden, zwangsläufig dazu: Während des »Arabischen Frühlings« vor gut zehn Jahren hieß es beispielsweise noch, Social Media bringe Befreiung und Demokratie überall auf der Welt. Seit Donald Trump US-Präsident ist und digitale Plattformen zudem immer häufiger als populistische Brandbeschleuniger zu wirken scheinen, heißt es zunehmend, Social Media führe uns zurück in autoritäre Strukturen und bringe selbst einst gefestigte demokratische Systeme ins Wanken. Historisch gesehen ist es nicht neu, dass zivilisatorische Errungenschaften, insbesondere technische Entwicklungen, Unsicherheit und Euphorie in gleichem Maße hervorrufen.

Die Ambivalenz technischer Innovationen, ihre Fähigkeit, sowohl Gutes zu bewirken als auch Verwüstungen auszulösen, wird auch in

Kunst und Kultur immer wieder reflektiert. Im Zentrum steht dabei letztlich über Bande immer die Frage nach dem Wesen des Menschen. Ist der Mensch im Idealzustand ein Naturwesen, das durch zivilisatorische Errungenschaften verweichlicht wird? Oder ist er ein Mängelwesen, das seine eigenen Unzulänglichkeiten durch technische Fertigkeiten kompensieren muss? Je nach Blickwinkel erscheinen die durch digitale Techniken ermöglichten Gestaltungsspielräume als ein fundamentaler Angriff auf die menschliche Natur oder aber als deren sinnvolle und notwendige Ergänzung.

Angesichts dieser fundamentalen Differenzen in der Bewertung technischer Möglichkeiten lohnt der von Arnold Gehlen empfohlene Blick zurück auf jene mythischen Urzeiten, in denen der Mensch das Feuer zu beherrschen begann.[7] In der Legende bringt der Gott Prometheus den Menschen das Feuer. Dass der Mensch nicht mehr von Zufall, Blitzeinschlag oder Ähnlichem abhängig war, sondern selber Zeitpunkt und Ort des Feuers bestimmen konnte, war sein Ausweg aus seinen natürlichen Unzulänglichkeiten. Statt sich seiner Umwelt anzupassen, was ihm aufgrund seiner biologischen Eigenschaften oft nicht möglich ist, verändert er seine Umwelt so, dass sie seinen Zwecken dient. Der Mensch schafft sich eine »Ersatz-Natur«: die Kultur.

Über das Feuermachen sind wir selbstverständlich weit hinaus, und über die reine Vergötzung technischer Möglichkeiten erst recht. Und uns allen ist bewusst, dass das Dienstbarmachen der Natur seine Grenzen haben muss. Gedanken der Nachhaltigkeit und der Ökologie sind jahrhundertealt und verweisen darauf, dass die Kultivierung nicht zur Zerstörung führen darf. Mit wachsenden technischen und wissenschaftlichen Möglichkeiten wird es uns aber möglich, immer weiter in die Grenzbereiche vorzudringen. Unsere Verantwortung für unser Handeln wächst mit jeder neuen Entdeckung. Die aktuellen technischen Entwicklungen stellen keinen einzigartigen, noch nie da gewesenen Umbruch in der conditio humana dar. Wir erleben vielmehr eine weitere Etappe des Feuermachens.

Dieses Feuer ist in unseren Zeiten die künstliche Intelligenz. Bislang reicht ihre Entwicklung nicht viel weiter als bis zur selbstständigen Analyse wiederkehrender Datenmuster und der Entwicklung eigener Entscheidungen auf Grundlage dieser Muster. Aber die offene Frage, die unsere Gesellschaft umtreibt, lautet schon jetzt, wann daraus mehr werden kann und die Computer uns nicht nur in Sachen Datenkompetenz, sondern auch in der Analyse und Entscheidungsfähigkeit den Rang ablaufen werden.

Die jahrhundertalten Topoi vom Wesen des Menschen im Spannungsfeld von Natur, Kultur und Technik finden wir immer wieder. 1978 warnte der *Spiegel* auf einem Titelbild mit einem Roboter, der einen Arbeiter im Blaumann an den Hosenträgern hochhebt: »Die Computerrevolution. Fortschritt macht arbeitslos.« In einer Ausgabe von 2016 ist es der anzugtragende Angestellte, den ein Roboter von seinem Schreibtisch verdrängt. Demgegenüber betont Ross Goodwin, Creative Technologist bei Google, Maschinen seien eine Erweiterung unseres Selbst. Auch die von KI gestaltete Kunst gehe auf Menschen zurück, nicht allein auf Maschinen: »Die Geschichte der Technik war schon immer eine von Verbesserung, nicht von Verdrängung.«[8] Wie wir die positiven Seiten der aktuellen Entwicklungen im Bereich der künstlichen Intelligenz zum Tragen bringen können – nicht gewinnbringend für den Profit, sondern gewinnbringend für das Kulturwesen Mensch –, das muss in einem breiten gesellschaftlichen Diskurs verhandelt werden.

Die Erfahrungen der Vergangenheit zeigen uns, dass es möglich ist, technische Neuerungen so einzusetzen, dass sie sich positiv auf unsere Gesellschaft auswirken. Allerdings ist dafür der Wille zur gemeinschaftlichen politischen, sozialen und kulturellen Rahmensetzung erforderlich. Die industrielle Revolution beispielsweise brachte zunächst zahllose Verwerfungen, bis es gelang, die Steigerung der Wertschöpfung und des gesellschaftlichen Wohlstandes so zu organisieren, dass die Teilhabe aller am Haben und Sagen in unserer Gesellschaft möglich wurde. Mit sozialen Verbesserungen wie Arbeitnehmerrechten, dem Verbot der Kinderarbeit oder der Mitbestimmung der Arbeiter gelang die notwendige Humanisierung der Arbeit. Diese Erfolge des Kampfes der Arbeiterbewegung und der

Gewerkschaften zeigen uns, dass die Dinge gestaltbar sind, wenn wir sie gestalten wollen.

In der griechischen Mythologie war Prometheus so weitsichtig, den Menschen nicht nur das Feuer zu bringen – und damit die Möglichkeit zur aktiven, unabhängigen Gestaltung des eigenen Lebens. Gleichzeitig überredete er Athene, den Menschen auch Verstand zu geben. Auf diese Kombination können wir uns auch heute noch verlassen. Es liegt in unserer Hand, welche ethischen, gesellschaftlichen und politischen Rahmenbedingungen wir brauchen und wie wir als Individuen und als Gesellschaft leben wollen.

Damit berühren die Herausforderungen der Digitalisierung in letzter Konsequenz kulturelle Fragen nach den Werte- und Ordnungsstrukturen unserer Gesellschaft. Wenn wir den kulturellen Primat der Selbstbestimmung unseres sozialen Miteinanders bewahren wollen, dann stehen wir vor der Aufgabe, ihn auch in der Gestaltung neuer technologischer Optionen durchzusetzen und zur Leitlinie unserer Vorstellung von Innovation zu machen. Welche Potenziale in dieser Herangehensweise liegen können, zeigt der Blick auf die Aneignungsstrategien, die sowohl in Kulturproduktion und -vermittlung als auch in der Kreativ- und Medienwirtschaft bereits ausprobiert und weiterentwickelt werden.

DIGITALE KOMMUNIKATION, PARTIZIPATION UND PRODUKTION

Die augenscheinlichste Veränderung, die digitale Technologien auch der Kultur ermöglichen, liegt darin, kulturelle Inhalte künftig barrierefrei und potenziell weltweit zur Verfügung zu stellen. Mit ihrer Hilfe können die Bestände in den Museen, das Repertoire in den Theatern und letztlich unser kulturelles Erbe in seiner ganzen Breite gesichert und verfügbar gemacht werden.

Die Möglichkeiten, die daraus erwachsen können, sind bereits in der Darstellung der Herausforderungen im Umgang mit kolonial belastetem Sammlungsgut deutlich geworden: In den Herkunftsgesellschaften ist derzeit nicht einmal mehr das Wissen darüber vorhanden, welche Objekte einmal im eigenen Land waren. Zwar gibt es bereits öffentlich zugängliche Inventarlisten der Museen, doch sind diese als Informationsquellen oft nicht ausreichend. Digitalisate der Objekte hingegen haben das Potenzial, eine globale, partnerschaftliche Diskussion darüber zu ermöglichen, was vorhanden ist, wem es gehört und wie damit kuratorisch umzugehen ist. Die Digitalisierung schafft die dafür nötige Transparenz.

Die Möglichkeit, erweiterte Informationen über die Werke öffentlich zugänglich zu machen, hat wie jede Demokratisierung von Wissen beinahe zwangsläufig erhebliche Auswirkungen auf das Selbstverständnis der Institutionen. Ganz besonders deutlich wird das aktuell in den Museen. Die grundsätzlichen Positionen, die auch in vielen anderen Einrichtungen das Spannungsfeld beschreiben, lassen sich hier exemplarisch erläutern:

Der ersten Position zufolge besitzt das Museum die Hoheit über seine Digitalisate und Daten. Es legt autonom fest, welche Daten in welcher Form und zu welchen Bedingungen der Öffentlichkeit zur Verfügung gestellt werden. Digitale Abbildungen von Werken der Sammlungen werden nur mit wissenschaftlich abgesicherten Metadaten publiziert. Das Museum übernimmt weiterhin die Verantwortung für die Zusammenhänge, in denen Abbildungen der von ihm bewahrten Werke erscheinen. Der digitale Zugang hat über die jeweiligen Onlineportale der Kultureinrichtungen zu erfolgen. Dort sind auch die Nachnutzungsmöglichkeiten durch unterschiedliche Lizenz- oder Verwertungsmodelle geregelt, die es auch erlauben, Erlöse für die Einrichtung zu generieren.

Der zweiten Position zufolge ist das Museum Dienstleister für Daten und Wissen. Hier wird der erklärte Kontrollverlust zum Programm: Alle Daten, die von Mitarbeiterinnen und Mitarbeitern öffentlich finanzierter Einrichtungen erhoben und digital dokumentiert werden, sollen der Öffentlichkeit uneingeschränkt zur Verfügung stehen. Die Kultureinrichtungen verzichten in der Regel auf das Reklamieren eigener Verwertungsrechte, weil sie sich als eine durch Steuern finanzierte technische Infrastruktur für den Zugang zu Daten und Information begreifen. Es werden, soweit rechtlich möglich, Creative-Commons-Lizenzen vergeben, die eine rechtlich abgesicherte Nutzung durch Dritte möglich machen. Das Museum nimmt keinen Einfluss auf die Nachnutzung der Daten. Es sieht sich als Verwalter öffentlichen Besitzes und nicht als dessen Eigentümer.

Beide Positionen haben ihr Für und Wider. Beide sind in Reinform kaum umzusetzen, sondern existieren nebeneinander. Es spricht aber gerade bei öffentlich finanzierten Angeboten vieles für eine weitgehendere Öffnung und damit für eine intensivere Nutzung der digitalen Möglichkeiten. Natürlich müssen Fragen des Besitzes und der Verfügbarkeit darüber auch in digitalen Kontexten technisch und rechtlich sicher beantwortet werden. Das betrifft vor allem ein klar konturiertes Urheberrecht und dessen Durchsetzbarkeit im Digitalen. Und natürlich spielen kuratorische Prämissen hinsichtlich Qualität und Kontext eine entscheidende Rolle. Sie sind wie überall in etablierten Institutionen abzuwägen mit den Chancen, die sich aus dem bewussten Verzicht auf Kontrolle und Deutungshoheit ergeben können.

Kultureinrichtungen stehen damit vor erweiterten Möglichkeiten, das Interesse von Menschen zu wecken, denen kulturelle Angebote vielleicht bislang fremd sind. Sie werden plötzlich in ihrer eigenen, zunehmend digitalen Alltagswelt mit Kunstwerken konfrontiert werden, die sie bislang nicht beachtet haben. Es spricht vieles dafür, dass Kultureinrichtungen den Mut haben sollten, dieses Experiment des digital ermöglichten Schwellenabbaus zu wagen. Der Weg dahin ist weder konzeptionell noch technisch trivial. Er verlangt kulturelle Reflexion ebenso wie digitale Raffinesse. Aber die programmatischen Grundlegungen dafür sind erfolgt und die Techniken abstrakt vorhanden. Sie müssen zusammengebracht und in praktischen Angeboten konkretisiert werden.

Klug und strategisch angewendet, öffnen digitale Technologien zahlreiche neue Chancen, das Publikum besser zu erreichen, es intensiver einzubeziehen und neue Wege des künstlerischen Schaffens zu entwickeln. Auf dem Weg dahin müssen kulturelle Einrichtungen viele sehr praktische Fragen lösen, auf die sie sich in ihrer bisherigen Arbeit kaum vorbereiten konnten und für die nicht selten auch die Ressourcen fehlen: Wie nutzen wir digitale Techniken, um die Menschen darüber zu informieren, welche kulturellen Angebote zur Verfügung stehen? Wie machen wir die neuen kommunikativen Möglichkeiten für Kulturinstitutionen so nutzbar, dass auch neue Besuchergruppen erreicht werden? Wie öffnen wir neue kommunikative Räume?

Die Beispiele erfolgreicher Digitalisierungsstrategien zeigen, dass es in so gut wie allen Fällen entscheidend ist, dass die digitalen Angebote die Attraktivität des jeweiligen Hauses reflektieren, dass sie ein Fundament im inhaltlichen Programm haben und keinesfalls zu Lasten seiner Substanz gehen. Die Elbphilharmonie beispielsweise hat einen eigenen YouTube-Kanal, über den sich Interessierte einen Eindruck des Großen Saals verschaffen und sich herausragende Konzerte ansehen und anhören können. Die Berliner Philharmoniker leisten mit ihrer Digital Concert Hall in dieser Hinsicht bereits seit Jahren herausragende Pionierarbeit. Und auch in den großen Museen der Welt wie dem British Museum in London, dem Rijksmuseum in Amsterdam oder den Uffizien in Florenz gibt es engagierte Digitalisierungsprogramme, die explizit der Kulturvermittlung dienen. Sie können auf dem Smartphone oder Tablet zu Hause oder in der U-Bahn digital besucht werden. Wer möchte, kann durch die Ausstellungen navigieren, durch die Räume gehen und vor jedem gewünschten Bild stehen bleiben und es sich ansehen.

Interessanterweise führt das nicht dazu, dass die Menschen nicht mehr ins Museum gehen. Die große Sorge, dass die Aura des analogen Erlebnisses verloren geht und die Leute sich mit dem digitalen und virtuellen Erlebnis zufrieden geben, bewahrheitet sich bislang nicht. Die Erfahrung ist vielmehr eine gegenteilige: Besucherinnen und Besucher werden durch diese »Appetithappen« angeregt, ganz bewusst das Original zu erleben. Die bereits von Walter Benjamin aufgeworfene Frage nach der Aura des Kunstwerks im Zeitalter seiner technischen Reproduzierbarkeit[9], die sich im Digitalen in nochmals verschärfter Weise stellt, geht erneut zugunsten des Originals und seines einmalig auratischen Rezeptionszusammenhangs aus – ganz gleich, ob es sich um eine Opernaufführung oder die Mona Lisa handelt.

Die digitale Verfügbarkeit hilft vielmehr jenen, die eigentlich das Gefühl haben, die Angebote seien nicht für sie geeignet, und die befürchten, sie hätten nicht die nötige Vorbildung und würden bestimmte vermeintlich notwendige bürgerliche Codes nicht kennen. Für viele ist ein Museum noch immer etwas für Menschen, die Kunstgeschichte studiert haben. Das bedeutet für die Häuser, dass sie sich überlegen müssen, wie sie digitale Kommunikationskanäle besser nutzen, wie sie in die Social-Media-Öffentlichkeiten gelangen, in denen sich heute zunehmend Aufmerksamkeit und Wahrnehmung organisieren: Sie müssen für sich selber Strategien entwickeln, wie sie diese neuen Optionen in ihrer Kommunikation nutzen oder welche digitalen Angebote sinnvoll sind, um neues Publikum anzusprechen.

Wurde in der Vergangenheit kaum systematisch direkt mit dem Publikum kommuniziert, steht den Einrichtungen jetzt die Möglichkeit des direkten Gesprächs mit ihren potenziellen Besucherinnen und Besuchern offen. Wer hier präsent sein will, muss lernen, mit Fragen und Antworten des Gegenübers umzugehen. Wer begreift, dass die vorgebrachte Kritik keine narzisstische Kränkung ist, sondern dabei helfen kann, das eigene Angebot zu verbessern, der wird enorm davon profitieren, mit denen, für die das Programm gemacht wird, direkt in Kontakt zu treten. Dadurch wird ein Gespräch darüber möglich, ob ein spezifisches Angebot als sinnvoll empfunden wird, ob Veränderungen nötig sind, ob Bedürfnisse ignoriert werden und ob vielleicht schon seit Jahren an bestimmten drängenden Fragen vorbeiprogrammiert wird.

In dieser Hinsicht geht es Kultureinrichtungen bei allen sonstigen strukturellen Unterschieden nicht anders als klassischen Unternehmen. Es ist unabdingbar geworden, sich mit dem Kunden über das eigene Angebot auseinanderzusetzen. Charlene Li und Josh Bernoff haben bereits vor über einem Jahrzehnt jenen kommunikativen *Groundswell* beschrieben, der sich in digitalen Foren entwickeln kann, ohne dass ein Unternehmen die leiseste Ahnung hat, aktuell Gegenstand erhitzter Gespräche zu sein.

Kultureinrichtungen sind durchaus prädestiniert dafür, mit solchen Situationen produktiv umzugehen, weil Kommunikation eine ihrer größten Stärken sein kann. Schließlich geht es bei Kunst und Kultur immer auch um die Kommunikation mit einem Publikum. Wer seine Besucherinnen und Besucher kennt, der unterhält auch gute Beziehungen zu ihnen. Dabei können die neuen digitalen Möglichkeiten eine große Rolle spielen – auch im Hinblick auf ganz praktische Erleichterungen. Wenn zum Beispiel ein Theater über den Online-Ticketkauf die Daten der Käuferin hat, kann es mit ihr in Kontakt bleiben und ihr am Tag vor der Vorstellung mitteilen, wo sie am besten parken kann oder ob sie besser mit der U-Bahn kommen sollte. Am Tag danach kann es fragen, wie die Aufführung gefallen hat, um auf ähnliche Vorstellungen hinzuweisen. Das sind alles Möglichkeiten, die einerseits Absatzmöglichkeiten verbessern, andererseits aber auch Kunden ans Haus binden – und vielleicht irgendwann zu Abonnenten machen.

Eine weitere Option in der Ansprache sind Angebote, die Informationen über Kulturangebote bündeln, sodass sie nicht mehr nur unbedingt an einer Institution hängen. Wer an einzelnen Themen oder Sparten interessiert ist, könnte sich dann über die Institutionengrenzen hinweg ganz leicht die passenden Angebote erschließen. Viele weitere Strategien sind denkbar. Entscheidend ist die Beweglichkeit der Kultureinrichtungen, mit den eigenen Informationen und Angeboten dort präsent zu sein, wo sich die Bürgerinnen und Bürger der Gesellschaft informieren und austauschen.

Doch solche eher vertriebsorientierten Strategien sind nur eine Möglichkeit der Nutzung digitaler Optionen. Daneben geht es oft auch um die unmittelbare Etablierung digitaler Kommunikationsräume. Ein besonders prägnantes Beispiel sind in dieser Hinsicht soziokulturelle Einrichtungen, die traditionell großen Wert auf direkte analoge Vernetzung und Kommunikation in den Stadtteilen legen. Sie müssen sich angesichts veränderter Kommunikationsbedingungen in der Gesellschaft dazu verhalten, dass etablierte Foren und Zusammenhänge nicht mehr in gleicher Art und Weise entstehen wie früher. Kulturelle Zentren, in denen verhandelt wird, wie solidarische Strukturen, Gemeinschaft und Gesellschaftlichkeit entstehen, sind besonders herausgefordert, wenn neue kommunikative Foren entstehen, die ihnen zunächst nicht zugänglich sind.

In der Arbeit gerade der Stadtteilkulturzentren entstehen Freiheitsräume, in denen Selbstermächtigungsprozesse von sich begegnenden Bürgerinnen und Bürgern stattfinden. Daraus entwickeln sich Emanzipationsbewegungen, die am Ende in neuen solidarischen Strukturen einer Gesellschaft münden können. Angesichts der Digitalisierung brennt die Frage unter den Nägeln, wie sich diese Begegnungsräume verändern müssen, um die neuen Möglichkeiten so zu nutzen, dass damit analoge Angebote noch verbessert werden können.

Bisher setzte die Arbeit in Kultureinrichtungen in der Regel voraus, dass Menschen auch tatsächlich physisch zu den Angeboten kommen. Heute lässt sich beobachten, dass kulturelle Kommunikation vor Ort häufig erst dann zustande kommt, wenn ihr ein digitaler Informationsprozess vorgelagert war. Bisweilen wird sie sogar durch einen digitalen Prozess ersetzt, in den man sich flüchten kann, weil man dort das Verschiedene nicht mehr aushalten muss, sondern sich mit Gleichen zusammentun kann.

Die Herausforderung besteht für eine Kultureinrichtung daher ganz praktisch darin, weiterhin der Ort zu sein, an dem Verschiedene zusammenkommen, die hier eben nicht in sozial- oder statusbezogenen Gruppen isoliert voneinander kommunizieren, sondern gemeinsam Kultur erleben und schaffen. Wenn es unplausibel ist, ein Kulturangebot anzunehmen, dann muss es plausibler gemacht werden.

Dazu braucht es nicht nur einfache Informationstechniken, sondern auch die Sensibilität dafür, dass digitale Angebote in sich die Möglichkeit bergen, Partizipationsmöglichkeiten zu erweitern, und daher den Wunsch nach mehr Teilhabe oftmals sehr unmittelbar fördern. Wenn wir digitale Technologien so nutzen, dass sie die Teilhabe an kulturellen Prozessen ermöglichen, in denen etwas entsteht, haben wir viel erreicht.

Als dritter Bereich, neben der Kommunikation und der Partizipation, kann der Bereich der Produktion von der Digitalisierung profitieren. Kultureinrichtungen können als dritte Orte auch Raum geben, digitale Technologien zu erproben und ihre kreative Nutzung zu erforschen. Gerade die soziokulturellen Zentren und die öffentlichen Bibliotheken sind seit Jahren Knotenpunkte der Medienkompetenzvermittlung. Die Vermittlung dieses Wissens zielt bei älteren Menschen insbesondere auf Teilhabemöglichkeiten, bei den jüngeren Menschen auch auf die Befähigung zur produktiven Nutzung dieser Technologien. Auch hier liegen viele ungehobene Potenziale, deren Entfesselung der Forderung nach Kultur für alle auch auf der produktiven Ebene einen ganz neuen Klang geben könnte.

Auf die Frage jedenfalls, wie digitale Technologien die künstlerische Produktion im engeren Sinne verändern werden, gibt es derzeit nur viele spekulative Antworten: Trotz aller früheren Erfahrungen mit der Medienkunst haben wir noch keine plausible und vor allem gesicherte Vorstellung, wie digitale Techniken selber zu einem Modus der Kunst- und Kulturproduktion werden können.

Die sich bereits andeutenden Veränderungen sind vielfältig und spartenübergreifend: Es könnte zum Beispiel sein, dass die Rolle des klassischen Films im 20. Jahrhundert hinsichtlich der Erfindung audiovisueller Narrative im 21. Jahrhundert von der Gamesbranche zunehmend mindestens ergänzt wird. Dort werden virtuelle Welten erschaffen, in denen sich narrative Strukturen finden, die mittlerweile nicht nur technisch, sondern auch erzählerisch ein sehr anspruchsvolles Niveau erreicht haben. Der Betrachter einer Geschichte wird hier plötzlich zu einem Teilnehmer innerhalb solcher audio-visueller Welten. In der Förderpolitik stehen wir vor der Herausforderung, die Weiterentwicklung der klassischen Formate ebenso zu unterstützen, wie die Entstehung neuer technischer und filmischer Möglichkeiten.

Wie sich visuelles Erzählen durch die Weiterentwicklung von *virtual reality* und *augmented reality* in einigen Jahren gestalten wird, lässt sich aktuell kaum gesichert prognostizieren.

Das Spannende an der Digitalisierung der Kunst ist, dass ihre Entwicklung völlig offen ist. Wir stehen noch mitten in der Diskussion darüber, was die qualitativen Merkmale in der Produktion von Kunst im Digitalen sind. Hinsichtlich der Kulturproduktion im Digitalen stehen wir daher vor der Herausforderung, die richtigen Förderinstrumente zu entwickeln. In der bildenden Kunst ließe sich vielleicht noch argumentieren, dass es sich einfach um eine andere Technik handelt, bei der statt Steinmetzarbeit, Malerei oder Videokunst nun eben digitale Möglichkeiten exploriert werden. Aber in den meisten anderen Kunstsparten, gerade den darstellenden Künsten, deren Wirkung sich ja bisher auch aus der Flüchtigkeit und Besonderheit des einzigartigen analogen Erlebnisses speiste, sind die technologischen Erweiterungen nicht so umstandslos integrierbar. Hier stehen uns wichtige Debatten bevor, die im Hintergrund immer auch verknüpft sind mit der grundsätzlichen Frage nach dem Wert und Sinn der Kunst und ihrer Fähigkeit, sich in veränderten sozialen Kontexten weiter zu entwickeln.

Deshalb sind wir gut beraten, die Möglichkeiten der digitalen Kommunikation, angeregt durch kreative Projekte auf der Basis eines riesigen Fundus potenziell digitalisierter Kunstwerke, engagiert zu nutzen. Dazu braucht es keine ideologischen Grundsatzdebatten, sondern den Glauben daran, dass Fortschritt möglich ist, und die Bereitschaft, ganz praktisch an den dafür notwendigen technischen Lösungen zu arbeiten, damit nicht länger gilt, was der Science-Fiction-Autor Douglas Adams lakonisch konstatiert: »We are stuck with technology when what we really want is just stuff that works.«[10]

DIE ÖKONOMIE KULTURELLER KREATIVITÄT

Die Herausforderungen der Digitalisierung stellen mindestens in der Kultur- und Kreativwirtschaft manche althergebrachte Annahme zunehmend in Frage. Dazu gehört auch eine beinahe eherne Grenze in der Politik, der zufolge sich Kulturpolitik in der Förderung von Kunst zu erschöpfen habe, während die ökonomischen Rahmenbedingungen der Kreativwirtschaft eine wirtschaftspolitische Angelegenheit seien und folglich auch im entsprechenden Ressort verankert sein sollten. Das führt zu Situationen, in denen das eine Ministerium mit den Schriftstellerinnen und Schriftstellern redet, während ein anderes Ministerium sich um die Literaturverlage kümmert. Diese über Jahrzehnte hinweg in vielen Verwaltungen gelebte Differenz war wahrscheinlich schon immer unklug, aber sie gerät durch die Entgrenzungsdynamik digitaler Technologien zusätzlich unter Druck. Neu entstehende Konfliktfelder erfordern hier zunehmend mehr Koordinierung.

Hinzukommt, dass die Kreativwirtschaft mit als Erste nicht nur von den oft blumig beschriebenen Chancen, sondern vor allem auch von den Disruptionen der Digitalisierung betroffen gewesen ist und sich deshalb als ein Testfeld für den gesellschaftlichen, wirtschaftlichen und kulturellen Umgang mit den gar nicht mehr so neuen technologischen Möglichkeiten anbietet. Sie kann ein Explorationsraum für Aneignungs- und Innovationsstrategien sein und dabei stets den Bezug zu den kulturellen Fragen halten, die wir im Zuge der digitalen Umbrüche regelmäßig auf die Agenda geschrieben bekommen.

Die bislang vorwiegend mit Blick auf gesellschaftliche Prozesse beschriebene Kraft der Kultur hat in diesem Kontext auch starke ökonomische Implikationen und Potenziale, die es gesellschaftlich zu nutzen gilt. Auch im künftigen ökonomischen Umgang mit den technologischen Optionen der Digitalisierung wird sich die Kraft kulturell informierter Transformationsstrategien erweisen können. Sie berühren insbesondere unsere Vorstellungen vom gesellschaftlichen und kulturellen Fortschritt im Lichte der systemischen Dominanz technologischer und wirtschaftlicher Entwicklungen.

VERFLÜSSIGUNG DES KREATIVEN

Die Digitalisierung fordert unsere Vorstellung von Fortschritt und Innovation frontal heraus. In Deutschland – genauso wie in Japan, Südkorea und vielen anderen klassischen Industrienationen – geben wir immer noch rund 85 Prozent der Mittel für Forschung und Entwicklung in Branchen des verarbeitenden Gewerbes aus – und nur 15 Prozent in anderen ökonomischen Zusammenhängen. In den USA ist dieser Anteil mittlerweile auf unter 70 Prozent gesunken.[1] Das zeigt sich auch daran, dass unter den Top 5 der Unternehmen, die in Forschung und Entwicklung investieren, mittlerweile die Digitalkonzerne dominieren: An erster Stelle steht Amazon, an zweiter Alphabet, der Mutterkonzern von Google, an dritter Stelle Intel, an vierter Samsung und an fünfter Volkswagen. Die Verschiebungen zwischen Branchen sind gerade auch mit Blick auf die Innovationsbudgets gravierend. Und sie verweisen darauf, dass sich Prozesstreiber verändern.

Es kommt für eine hochentwickelte Volkswirtschaft wie Deutschland darauf an, die Frage der Transformation, des Veränderns, des zügigen strategischen Überführens in neue Wertschöpfungsmodelle und -konstellationen zu bewältigen, um jenen disruptiven Prozessen zu entgehen, die zunächst drohen, Kapital und Arbeit in großem Stile zu vernichten. In einer solchen Situation lohnt weniger der Blick ins

Silicon Valley als vielmehr der nach New York oder London, wo es große Kreativökonomien in den vergangenen Jahrzehnten rechtzeitig geschafft haben, sich zu wandeln, sich neue Techniken anzueignen und weiterhin als relevante Marktakteure aktiv zu sein. Insbesondere der Umgang mit den (meist kulturellen) Inhalten der neuen technologischen Produktoptionen ist aufschlussreich und kann eine Grundlage für Vermutungen zum sinnvollen Umgang mit der heimischen digitalen Disruption bilden.

An diesen Standorten wird deutlich, dass sich kaum mehr genau auseinanderhalten lässt, was eigentlich ein Technologieunternehmen ist und was ein Medien- oder Kreativunternehmen. Das Kreative verflüssigt sich zunehmend und dringt in viele ihm ehemals wesensfremde Strukturen ein. Das zeigt sich, wenn Onlineplattformen Journalisten einstellen, weil sie redaktionelle Angebote aufbauen, während Kreativunternehmen IT-Experten suchen, weil sie sich fragen, wie sie ihre Inhalte besser digital vertreiben können. Vielfach lässt sich feststellen, dass Innovationen in gemischten Teams wahrscheinlicher werden und dass viele Unternehmen unabhängig von ihrem ursprünglichen, branchenbezogenen Geschäftsmodell versuchen, Kompetenzen in der Datenanalyse und bei Algorithmen aufzubauen, die sie in die Lage versetzen, das, was sie über ihre Kundinnen und Kunden wissen, auch zu verstehen, um Angebote zu entwickeln, die in entsprechend verkaufbaren Produkten münden.

Hinzu kommen neue Herausforderungen im Bereich der Inhaltequalität, die aus den neuen Möglichkeiten erwachsen, Inhalte zu produzieren und in den Markt zu bringen. Dies betrifft zum Beispiel neue Erzähl- oder Interaktionsformate. Längst reicht es nicht mehr aus, kommentarlos kreative Inhalte zu veröffentlichen. Es verbleibt vielmehr ein dauerhafter Kommunikationszusammenhang um das Produkt herum. Das Unternehmen nutzt kreativwirtschaftliche Strategien, wenn es seine Kundinnen und Kunden dauerhaft an sich binden will, mit dem Ziel, dass auch weiterhin gekauft wird, dass sich die Wertschöpfung verlängert und auf eine dauerhafte Grundlage gestellt werden kann.

Weiterhin ist festzustellen, dass ein kreativer Inhalt längst nicht mehr nur einen Aggregatzustand hat, sondern sich in ganz unterschiedlichen Aggregatzuständen wiederverwenden lässt. Längst wird ein Text nicht mehr nur einmal in der Zeitung gedruckt, um danach Gegenstand des journalistischen Weltkulturerbes zu werden. Vielmehr geht der Text online, wird noch einmal neu aufbereitet, in anderen Packages noch einmal neu verwertet und syndiziert. Das gilt für Musik oder Design in gleicher Weise. Dieses Kuratieren, das Zusammenstellen aus einem bestimmten Pool an Inhalten, wird eine immer wesentlichere Aufgabe der Kreativwirtschaft.

Um mit diesen Veränderungen Schritt zu halten, braucht es zunehmend agile Strukturen innerhalb der Unternehmen. Die klassische Idee, dass sich in einem Organigramm darstellen lässt, was jeder zu tun hat und wie alle zusammenarbeiten, scheitert spätestens dann an der Realität, wenn versucht wird, Technologieexperten und Kreative in gemischten Teams zusammenarbeiten zu lassen. Zwei-, Fünf- oder Zehnjahresplanungen für Unternehmen werden in einer solchen unternehmerischen Kultur zunehmend obsolet. Viele Digitalunternehmen planen nicht länger als drei oder sechs Monate in die Zukunft, weil das die Zyklen sind, in denen sie Korrekturschleifen im eigenen Entwicklungsprozess eingebaut haben und entsprechend ihre Produkte und Prozesse anpassen. Wer aus einer Entwicklungskultur stammt, in der es um mittel- bis langfristige Zusammenhänge und Planungen geht, benötigt in diesem Setting sehr viel Langmut und Geduld. Oft weiß man in agilen Umgebungen zunächst nur, dass eine Lösung für ein Problem existiert, ohne dabei zu wissen, wie diese aussieht.

Noch viel gravierender ist, dass zu Beginn eines Innovationsprozesses oft überhaupt nicht klar ist, ob und wie man mit der angestrebten Lösung Geld verdienen kann. Den einen Königsweg zum sicheren Erlös gibt es jedenfalls nicht mehr. Ein schlagendes Beispiel ist die jahrelange Auseinandersetzung in der Verlagswirtschaft darüber, ob eine anzeigenfinanzierte freie Nutzung oder aber ein avanciertes Paywall-Modell die besseren Erlösaussichten im Netz hat. Während in einigen klassischen kreativwirtschaftlichen Bereichen noch leidenschaftlich über die bessere Transformationsstrategie gestritten wird, haben insbesondere die digitalen Pure-play-Anbieter, die ihre Geschäftsmodelle unmittelbar im Digitalen entwickelt haben, längst ideologiefreie Entscheidungen getroffen.

Ich erinnere mich lebhaft an einen Nachmittag vor ein paar Jahren, an dem nacheinander drei Verlagsvertreter bei mir waren, die mir alle erklärten, dass sie jetzt mit Paywalls arbeiten wollten, weil es ja nicht sein könne, dass ihre Inhalte allen kostenfrei zur Verfügung stehen würden. Jetzt überlegten sie, wie sie das konkret machen müssten und was eigentlich die richtigen technischen Möglichkeiten dafür wären. Sie wüssten da nichts, sie hätten dafür nichts in ihren Häusern und würden jetzt versuchen, kluge Strategien internationaler Anbieter wie der *New York Times* zu adaptieren. Am Abend des gleichen Tages traf ich bei einer Veranstaltung der Hamburger Gamesbranche den Geschäftsführer eines Unternehmens, das sich vollständig auf Bezahllösungen für Online-Browsergames spezialisiert hatte, die man, wie sich im Gespräch schnell herausstellte, ganz offensichtlich auch für Verlage nutzbar machen könnte.

Solche cross-sektoralen Vernetzungen brauchen wir in der Kreativwirtschaft. Statt in klassischen wirtschaftsstatistischen Segmenten zu denken, sollten wir problemorientiert Kompetenzen bündeln und zusammenbringen.

Längst haben wir die Logik verlassen, der zufolge ein Werk zunächst produziert und dann als Werk gekauft wird. Spätestens, seitdem alle potenziellen Kunden Smartphones oder andere Mobilgeräte in der Tasche haben, wissen wir, dass wir kurze Informationen wollen. Daher müssen wir neue Wege finden, um Inhalte anders aufzubauen, zu verändern, um diese Dinge noch einmal in einem anderen Rezeptionskontext nutzbar zu machen. Die Kreativität und Spontaneität kultureller Akteure kann dabei helfen, solche Antworten zu formulieren.

Wenn man diese Veränderungen durch die Digitalisierung in der Kreativ- und Medienwirtschaft ernst nimmt, dann hat das Konsequenzen dafür, wie Kreativwirtschaft definiert wird und wie der Staat regulatorische und wirtschaftsfördernde Rahmenbedingungen schafft. Der Kreativwirtschaftsdiskurs hat in einem stadtentwicklungsgeschichtlichen Überschwang in den neunziger Jahren seinen ersten Höhepunkt gefunden, als viele den US-amerikanischen Ökonomen Richard Florida gelesen haben. Seine bereits erwähnte Studie zur *Creative Class* ist eine soziologisch interessante Beschreibung, die aber strategisch viel weniger ergiebig ist, als es lange Zeit den Anschein hatte.[2] Natürlich verweist Florida darauf, dass es interessante Gruppen in den Städten gibt, um die man sich kümmern sollte, wenn man sie als Wohlstandsträger entwickeln will. Er tat dies allerdings lange Zeit in einem Gestus, als seien diese kreativen Milieus die einzig relevanten Zielgruppen städtischer Entwicklungen und als bräuchten wir die klassischen, aus der Industriegesellschaft stammenden Vorstellungen von Arbeitnehmerinnen und Arbeitnehmern gar nicht mehr – solange es nur genügend Kreative gibt. Dass das nicht stimmt, wissen wir nicht erst heute.

Der Kreativwirtschaftsdiskurs braucht eine viel dezidiertere ökonomische Perspektive, ohne ihn aus der kulturwirtschaftlichen Verankerung zu lösen. Nur, wenn diejenigen, die sich in der Kreativwirtschaft professionell bewegen, auch die plausible Aussicht darauf haben, damit ihren Lebensunterhalt verdienen zu können und Kreativität nicht wie ein Hobby durch einen weiteren Brotjob querfinanzieren müssen, haben wir eine Chance, die kreativwirtschaftlichen Potenziale zu entfesseln, die letztlich vielen volkswirtschaftlich relevanten Bereichen offenstehen könnten. Es lohnt sich, unter ökonomischen und wirtschaftspolitischen Aspekten zu analysieren, welche kreativwirtschaftlichen Strategien der Produkt- und Prozessinnovation eigentlich in andere wirtschaftliche Bereiche übertragen werden können und welchen ökonomischen Beitrag sie auch durch solche *Cross-Innovation*-Effekte leistet – jenseits der oft zitierten über 100 Milliarden Bruttowertschöpfung und jenseits des überproportionalen Beschäftigungsbeitrags.[3]

Der Hamburger Kreativwirtschaftsbericht von 2016 hat gezeigt, dass die Kreativwirtschaft bei Zulieferern und Abnehmern eine Verdopplung sowohl der Bruttowertschöpfung als auch der Arbeitsplätze auslöst. Das heißt: Für jeden Euro, den die Kreativwirtschaft generiert, wird an anderer Stelle ein zweiter verdient. Und für jeden neu geschaffenen Arbeitsplatz in der Kreativwirtschaft entsteht in einer vor- oder nachgelagerten Branche ein weiterer.[4] Die wirtschaftlichen Verflechtungen der Kreativwirtschaft mit anderen Branchen sind also vielfältig. Nicht ohne Grund gilt die Kreativwirtschaft jedoch auch als prototypisch für die Veränderung von Arbeits- und Lebenswelten, für die Entwicklung neuer Methoden und Märkte und damit als Innovationstreiber für die gesamte Gesellschaft.

Eine um derartige Effekte erweiterte Perspektive ist auch deshalb wichtig, weil der hohe Beschäftigungseffekt der Kreativwirtschaft im Umkehrschluss ja mindestens implizit auch bedeutet, dass die Wertschöpfung jedes einzelnen Beschäftigten im Vergleich zu anderen Branchen geringer ist. Deshalb weisen Statistiken aus, dass die Beschäftigung in der Kreativwirtschaft regelmäßig stärker steigt als die Wertschöpfung. Hier zeigen sich jene selbstausbeuterischen Tendenzen des engeren Kulturbetriebs auch im erweiterten wirtschaftlichen Segment.

Das mag kurzfristig auch makroökonomisch positive Aspekte haben, weil es Menschen in Arbeit bringt. Aber es bedeutet eben nicht, dass dadurch auch strukturell gut bezahlte Arbeit gewährleistet ist. Die Kreativwirtschaftsstatistiken zeigen vielmehr, dass überproportional viele kreativ Beschäftigte nur sehr geringe Einkommen haben. Hier liegt eine große Herausforderung für die Förderung der Kreativwirtschaft. Wer geistige Spitzenleistungen erbringt, sollte von diesen auch leben können. Dass regelmäßig knapp über die Hälfte der Selbstständigen in der Kreativwirtschaft jährliche Umsätze unter 17 500 Euro erzielt, ist auf die Dauer kaum hinnehmbar.

Qualitativ aber beobachten wir ein erhebliches kreativwirtschaftliches Transformationspotenzial: In der Kreativwirtschaft werden immer wieder Methoden und Instrumente entwickelt, die auf die schnellen Veränderungen und den schnellen Wandel unserer Zeit angemessen reagieren können und die wir auch in anderen Kernsegmenten unserer Volkswirtschaft gebrauchen können, und zwar sowohl in der Industrie als auch in Bereichen wie Handel, Banken oder Versicherungen. In der Kreativwirtschaft kann man lernen, wie man anders mit Teams umgeht, wie man anders Innovationsprozesse baut, wie man Technologie und inhaltliche Orientierung anders fokussiert. Methoden wie Design Thinking, die genuin aus der Kreativwirtschaft kommen, werden auf einmal in anderen Kontexten genutzt und angewandt, weil sie helfen können, Strukturen aufzubrechen und auf eine andere Art und Weise Kreativität und Veränderungsbereitschaft innerhalb großer Strukturen zu fördern. Auch deshalb kann die Kreativwirtschaft dabei helfen, Brücken zwischen verschiedenen wirtschaftlichen Clustern zu schlagen.

Die Wirtschafts- und Kulturförderung ist dadurch herausgefordert, dass es immer weniger darum geht, woher ein Unternehmen kommt und wie seine Geschichte aussieht, sondern immer mehr darum, welche Probleme vorliegen, welches Thema unter den Nägeln brennt und wo Techniken, Prozesse und Instrumente vorhanden sind, mit denen die Situation im Innovationsprozess am Markt verbessert werden kann. Ein Anwendungsfall für solche quer zu den Clustern liegenden Innovationstreiber ist aktuell die Entwicklung von *Virtual-Reality*-Applikationen, also von Bewegtbild-Applikationen. Diese sind in vielen Wirtschaftszweigen erheblich nachgefragt und längst nicht auf die klassische Kreativwirtschaft beschränkt. Kunden wie die Immobilienwirtschaft oder die Luftfahrtindustrie kommen hinzu. Dadurch entstehen spannende Verbindungen: Die Erlöse aus dem virtuellen Kabinendesign von Flugzeugen zum Beispiel ermöglichen es VR-Kreativen, eigene künstlerische *Virtual-Reality*-Projekte zu realisieren. Die Agenturen, die sich darum kümmern, machen gleichzeitig Gamedesign oder das, was früher Videokunst genannt wurde.

Dadurch beginnen Genregrenzen zu verschwinden: Wohin sollen diese Agenturen sortiert werden? Sind sie Kreativwirtschaft oder Zulieferbetriebe der Luftfahrtindustrie? Gehören sie ins Luftfahrtcluster, weil sie dort eine systemrelevante Größe sind, oder sind sie eigentlich Kreative, weil sie audiovisuelle Konzeptionen entwickeln? Das lässt sich sicherlich stundenlang theoretisch diskutieren, spielt praktisch aber keine Rolle. De facto sind diese Unternehmen in beiden Bereichen unterwegs und lösen thematisch eine Aufgabe. Vor dem Hintergrund dieser Grenzverflüssigungen wird es zunehmend notwendig, thematisch und prozedural und weniger sektoral zu denken.

Das hat Konsequenzen für die Art und Weise, wie Kreativwirtschaft beschrieben und gefördert wird. Ein Beispiel dafür ist das *European Manifesto on Supporting Innovation for Cultural & Creative Sectors*, das das European Creative Business Network und die Fitzcarraldo-Stiftung 2018 während der Frankfurter Buchmesse auf der parallel stattfindenden Kreativmesse *THE ARTS+* vorgestellt haben.[5] In dieser und vergleichbaren Initiativen werden die Potenziale beschrieben, die kreativwirtschaftliche Innovationsstrategien in klassischen Wirtschaftssektoren entfalten können. In Hamburg werden diese Themen derzeit in einem *Cross Innovation Hub* bearbeitet, in dem vor allem Kooperations- und Transferstrategien zwischen etablierten großen Unternehmen und agilen Kreativunternehmen praktisch erforscht werden sollen. Durch dieses Projekt entsteht ein Raum, in dem sich Kreative, Vertreter klassischer Branchen und Wissenschaftler zusammenfinden können, um neue Lösungsansätze und -strategien für drängende volks- und betriebswirtschaftliche Probleme kulturell informiert zu entwickeln.

Ein Ziel ist der Transfer kreativwirtschaftlicher Innovations- und Entwicklungsstrategien in klassische Unternehmen hinein. Das ist voraussetzungsreich und braucht Zeit und Vertrauen, um die Zusammenarbeit von Partnern zu ermöglichen, die zunächst nicht die gleiche Sprache sprechen. Cross Innovation passiert schließlich nicht schon allein deshalb, weil sich ein Arzt oder ein Luftfahrttechniker mit einem Virtual-Reality-Programmierer oder einem Musiker zusammenfinden, sondern es braucht eine gute Kuratierung und Vermittlung, um kreative Transfers auch wirklich zu ermöglichen.

Aber dieser Aufwand lohnt sich, denn die Kultur- und Kreativwirtschaft ist gleich in mehrerlei Hinsicht prototypisch dafür, wie wir künftig zusammenarbeiten, wie wir Ressourcen teilen, wie wir neue Märkte entdecken, wie wir Inhalte kreieren und Wertschöpfung ermöglichen. Wer diese Potenziale entfesseln will, muss sich von der landläufigen Engführung des Begriffs Innovation auf seinen technologischen Aspekt verabschieden und sich einer stärker prozessorientierten und nichttechnologischen Idee von Innovation zuwenden. Diese Wende geht einher mit einer Abkehr von der lange Jahre statistisch vorherrschenden vergleichenden Analyse einzelner Submärkte hin zu einer generalistischen Perspektive, die Themen wie Werte und Wertschöpfung ins Zentrum rückt – und zwar nicht nur betriebswirtschaftlich, sondern auch in einer erweiterten gesellschaftlichen Perspektive.

DER KREATIVE GESAMTBLICK

Diese Innovationsstrategien, die die menschliche Kraft der Kreation betonen, gewinnen zusätzlich an Bedeutung, weil sie einen Ausweg aus der Angstdiskussion rund um die Effekte der künstlichen Intelligenz der Computer weisen. Während die praktischen Beispiele der Digitalisierung immer weiter über datengetriebene und sich wiederholende Anwendungsfälle hinausweisen, verspricht gerade die nicht standardisierbare menschliche Kreativität eine Essenz unserer conditio humana zu beschreiben, die sich noch längere Zeit der computertechnischen Verflüssigung entziehen wird.

Jüngst haben mehrere profilierte Agenturköpfe diesen Umstand gar in die Form eines neuen kategorischen Imperativs gebracht und mit Vehemenz gefordert: *Kreativiert Euch!*[6] Sie zitieren ausgerechnet den Gründer des chinesischen Internet-Giganten Alibaba, Jack Ma, der gefordert hat, dass wir in der Bildung künftig weniger Wert auf jene Kompetenzen legen sollten, die Computer ohnehin besser ausprägen können (»Everything we teach should be different from machines«), und uns stattdessen stärker um Kunst, Musik, Sport und andere zutiefst menschliche und kreative Beschäftigung kümmern sollten.[7] Ein spannender Gedanke, der aber nicht dazu führen sollte, dass wir die Maschinen nicht mehr verstehen, die viele Aspekte des täglichen Lebens prägen. Kreativität braucht auch *digital literacy*, die Fähigkeit, digitale Techniken in ihrem Eigensinn zu verstehen, zu nutzen und zu prägen.

Dafür ist unabdingbar, dass es uns gelingt, Kreativität und Innovation weniger risikoorientiert wahrzunehmen und Räume zu öffnen, in denen neue Ideen und Perspektiven zunächst ausprobiert werden können. Wenn es dann noch gelänge, Fragen der Hardware wie schnelles Internet, ausreichende Finanzierung und kreative Räume ebenso sicherzustellen wie Fragen der regulatorischen Software wie Urheberrechte oder Regeln für die Plattformökonomie, dann steht neuen Innovationsallianzen kaum mehr etwas im Wege.

Dafür gibt es kein »Grand Design«, das die Lösung bereits in sich trägt. Auch diese Rahmenbedingungen müssen iterativ und agil entwickelt werden. Es braucht viele kleine Schritte, die überprüft und dann korrigiert werden können. So kann ein neuer Innovationspfad entstehen, der sich von den bisherigen Alternativen unterscheidet.

Es ist wichtig, dass wir diese verschiedenen Facetten der Digitalisierung in den Blick nehmen und uns nicht auf einzelne Aspekte verengen. Die Komplexität der Digitalisierung und ihrer Folgen wird weiter zunehmen. Hier kann die Stunde Europas schlagen. Europa hat eine lange Geschichte und viel Erfahrung damit, Komplexität zu bewältigen. Das ist in der Vergangenheit nicht immer glorreich verlaufen, hat aber letzten Endes häufig zu einer vernünftigen Balance zwischen ausreichender Bildung, wirtschaftlicher Prosperität, sozialem Wohlstand und der Freizügigkeit von Wissen, Gütern und Menschen geführt.

Wenn wir in Europa zusammenarbeiten, dann können wir mit den Mitteln der Kultur- und Kreativwirtschaft nicht nur die ökonomischen Herausforderungen lösen, die vor uns liegen, sondern wir können auch einen darüber hinausweisenden Beitrag zum Umgang mit der uns umgebenden Ambivalenz vieler aktueller Entwicklungen leisten. Künstlerinnen und Kreative haben sich schließlich in der Vergangenheit immer wieder als besonders versiert im Umgang mit Ambivalenz und Komplexität gezeigt – und sie in einen gesellschaftsweiten und verhandelbaren Kontext gehoben.

Die entscheidende kulturelle und gesellschaftliche Frage ist: Wie schaffen wir es, dass wir diejenigen sind, die die Rahmenbedingungen des Technologieeinsatzes prägen und die dafür sorgen, dass die Technologie eine Funktion für uns erfüllt und uns nicht zu Funktionserfüllern innerhalb der technologisch gesetzten Systeme macht? Diese Aufgabe wird an Brisanz noch weiter zunehmen, wenn sich die Möglichkeiten künstlicher Intelligenz weiterentwickelt haben. Wie wird es sein, wenn die Personalisierung der Maschine so weit voranschreitet, dass sie sich irgendwann ihre eigenen Bitcoins selbst schafft? Theoretisch könnte sie das. Oder wenn Skripte ihre eigenen Sprachen entwickeln, in denen sie sich verständigen und die menschliche Programmierer nicht mehr verstehen? In solchen Momenten kommen wir bereits heute in Grenzbereiche hinein, in denen wir gefordert sind, Autonomie und Handlungshoheit menschlischer Gestaltung zu gewährleisten. Dies ist nicht nur eine technische, sondern auch eine kulturelle Aufgabe, weil es um die grundlegenden Rahmenbedingungen unserer menschlichen Existenz und ihre Grundlagen geht.

Angesichts der kulturellen Bedeutung dieser ordnungs- und wirtschaftspolitischen Fragestellungen ist es nicht gut, dass in vielen Regierungen die Zuständigkeiten zwischen Kreativwirtschaft und Kulturförderpolitik auf zwei Ressorts aufgeteilt werden. Die Kulturpolitik profitiert davon, wenn sie sich nicht auf Förderregime allein konzentrieren kann, sondern auch die ökonomischen Rahmenbedingungen mit in den Blick nehmen muss. Genauso steigert es die Qualität der Betreuung der Kreativ- und Digitalwirtschaft, wenn sie von kulturellen Fragestellungen angeleitet wird, die über die saloppen Einsichten der Managementliteratur hinausgehen und die grundlegenden Sinn-Zusammenhänge unserer Gesellschaft betreffen. Letztere werden schließlich maßgeblich durch die Produkte von Medien- und Kreativunternehmen geprägt. Auch die Grenzen zu den Angeboten der geförderten Einrichtungen sind oftmals fließend. Kurzum: Es erdet die Kulturpolitik, wenn sie sich auch um Medien-, Kreativ- und Digitalwirtschaft kümmert. Umgekehrt weitet es den Blick der Wirtschaftspolitik, wenn sie regelmäßig daran erinnert wird, dass Marktordnung und -rahmen immer auch eine kulturelle Dimension haben. Deshalb spricht vieles dafür, hier Zuständigkeiten nicht künstlich zu trennen, sondern wechselseitig inspirierend beieinander zu lassen.

IN GEMEINSAMER VERANTWORTUNG

Das Beispiel der unterschiedlichen Zuständigkeiten für Kultur- und Kreativwirtschaft zeigt die bis heute prekäre Stellung der Kulturpolitik in deutschen Regierungen – auf der Landes- wie auf der Bundesebene und erst recht in der ebenenübergreifenden Zusammenarbeit. Als klassische Länderaufgabe wurde die Kultur traditionell in den Kultusressorts gemeinsam mit Schule und Wissenschaft verwaltet. Lange Jahre war das nur in den Stadtstaaten mit ihrem höheren Anteil kommunaler Kulturaufgaben anders. Mittlerweile differenziert sich auch in etlichen Flächenländern der Bereich der Kultur (oft gemeinsam mit der Wissenschaft) aus und erhält eigenen Ressortstatus. Im Bund wiederum war die Kultur jahrzehntelang im Innenministerium angesiedelt, bevor Gerhard Schröder 1998 einen Beauftragten für Kultur und Medien im Range eines Staatsministers ins Bundeskanzleramt berief und der Kulturpolitik des Bundes damit mehr Aufmerksamkeit verschaffte.

Seitdem träumt mancher im politischen Berlin davon, dass aus diesem Staatsminister irgendwann ein ordentlicher Ressortchef werde – mit einem eigenständigen Kulturressort als Unterbau. Angesichts der in den meisten Bereichen nur mittelbaren Zuständigkeit des Bundes für die Kultur, eines Etats von derzeit immer noch unter zwei Milliarden Euro und eines im Vergleich zu vielen anderen Ressorts relativ schmalen Portfolios ist das zwar fortgesetzt unwahrscheinlich, aber es bewegt etliche Kulturengagierte und -interessierte nach wie vor. Dabei ist die Zusammenarbeit von Bund und Ländern auf dem Gebiet der Kulturförderung seit 1998 auch ohne solch eine neuerliche demonstrative Anspruchshaltung des Bundes nicht ganz frei von Gebietskämpfen. Sie drehen sich um Gestaltungsmacht und finanzielle Mittel. Die *Welt* schrieb schon 2000 von einer »kulturellen Aufrüstung der Hauptstadt«.[1] Die Länder argumentierten wiederholt mit ihrer verfassungsrechtlichen »Kulturhoheit«. Der erste Kulturstaatsminister des Bundes Michael Naumann konstatierte hingegen recht unverblümt: »Verfassungs-Folklore«.[2] So geht es seitdem hin und her …

Seit 2019 ist erneut Bewegung in die Statik der bundesdeutschen Kulturpolitik gekommen, weil die Länder mit einer neuen Kulturministerkonferenz unter dem Dach der Kultusministerkonferenz endlich eine Struktur geschaffen haben, die einen Raum bietet für den Austausch untereinander, mit dem Bund – und ganz wesentlich auch mit Künstlerinnen, Künstlern und Kultureinrichtungen. Denn gelungene Kulturpolitik kann nur dann bundesweit wirksam sein, wenn sich alle Verantwortlichen gleichermaßen und auch gleichermaßen wahrnehmbar um die Themen kümmern, die anliegen. Gerade vor dem Hintergrund einer gestiegenen gesellschaftlichen Bedeutung der Kultur müssen Bund, Länder und Kommunen in gemeinsamer Verantwortung agieren.

Der politische Rahmen dafür ist klar und einfach gesetzt. Die Kulturhoheit der Länder ist geregelt in Artikel 30 des Grundgesetzes, hier heißt es: »Die Ausübung der staatlichen Befugnisse und die Erfüllung der staatlichen Aufgaben ist Sache der Länder, soweit dieses Grundgesetz keine andere Regelung trifft oder zulässt.« Dass die Kultur in diesen Bereich fällt, hat historisch Sinn und Tradition: Im 1871 gegründeten Nationalstaat des Deutschen Kaiserreiches befand man den Föderalismus für ebenso plausibel wie in der demokratischen Weimarer Republik ab 1919. Nach dem brutalen Missbrauch von Kunst und Kultur durch die Nationalsozialisten folgten die beiden deutschen Staaten unterschiedlichen Strategien: Nach dem Zweiten Weltkrieg bestanden die Alliierten zumindest im Westen nach der zerstörerischen Erfahrung eines radikalen Missbrauches von Kultur und Bildung durch die Nazis auf deren dezentraler Organisation.

Die BRD kehrte in der Folge zurück zur föderativen Struktur und zur verfassungsrechtlich geschützten Kunstfreiheit. Die DDR hingegen wählte unter dem Druck der UdSSR den Zentralismus und die marxistisch-leninistisch geforderte staatlich-ideologische Indienstnahme auch der Künste. Die dezentrale Kulturlandschaft blieb aber auch hier in vielen Bereichen erhalten und ist in den drei Jahrzehnten seit der Wiedervereinigung nachhaltig gestärkt worden.

Bis heute hat sich Deutschland eine in ihrer Vielfalt weltweit einzigartige kulturelle Landschaft bewahrt, die lokal, regional, national und international bedeutende kulturelle und künstlerische Werke schafft. Deshalb muss es aktuell darum gehen, die Vielfalt der politischen Zuständigkeiten zu einem kooperativen Kulturföderalismus weiterzuentwickeln und ihn mit Leben zu füllen. Denn er hat ohne Zweifel auch im 21. Jahrhundert großen Sinn: Er sichert die Vielfalt der kulturellen Produktion. Er fördert den subkulturellen Humus, der notwendig ist, damit sich daraus große, kulturell weitreichende Projekte entwickeln können. Und er stärkt die Teilhabe vor Ort.

Kunst und Kultur sind vor allem als Quelle der Inspiration und Irritation von Bedeutung für unsere Gesellschaft und erst in zweiter Linie als Instrumente der Repräsentation. Kunst und Kultur setzen Impulse für das Nachdenken über unsere Gesellschaft und für unser konkretes Handeln. Kulturelle Angebote bieten wichtige Möglichkeiten zum Austausch und zur Begegnung – sie können identitätsstiftend wirken und gesellschaftspolitische Fingerzeige sein. In Zeiten der Globalisierung und Digitalisierung, der Distinktion gesellschaftlicher Milieus und des demographischen Wandels wächst die Bedeutung von Kultur enorm. Um dieser wachsenden Bedeutung gerecht zu werden, stehen wir politisch und gesellschaftlich vor der Aufgabe, kulturelle Angebote zu stärken und weiter auszubauen. Damit das gelingt, müssen auch kulturpolitische Organisationsfragen beantwortet werden.

Die entscheidende Aufgabe wird es in Zukunft daher sein, die gezielten Allianzen zwischen Ländern und Bund zu stärken und zu vertiefen, ohne dabei die bewährte Kompetenzverteilung in Frage zu stellen. Hier kann die neue Kulturministerkonferenz ansetzen und neue Räume für Kultur und ihre Diskurse schaffen. Sie schafft ein neues Forum, in dem Grundfragen der Kulturpolitik verhandelt werden können. Themen gibt es mehr als genug: das kulturelle Erbe einer durch Migration geprägten Gesellschaft, die Aufarbeitung des Kolonialismus, die Digitalisierung von Kulturgut, Kultur im ländlichen Raum und die Stärkung von Metropolregionen außerhalb der Bundeshauptstadt sind dafür nur einige Beispiele. Diese Themen sind für die ganze Republik relevant.

Ein kulturpolitisches Gremium, das die Vielfalt unseres Landes abbildet, ist auch deshalb so wichtig, weil es uns vor einer problematischen Tendenz schützt, die sich seit ein paar Jahren in unseren kulturpolitischen Debatten bemerkbar macht: Es tut unserem Land nicht gut, wenn kulturelle Relevanz praktisch unumwunden in Entfernungskilometern zum Humboldt-Forum gemessen wird. Eine starke Rolle der Hauptstadt ist sicherlich unausweichlich, eine diskursive Dominanz hingegen, die allein daher rührt, dass viele bundespolitisch fokussierte Stakeholder fälschlicherweise glauben, kurz hinter Potsdam beginne die kulturelle Steppe, ist es nicht.

Es ist bemerkenswert und zu begrüßen, dass der Kulturetat des Bundes seit Jahren stetig wächst. Darin ist auch eine Anerkennung der besonderen Rolle der Kultur für unsere Gesellschaft und für unsere Demokratie zu erkennen. Der weitaus größere Anteil an den öffentlichen Kulturausgaben aber kommt beständig und sicherlich auch weiterhin von den Ländern und den Gemeinden: Im Jahr 2015 lag der Anteil des Bundes mit 1,5 Milliarden Euro bei 14,8 Prozent aller öffentlichen Kulturausgaben. (Von diesen Bundesmitteln wurden wiederum 35,8 Prozent, also mehr als ein Drittel, für kulturelle Angelegenheiten im Ausland bereitgestellt, etwa für das Goethe-Institut.) 4,2 Milliarden aller öffentlichen Kulturausgaben kamen von den Ländern und 4,8 Milliarden von den Gemeinden. Insgesamt bestreiten Länder und Kommunen damit 85,2 Prozent aller öffentlichen Kulturausgaben. Es geht nicht darum, die Bedeutung der eigenen Position durch die Größe des jeweiligen Etats zu rechtfertigen. Vielmehr muss es der Kulturpolitik im ganzen Land gelingen zusammenzuarbeiten, um möglichst viel aus den immer knappen materiellen Ressourcen der Kultur zu machen.

Die Länder sichern und fördern die Vielfalt und die Qualität der künstlerischen Produktion vor Ort – mit gesetzlichen Rahmenbedingungen genauso wie mit praktischer Förderpolitik. Kulturelle Eigenheiten gibt es nicht nur in Tschechien oder Griechenland – sondern eben auch in Schleswig-Holstein oder Bayern. So wie Europa die Vielheit in der Einheit verbindet, erhält der Kulturföderalismus die regionalen Unterschiede bei gleichzeitigem kooperativem Zusammenwirken der Länder. Die Vielfalt unserer Gesellschaft sollte in der Verschiedenheit des kulturellen Angebots sichtbar sein und bleiben. Das geht nur, indem man den bestehenden kulturellen Reichtum bewahrt und stärkt.

Dezentrale Kulturpolitik fördert aber nicht nur Vielfalt, sondern auch Qualität in der künstlerischen Produktion. Mit zwei scheinbar gegenläufigen Strategien – Wettbewerb auf der einen und Kooperation auf der anderen Seite – wird Innovation beflügelt. Die Vielzahl der Akteure und ihre unterschiedlichen Perspektiven sind dabei ein Gewinn. Und sie sind Ausdruck von Demokratie, denn Demokratie ist ein pluralistisches Gebilde. Seine Kraft entfaltet es am besten, wenn sich die Verantwortlichen auf den verschiedenen staatlichen Ebenen sowohl horizontal als auch vertikal als Partner in gemeinsamer Verantwortung sehen.

Um die Stärken eines kooperativen Kulturföderalismus in der Vielfalt der Zuständigkeiten ausreichend zur Geltung kommen zu lassen, ist es notwendig, dass sich die verschiedenen Akteure gut untereinander koordinieren. Die Kulturministerkonferenz soll genau dabei helfen und mit dafür sorgen, dass die Förderprogramme in Bund, Ländern und Kommunen besser zusammenpassen. Schließlich muss es in unser aller Interesse liegen, durch Kooperation die Wirkung kulturpolitischer Maßnahmen zu erhöhen.

Aber der Anspruch einer eigenen Kulturministerkonferenz der Länder geht über diese technisch notwendigen Aufgaben hinaus. Im

Kern geht es in der Zusammenarbeit immer auch darum, Kulturpolitik als gesellschaftlich wirkende Kraft ernst zu nehmen. Kulturpolitik wird auch heute noch bisweilen missverstanden als ein Luxusressort, bei dem es lediglich um die Finanzierung aufwändiger Opernhäuser, aufsehenerregender *Signature Architecture* oder künstlerischer Nischensparten wie der Neuen Musik geht – ein Ressort, das zu oft entweder als Beitrag zum Standortwettbewerb oder als Produzent gesellschaftlichen Reparaturkitts gerechtfertigt wird. Aber in der Kulturpolitik geht es um mehr – um vielfach Komplexeres.

Es geht darum, freie und offene Räume zu schaffen. Es geht darum, möglichst allen Bürgerinnen und Bürgern einzigartige Kunsterfahrungen zu ermöglichen. Es geht darum, den freien Diskurs einer freien Gesellschaft zu stärken. Es geht darum, Vielfalt zu ermöglichen. Und es geht darum, über die Irritationen künstlerischer Interventionen Menschen aufzurütteln und in ein gemeinsames Gespräch darüber zu verwickeln, was uns ausmacht, was Gerechtigkeit ist und wie wir uns Zusammenhang und Zusammenhalt unserer Gesellschaft vorstellen.

Die Freiheit der Kunst ist immer auch Gradmesser für demokratische Freiheit. Und diese Freiheit müssen wir vehement verteidigen, wenn populistische, rechtsnationalistische Kräfte sie limitieren wollen, indem sie Künstlerinnen und Künstler bedrohen, einschüchtern oder die Absetzung bestimmter Stücke von den Spielplänen der Theater oder die Streichung von Fördermitteln für interkulturelle Projekte fordern. Deswegen sind Initiativen wie die »Erklärung der Vielen« so bedeutsam. Es braucht solche starken Plädoyers für Vielfalt, Solidarität und freiheitlich-demokratische Werte. Sie sind Bekenntnisse, denen sich auch die Politik und der Staat ideell anschließen und deren Gelingen wir alle unterstützen sollten.

In Artikel 5 des Grundgesetzes sind mit der Meinungsfreiheit und der Freiheit der Kunst zwei grundlegende Freiheitsrechte kodifiziert. Ihre Realisierungschancen zu sichern und möglichst zu verbreitern, ist eine kulturpolitische Kernaufgabe. Es ist gut, dass die Kulturministerkonferenz sich in ihrem ersten Beschluss genau dazu klar und unmissverständlich geäußert hat. Solche Freiheiten wurden in der Moderne schließlich niemals allein dadurch errungen, dass sie in einer Verfassung stehen. Ihre Grundlagen müssen beständig neu geschaffen und im Wortsinne bekräftigt werden. Am besten gelingt dies dadurch, dass diese Rechte mutig und zuversichtlich in Anspruch genommen werden.

Die Kulturministerkonferenz kann dazu beitragen, Kultur und Kulturpolitik sichtbarer zu machen und den Impulsen, die sie in eine freiheitlich-demokratische Gesellschaft tragen kann, stärker Gehör zu verschaffen. Und sie wird sich hoffentlich dauerhaft der Aufgabe widmen, die Rahmenbedingungen für mehr Kultur in Deutschland zu gewährleisten.

ANTWORTEN AUF DER HÖHE DER ZEIT

Die schlaglichtartigen Betrachtungen dieses Buches lassen kein klassisches Fazit zu. Dazu sind die Entwicklungen zu sehr im Fluss und die Facetten der kulturellen Dimension der offenen Gesellschaft einer modernen Demokratie zu umfassend. An die Stelle einer Schlussfolgerung aus der bisherigen Argumentation sollen daher thesenhafte Betrachtungen treten, die Hinweise darauf geben können, wie insbesondere an der Schnittstelle zwischen Politik und Kultur gearbeitet werden kann, um die Errungenschaften der Moderne und der Aufklärung auch in den kommenden Jahren zu sichern. Diese Thesen richten sich, eine hoffentlich nachvollziehbare *déformation professionnelle,* in erster Linie an die politisch Tätigen auf diesem weiten Feld.

1.
Wir müssen aus individueller Freiheit heraus eine neue Gesellschaftlichkeit entwickeln

Wiederholt ist die Rede davon gewesen, dass die Moderne – insbesondere in ihrer aktuellen digitalen Ausprägung – stark von individualistischen Perspektiven geprägt ist: Tradierte, eine Gemeinschaft zusammenführende Erzählungen haben an Kraft verloren, individuelle Meinungsäußerungen und algorithmische Bestimmungen situativer und personalisierter Relevanz prägen Kultur und Medien. Andreas Reckwitz zufolge besteht der Grundmodus unserer *Gesell-*

schaft der Singularitäten heute darin, dass man auf individueller Ebene seine Einzigartigkeit belegen muss, um daraus das soziale und kulturelle Kapital für die eigene Stellung innerhalb unserer Gesellschaft zu (be)ziehen. Die Distinktion von anderen und die Bestimmung, mindestens aber selbstbewusste Behauptung der eigenen Einzigartigkeit definieren den sozialen Status.[1]

Es ist offensichtlich, dass diese Mechanismen nicht für alle 82 Millionen Bürgerinnen und Bürger unserer Gesellschaft funktionieren können – und dass das Scheitern an den Erfordernissen dieses Differenzierungszwanges problematische Folgen haben kann. Denjenigen, die im Distinktionswettlauf zurückfallen, bleibt oft nur eine, aber durchaus entscheidende Frage: »Wie kann ich Teil dieser Gesellschaft bleiben, auch wenn ich kein Bedürfnis verspüre, mich selbst sozial oder kulturell zu exponieren, oder wenn ich glaube, dass ich dazu auch gar nicht über die nötigen Fähigkeiten verfüge?« Hier greifen die kulturell fundierten Strategien der neuen Rechten, die gerade denen, die von solchen Identitätszweifeln ergriffen sind – und die sich ja meistens auch am unmittelbarsten von den sozialen und ökonomischen Umbrüchen unserer Gesellschaft bedroht fühlen –, ein scheinbar plausibles Identifikationsangebot in einer klar umrissenen (nationalen) Gruppe unterbreiten. Das Ergebnis ist jene Umpolung ehemals emanzipatorischer identitätspolitischer Initiativen auf neuerliche Ausgrenzungsstrategien, die im Wechselspiel mit den reaktiven Schließungen seitens ohnehin diskriminierter Minderheiten die auch kulturell getriebenen Fliehkräfte in unserer Gesellschaft verstärken.

Diese Entwicklung muss insbesondere jene politisch progressiven Akteure herausfordern, die früher selbst zusammenführende Gruppenerlebnisse geschaffen haben. Es geht darum, Solidarität als Mehrheitsstrategie in der Gesellschaft über Milieugrenzen hinweg neu zu konzipieren und so neu erfahrbar zu machen. Es ist vor allem für eine auf den Zusammenhalt der gesamten Gesellschaft gerichtete, emanzipatorische Mitte-links-Politik eine wesentliche Herausforderung, vergleichbare positive Identifikationsmöglichkeiten erneut zu schaffen.

Hier geht es neben der unzweifelhaft notwendigen praktischen Arbeit an der Basis auch um die geistige Auseinandersetzung mit dem ideologischen Überbau, eine Debatte, vor der sich mancher in den vergangenen Jahren vielleicht ein wenig zu sehr gescheut hat. Wir sollten aber zukünftig viel intensiver miteinander darüber nachdenken, wie Identifikation und Teilhabe sowie Zusammenhalt auf Basis einer gemeinsamen Vorstellung davon, wie unsere Gesellschaft aussehen soll, entwickelt werden könnten – und zwar aus einem sozialen und demokratischen Gesellschaftsverständnis heraus. Kultur als eine nicht rationale, nicht nur diskursive, sondern häufig mimetisch wirkende Kraft kann hier viel leisten, weil sie viel unmittelbarer und emotionaler ist. Sie öffnet Wege zu inklusiven und die Gesellschaft öffnenden Identitätsangeboten, die unserer auf Offenheit und Vielfalt beruhenden liberalen Demokratie ein neu befestigtes Fundament gewährleisten können.

Wer nachvollziehen will, was damit gemeint sein kann, dem sei der wunderbare britische Film *Pride* des Regisseurs Matthew Warchus ans Herz gelegt. Er erzählt von den zunächst zaghaften, dann immer beherzteren Solidarisierungsversuchen der Londoner Gruppe Lesbians and Gays Support the Miners, in der homosexuelle Aktivistinnen und Aktivisten in den achtziger Jahren Geld für streikende Bergleute in Wales sammelten. Die revanchierten sich später damit, dass sie bei der Gay Pride Parade in London mitmarschierten und den Kampf um Gleichberechtigung unterstützten. Diese wahre Geschichte aus den Jahren 1984 und 1985 führt eindringlich vor Augen, welche gesellschaftlichen Veränderungen möglich sind, wenn Solidarität über zunächst unüberwindbar erscheinende Milieugrenzen hinweg organisiert und gelebt wird.

Es mag angesichts aktuell zugespitzter Identitätskämpfe kein Wunder sein, dass eine Partei wie die Alternative für Deutschland heute als stark kulturell ausgerichtete politische Partei auf den Platz getreten ist. Wir dürfen ihr die daraus erwachsenden gesellschaftlichen Debatten aber nicht überlassen. Die Antwort auf die Offenheit und Diversität unserer Gesellschaften ist schließlich nicht der Rückschritt in geschlossene und definierte soziale Gruppen, sondern die Entwicklung einer neuen Gemeinsamkeit auf der Grundlage rationaler Übereinkünfte zwischen den Verschiedenen. Die Vernunft, da hat Jürgen Habermas völlig recht, liegt in der Vielheit ihrer Stimmen. Sie entsteht nicht einfach im Denken eines jeden Einzelnen als unvermittelte Erkenntnis, sie ist auch nicht traditional vorgegeben, sondern sie ist Ergebnis gemeinsamer Gespräche und Übereinkünfte.

2.
Die Politik darf keine Angst vor grundsätzlichen und normativen Debatten haben

Wenn wir diesen Befund ernst nehmen, dürfen wir Politik nicht auf das effiziente Management erkannter Probleme reduzieren. Die Gewährleistung der Grundfunktionen des Staates ist wichtig, keine Frage. Ohne diese zweckrationale handwerkliche Komponente des politischen Prozesses kann es auf die Dauer keine Legitimation für politische Macht geben. Aber es wäre ein Fehler, zu glauben, dass sich die Erwartungen der Bürgerinnen und Bürger darin erschöpfen würden, dass diese Arbeit geleistet wird. Dass es auch tiefer liegende Sehnsüchte gibt, zeigt aktuell der Erfolg jener Parteien, die kaum Lösungsansätze für die drängenden praktischen Probleme anbieten, sondern sich auf die Entwicklung alternativer Erzählungen konzentrieren.

Wenn sich Parteien dagegen zu behaupten versuchen, indem sie rein faktengetrieben und rational auf die mess- und zählbaren Resultate ihrer Politikentwürfe setzen, drohen sie zum Opfer der beinahe zwangsläufigen zeitlichen Lücke zwischen Problemerkennung und -lösung zu werden. Gerade in abstrakten und komplexen politischen Systemstrukturen ist der Zusammenhang zwischen Handlung und Handlungsfolge so sehr entzerrt, dass eine unmittelbare Kausalität selten gegeben ist. Das aber hat zur Folge, dass die Räume, die mit politischen Geschichten und Interpretationen gefüllt werden können, immer größer werden. Wer sie nicht selber füllt, wird überrascht feststellen müssen, dass andere das für ihn erledigen – und zwar selten in dem erwünschten Sinne.

Nicht wenige politische Reform- und Innovationsvorhaben sind in den vergangenen 20 Jahren Opfer genau dieser Ungleichzeitigkeit geworden. Angela Merkel hat daraus den Schluss gezogen, den Anschein politischer Handlungsfähigkeit auf die Suggestion unmittelbarer Reaktionsfähigkeit zu beschränken. Eine derartig reaktive Politik verkürzt natürlich die Lücke zu den wahrgenommenen Handlungsfolgen und reduziert die Notwendigkeit, irgendetwas zu erklären. Zugleich aber wird immer deutlicher, dass diese zweckrationale Ernüchterung der Legitimation des gesamten politischen Prozesses genauso schadet wie die umgekehrte Strategie, lediglich den Anschein grundsätzlicher Überzeugungen zu erzeugen, ohne dass erkennbare Programme oder gar Handlungen folgen.

Das beschriebene Beispiel von Helmut Schmidts Hinwendung zur Kultur zeigt, dass selbst knochentrockener politischer Pragmatismus ein Fundament in kulturellen Diskursen und Überzeugungen finden kann, aus denen sich lernen lässt, dass die Vermeidung des performativen Selbstwiderspruchs, also die gelungene Einheit von Sprechen und Handeln, erheblich dazu beitragen kann, Zustimmung zu politischem Fortschritt zu erzeugen. Das aber setzt voraus, dass sich Politikerinnen und Politiker nicht vor den grundsätzlichen Debatten unserer Zeit drücken. Es geht nicht um die Beschwörung hehrer Werte in abstrakten Sonntagsreden, sondern um die Bereitschaft, praktische politische Vorhaben mit grundsätzlicheren Erwägungen kurzzuschließen. Das birgt natürlich die Gefahr, später an derartigen Festlegungen gemessen zu werden – aber es erhöht eben auch genau aus diesem Grund die Wahrscheinlichkeit, politische Zustimmung zu erlangen: für die eigene Position und für den Prozess, in dem sie umgesetzt werden soll. In letzter Konsequenz ist es eine kulturelle Frage, ob wir von der Politik erwarten, dass sie einen plausiblen und erzählbaren Plan für die Zukunft hat oder nicht. Je stärker sich die Politik auf das Gespräch über derartige Perspektiven einlässt, desto näher rückt sie auch an die freien Diskurse von Kunst und Kultur, in denen grundlegende normative Sinnfragen seit jeher Gegenstand erbitterter Auseinandersetzungen sind. Auch die Politik sollte danach streben, Sinn zu stiften. Und dazu das Gespräch mit sowie die Irritation und Inspiration durch Kunst suchen.

3.
Die unbedingte Freiheit von Kunst und Kultur darf nicht verhandelbar sein

Zu den Bedingungen dieses Gespräches gehört die Freiheit von Kunst im engeren und Kultur im weiteren Sinne. Sie verdeutlicht die Offenheit moderner Gesellschaften und ihrer normativen Diskurse. Schließlich bedeutet diese Freiheit, dass beinahe alles in Frage gestellt, getestet, verworfen oder neu entwickelt werden kann. Die Grenzen dieser Freiheit sind notwendigerweise weit und müssen es bleiben.

Es verwundert daher kaum, dass die spielerisch-spekulativen Möglichkeiten der Kunst all jenen ein Dorn im Auge sind, die ein engeres und statischeres Verständnis gesellschaftlicher Gemeinsamkeit verfolgen. Diese Perspektive auf die Kunst ist die Grundlage der aktuell allzu häufig anzutreffenden, meist strategisch fragend daherkommenden Beschränkungsversuche dieser Freiheit: Was ist die Rechtsgrundlage dieser privilegierten Äußerungsmöglichkeit? Verträgt sich eine dezidierte Parteinahme mit dem staatlichen Neutralitätsgebot? Sind auch Kultureinrichtungen Träger der Kunstfreiheit? Mit solchen, nur scheinbar offenen Fragen sollen Grenzen zulässiger Diskurse verschoben und unliebsame Stimmen aus der öffentlichen Wahrnehmung gedrängt werden.

Der demokratische politische Diskurs darf sich auf derartige Versuche nicht einlassen. Es ist wichtig, dass die neue Kulturministerkonferenz der Länder sich in ihrem ersten Beschluss überhaupt, im März 2018, nicht nur grundsätzlich hinter die Kunstfreiheit stellt, sondern diese auch prinzipiell nicht nur für Künstlerinnen und

Künstler, sondern auch für Kultureinrichtungen reklamiert und ihr Recht verteidigt, sich grundsätzlich zu äußern.[2] Es braucht solche Grundsatzbeschlüsse, um jene Räume zu sichern und zu weiten, in denen das freie, ungehinderte Gespräch über das Wahre, Richtige und Wahrhaftige stattfinden und auch mit den Mitteln der Kunst vorangetrieben werden kann. Es ist unsere politische Verpflichtung, hier nicht den Anschein falscher Differenzierungen und Abstufungen der Freiheit zuzulassen. Kunst und Kultur müssen nicht neutral sein. Eine Gesellschaft ist nur dann offen und frei, wenn sie die Freiheit des künstlerischen Ausdrucks und der kulturellen Positionierung unbedingt sichert und gewährleistet.

4.
Wir müssen Kulturpolitik als Politik ernst nehmen

Angesichts dieser fortwährenden Angriffe auf die Freiheit von Kunst und Kultur müssen wir die politische Dimension der Kulturpolitik ernster nehmen, als das in der Vergangenheit der Fall war. Es ist eine uneingeschränkt positive Seite der Kulturpolitik, dass sie nur in vergleichsweise geringem Ausmaß den üblichen parteiideologischen Abgrenzungsritualen folgt. Allerdings macht gerade die demonstrative Abstinenz unmittelbar politischer Erwägungen sie angreifbar für jene, die das Feld der Kultur zu einem strategischen Auseinandersetzungsraum in unserer Gesellschaft machen wollen. Angesichts dessen reicht es bisweilen nicht mehr aus, lediglich gute Förderpolitik zu machen und die Arbeit einzelner Institutionen und Programme im jeweiligen Zuständigkeitsbereich zu sichern. Kulturpolitik muss sich selbst in den politischen Diskurs einbringen und kulturelle Dimensionen der aktuellen Debatten markieren und bearbeiten. Das wird dieses politische Feld grundlegend verändern.

Bereits die Einrichtung des Beauftragten für Kultur und Medien der Bundesregierung vor über 20 Jahren und der Beschluss der Länder zur Gründung der Kulturministerkonferenz 2018 sind deutliche

Signale hinsichtlich der politischen Aufwertung eines noch viel zu häufig als lediglich für das Gute und Schöne zuständig erachteten Politikbereichs. In den kommenden Jahren wird sich zeigen, ob der institutionellen auch die diskursive Aufwertung folgen wird.

Kulturpolitik kann eine wertvolle Transmissionsrolle zwischen den Diskursen der Kultur und den Debatten der Politik einnehmen. Sie muss sich aber auch selbst darüber im Klaren sein, dass sie selber keine Kunst ist, sondern die politische Beschäftigung mit den Rahmenbedingungen der Kunst zum Gegenstand der eigenen Arbeit hat. Deshalb ist es entscheidend, dass sie sich auch selbst als Politik versteht. Sie muss sich den konkreten Anforderungen an das Feld der Kulturpolitik stellen, das längst aus der lange Jahre prägenden reinen Förderorientierung hinausgewachsen ist.

Es geht erstens darum, Strukturen und Rahmenbedingungen für Kunst und Kultur zu schaffen, zu sichern und zu stärken. Kulturpolitik eruiert Aufgabenfelder, erkennt Bedarfe und gestaltet mit konzentriertem, klugem Mitteleinsatz. In Zeiten der Haushaltskonsolidierung werden die Knappheit der Mittel und die Verteilung der Gelder weiterhin ein Thema bleiben, für das es konstruktive und kreative Lösungen zu finden gilt.

Es geht zweitens darum, gemeinsam mit den Künstlerinnen und Künstlern, mit Bürgerinnen und Bürgern darüber nachzudenken, welche Kunst und Kultur wir wollen. Darüber müssen wir uns in einer sich stetig wandelnden Gesellschaft immer wieder aufs Neue verständigen. Das Paradoxon ist: Wenn wir eine Kunst wollen, die Orientierungsfunktion und utopisches Potenzial für das Individuum und für die Gesellschaft bietet, dann müssen wir darauf verzichten, Kunst unter dem Paradigma der Nützlichkeit zu betrachten. Funktionalisierte Kunst wird oft rasch entkernt von ihren eigentlichen Möglichkeiten. Wenn wir von ihr also allein einen ganz konkreten Nutzen einfordern – ganz gleich, ob für sinnvolle Aspekte wie für kulturelle Bildung, gesellschaftliche Teilhabe oder Inklusion, oder für strategische Ziele wie Umwegrentabilität oder Standortpolitik – nehmen wir der Kunst einen Teil ihres Potenzials.

Es geht drittens darum, den Diskurs über den Stellenwert von Kunst und Kultur in unserer Gesellschaft anzuregen. Je mehr Kunst praktisch und diskursiv in unserer Gesellschaft verankert ist, desto besser wird es Künstlerinnen, Künstlern und Kultureinrichtungen in Zukunft gelingen, Partnerinnen und Partner zu finden. Eine positive Veränderung zeichnet sich hier bereits in den letzten Jahren ab: Die Förderung von Kultureinrichtungen durch zivilgesellschaftliche Akteure – seien es Stiftungen, Unternehmen oder Privatpersonen – wird nicht mehr nur als einseitiges Geben wahrgenommen, sondern als Partnerschaft auf Augenhöhe. Das ist wichtig, wenn wir die Gewährleistung der Kulturförderung nicht nur vertikal an den Staat delegieren wollen, sondern auch innerhalb der Gesellschaft in horizontalen Solidaritätsstrukturen Verantwortung organisieren und so den kulturellen Zusammenhang stärken wollen.

Und es geht viertens darum, auch die Rahmenbedingungen der Kreativwirtschaft zu verbessern und so neben der geförderten Kunst auch die entsprechenden marktwirtschaftlichen Strukturen zu stärken, um die Bedingungen kultur- und kreativwirtschaftlicher Produktion zu verbessern.

Vor dem Hintergrund dieser Anforderungen hat Kulturpolitik die Möglichkeit, unser meist sehr machtgeprägtes Verständnis von Politik zu weiten und die Verständigung der Vielen, die Argumentationsoffenheit und -bereitschaft und die normative Grundlegung pragmatischer Entscheidungen stärker in der Wahrnehmung demokratischer Politik zur Geltung zu bringen. Gelingen kann das nur, wenn die Kulturpolitik zu einem profilierten Politikfeld reift, auf dem grundlegende Arbeit an der Demokratiefähigkeit unserer offenen Gesellschaft geleistet wird. Gerade in den klassischen Parteien spielt Kulturpolitik noch viel zu oft eine randständige Rolle und hat sich in ihrer Bedeutung gegenüber wirtschafts-, sozial- oder umweltpolitischen Fragestellungen für die Profilierung einzelner Parteien noch nicht ausreichend herauskristallisiert.

Dabei bietet die Kulturpolitik angesichts der Dominanz von Extravaganzen und Zuspitzungen im öffentlichen Diskurs die Chance,

Grundsätzliches anzusprechen und zu klären. In einer Zeit, in der sich jede und jeder an eine weltweite Öffentlichkeit wenden und seine individuelle Meinung formulieren kann, in der sich um jede noch so esoterische Meinung herum ein resonanzverstärkendes Grüppchen bildet und in der nicht zuletzt deshalb die Formulierung einer orientierenden öffentlichen Meinung zunehmend schwieriger wird, geht es aus kulturpolitischer Sicht darum, die Räume und Mechanismen anzubieten, in denen das Gemeinsame und das unsere Gesellschaft im Kern Ausmachende neu entstehen kann.

Das aber wird uns nicht allein auf der Grundlage eines naiven Vertrauens gelingen, dass sich die einstmals stabilen Mechanismen von selbst erholen werden. Vielmehr müssen wir unsere freie und offene und vielfältige und gerechte Gesellschaft neu zum Thema machen. Dabei können wir uns von leidenschaftlicher Vernunft leiten lassen. Wenn der einstmals feste Grundkonsens unserer Gesellschaft – dass ein jeder ohne Angst verschieden sein kann – plötzlich brüchig wird, müssen wir ihn neu festigen. Dazu braucht es kulturpolitische Verantwortung.

5.
Wir müssen wieder lernen, ein öffentliches Gespräch zu führen

Die abschließende These führt in den allgemeinen Raum öffentlicher Kommunikation, der uns durch digitale Technologien, aber auch durch konkrete politische, gesellschaftliche und kulturelle Versäumnisse zwischen den Fingern zu verrinnen droht. Das öffentliche Gespräch über die aktuellen und allgemeinen Belange ist seit jeher Grundlage der demokratischen Gestaltung offener und vielfältiger Gesellschaften. Dass wir aktuell immer wieder feststellen müssen, dass es nicht mehr spontan zivilgesellschaftlich oder professionell betreut journalistisch-medial zustande kommt, muss uns alle herausfordern.

Der Umgang mit dieser zutiefst problematischen Entwicklung hat nicht nur eine technische, sondern vor allem eine kulturelle Komponente. Sie berührt die Art und Weise, wie wir öffentlich miteinander und übereinander reden ebenso wie unsere Erwartungen an den Ausgang und die Folgen dieser Gespräche. Es ist entscheidend, dass wir uns auch in Zukunft wechselseitig unterstellen, überzeugbar zu sein – und dass wir hart daran arbeiten, es auch selbst zu bleiben. Denn neben den diskursiven Schließungen durch einen rechten Populismus gibt es auch eine linksintellektuelle Arroganz, die jede von der eigenen Meinung abweichende Position nur als das Ergebnis eines noch nicht abgeschlossenen Reflexionsprozesses zu werten vermag. Es ist kein Wunder, dass aktuell Initiativen wie »Deutschland spricht« so eine überragende öffentliche Resonanz erfahren, weil sie das Gespräch zwischen unterschiedlichen Meinungen in wechselseitiger Anerkennung ermöglichen.[3] Davon werden wir in Zukunft noch einiges mehr brauchen, wenn es uns gelingen soll, die Vielfalt unserer offenen Gesellschaft zu einer echten Fortschrittsressource zu entwickeln.

Gesellschaften der Moderne gründen darauf, dass wir allen Bürgerinnen und Bürgern eine Begabung zur Vernunft unterstellen, die sie in die Lage versetzt, individuelle Interessen hintanzustellen, um gemeinsam zu einem besseren Leben zu finden. Diese Vernunft hat neben der zweckrationalen Dimension der effizienten Nutzung wirtschaftlicher und politischer Ressourcen auch eine gesellschaftliche Dimension, der zufolge es rational ist, Argumente auszutauschen und Verständigung anzustreben. Diese »kommunikative Rationalität« (Jürgen Habermas) findet sich zwar in der Realität oft nur auf kleinen Inseln im großen Meer der Unvernunft, aber sie dient als regulativer normativer Maßstab, an dem wir die Vernunft unserer Gesellschaft messen. Schon allein deshalb sind auch politische und kulturelle Akteure gefordert, diese lebensweltlichen Ressourcen unserer Gesellschaft dadurch zu sichern, dass sie sie nutzen.

Es ist aber ein landläufiges Missverständnis, dass Vernunft immer aseptisch, funktionalistisch und kühl daherkommen muss, während die Emotion urwüchsig, ursprünglich und letztlich unmittelbar authentisch erscheint. Vernunft und Emotion sind keine Gegensätze, sondern bedingen einander oftmals sogar. Erst durch die Reaktion auf einen Umstand werden wir in die Lage versetzt, zu werten und zu diskutieren. Dabei ist ein immanenter Prozess der Versachlichung natürlich sinnvoll und oftmals auch zwangsläufig. Das bedeutet aber nicht, dass wir gleichgültig zusehen müssen, wie die Mechanismen und Räume des öffentlichen Vernunftgebrauchs verächtlich gemacht und delegitimiert werden. Hier sind Demokratinnen und Demokraten aus allen gesellschaftlichen Funktionsbereichen gefragt, leidenschaftlich für die Vernunft einzutreten. Dem rhetorischen Gestus des »Das wird man doch wohl noch einmal sagen dürfen ...« müssen sie leidenschaftlich die Regeln entgegenstellen, auf denen die Möglichkeit der vernünftigen Verständigung gegründet ist.

In dieser Fähigkeit, überzeugbar zu bleiben und selber überzeugen zu wollen, liegt der normative Kern demokratischer Gesellschaftlichkeit. Hier verbindet sich individuelle Freiheit mit der Fähigkeit, in einer Gesellschaft auf Grundlage geteilter normativer Überzeugungen friedlich und zum wechselseitigen Vorteil zusammenzuleben. Hier erhalten auch die Freiheitsräume interpretativer Kulturangebote eine neue Relevanz, weil sie jene symbolischen Ressourcen bearbeiten, aus denen wir in unserem Miteinander den Sinn für den Zusammenhang unserer Gesellschaft ziehen.

Das Zeitgespräch der Demokratie jedenfalls wird auf absehbare Zeit nicht durch technisch-algorithmische Lösungen ersetzt werden können. Denn was gut und richtig ist, kann kein digitales Skript entscheiden. Das können nur wir selbst in den durchaus gefahrvollen und ergebnisoffenen Prozessen jenes wilden Denkens, zu dem nur der Mensch in der Lage ist. Bereits die reflektierte Anwendung dieser Fähigkeit schafft die Möglichkeit demokratischer Verständigung, in der Sprechen und Handeln zwangsläufig eins werden und auf diese Weise die Welt gestaltbar und veränderbar werden kann. Wir tun gut daran, kulturelle und künstlerische Impulse in diesen Gesprächen nicht nur zuzulassen, sondern im Austausch aktiv zu fördern. Es wird unsere Gesellschaft offener und lebenswerter machen.

Das ist vielleicht die einzige Antwort, die auch Willy Brandt als überzeitlich gültig anerkannt hätte, als er, wie bereits zitiert, forderte, »dass jede Zeit eigene Antworten will und man auf ihrer Höhe zu sein hat, wenn Gutes bewirkt werden soll«.[4] Die Kunst schöpft in der Regel ganz und gar unstrategisch sowohl aus den Umständen der gesellschaftlichen Welt, in der sie entsteht, wie aus dem unergründlich tiefen Ideenhaushalt menschlichen Fühlens, Denkens und Spekulierens – sie kann daher gar nicht anders, als auf der Höhe der Zeit zu sein. Die Politik tut gut daran, sich von dieser Verwobenheit aus Gegenwärtigkeit und Grundsätzlichkeit irritieren und inspirieren zu lassen. Den Mut, diesen Weg ins Offene und Ungewisse zu gehen, kann sie von der Kunst lernen. Gerade jetzt sind wir als gesellschaftliche Träger des Politischen gefordert, den notwendigen und ungewissen nächsten Schritt zu gehen. Das ist die Kunst der Demokratie. Auf ein Neues!

DANK

Dieses Buch fasst zahlreiche kultur- und medienpolitische Gedanken zusammen, die ich seit 2016 gemeinsam mit den Kolleginnen und Kollegen der Behörde für Kultur und Medien in Hamburg entwickelt habe. Für ihren unermüdlichen alltäglichen Einsatz in der Sache, der vielfach Inspiration und Motivation ist, möchte ich mich sehr grundsätzlich bedanken. Ganz besonders gilt dies für diejenigen, die mir dabei helfen, meine Überlegungen zu schärfen und in Worte zu fassen. Allen voran sind dies Johanna Hülbusch, Sabine Blumenröder, Enno Isermann, Anja Bornhöft, Jana Schiedek, Hans-Heinrich Bethge und viele mehr. Ohne ihren Rat und ihre Hilfe hätten jene Reden und Texte nicht entstehen können, die die Grundlage des vorliegenden Buches bilden.

Darüber hinaus bin ich den vielen Künstlerinnen und Künstlern sowie den Verantwortlichen für Kultureinrichtungen – seien es Theater, Museen, Opern, Konzerthäuser, Clubs oder soziokulturelle Zentren – tief verbunden, mit denen ich gemeinsam dafür streiten darf, dass die Freiheit der Kunst unangetastet bleibt. Gleiches gilt für all diejenigen, die in der Medien-, Kreativ- und Kulturwirtschaft unterwegs sind, um für vernünftige Rahmenbedingungen und die tagtägliche Freiheit ihrer Arbeit einzustehen. Vieles, was sich in diesem Buch wiederfindet, hat seinen Ursprung in den zahlreichen Gesprächen oder Kulturerlebnissen, die ich ihnen verdanke.

Birgit Schmitz bin ich dankbar, mich ermuntert zu haben, die fixe Idee, ein politisches Buch über den Zusammenhang von Kunst und Gesellschaft zu schreiben, auch in die Tat umzusetzen. Ihr und meinem Lektor Erik Riemenschneider danke ich außerdem für viele wertvolle Hinweise, wie die zahlreichen Facetten dieses Textes im Großen wie im Kleinen in eine vernünftige Ordnung gebracht werden können. Thomas Ganske und Tim Jung danke ich dafür, von Anfang an und fortgesetzt in dieses Projekt ihr Vertrauen investiert zu haben.

Schlussendlich gilt mein Dank einmal mehr meiner Frau Ulrike Ehling, ohne deren kritische und konstruktive Anmerkungen dieses Buch niemals entstanden wäre. Die intellektuelle und emotionale Ko-Autorenschaft eines gemeinsamen Lebens erfahren zu dürfen, ist mir unentbehrlich. Einmal mehr sei ihr daher dieses Buch gewidmet.

Hamburg, im November 2019
Carsten Brosda

ANMERKUNGEN

»NUR WENIG IST VON DAUER …« NEUE KULTURKÄMPFE

1 Willy Brandt: *Grußwort an den Kongress der Sozialistischen Internationale in Berlin.* 15. September 1992. [Abgerufen unter: https://www.willy-brandt-biografie.de/wp-content/uploads/2017/08/Grusswort_Willy_Brandt_SI_1992.pdf]

2 Philipp Ruch: *Schluss mit der Geduld. Jeder kann etwas bewirken. Eine Anleitung für kompromisslose Demokraten.* München 2019, S. 151 ff.

3 Vgl. Boran Burchhardt / Galerie Mathias Güntner (Hrsg.): *Veddel vergolden.* Hamburg 2018.

4 Vgl. Theodor W. Adorno: *Minima Moralia. Reflexionen aus dem beschädigten Leben.* Berlin und Frankfurt am Main 1951, S. 428.

5 Infratest dimap: *ARD-Deutschlandtrend September 2019.* [Abgerufen unter: https://www.infratest-dimap.de/fileadmin/user_upload/DT1909_Bericht.pdf]

6 Vgl. Achille Mbembe: *Democracy, Mobility and Circulation in a Planetary Age: An Ethics of Consequences.* Rede anlässlich der Eröffnung der Lessingtage am Thalia Theater, Hamburg 2017. [Hier nachzuhören: https://www.youtube.com/watch?v=K8mSvf9FPCg]

DIMENSIONEN DES KULTURELLEN

1 Vgl. Jürgen Habermas: *Legitimationsprobleme im Spätkapitalismus.* Frankfurt am Main 1973.

2 Vgl. Talcott Parsons: *The Social System.* London 1951.

3 Christina Weiss: *Stadt ist Bühne. Kulturpolitik heute.* Hamburg 1999, S. 9.

4 Immanuel Kant: *Beantwortung der Frage: Was ist Aufklärung?,* in: ders.: *Werkausgabe. Band XI. Schriften zur Anthropologie, Geschichtsphilosophie, Politik und Pädagogik.* Hrsg. v. Wilhelm Weischedel. Frankfurt am Main 1968, S. 55. [Zuerst veröffentlicht 1783.]

5 Jürgen Habermas: »Die Einheit der Vernunft liegt in der Vielheit ihrer Stimmen«. In: *Merkur*, Heft 1/1988, 42. Jg., S. 1–14.

6 Olaf Scholz: *Hoffnungsland. Eine neue deutsche Wirklichkeit*. Hamburg 2017.

7 Vgl. Andreas Reckwitz: *Die Gesellschaft der Singularitäten. Zum Strukturwandel der Moderne*. Berlin 2017.

8 Vgl. Robert D. Putnam: *Bowling Alone: The Collapse and Revival of American Community*. New York 2000.

9 Vgl. Francis Fukuyama: *Identität. Wie der Verlust der Würde unsere Demokratie gefährdet*. Hamburg 2019.

10 Vgl. Hans Küng / Karl-Josef Kuschel (Hrsg.): *Erklärung zum Weltethos. Die Erklärung des Parlamentes der Weltreligionen*. München 1993.

11 Immanuel Kant: *Grundlegung zur Metaphysik der Sitten. Werkausgabe VII*. Hrsg. v. Wilhelm Weischedel. Frankfurt am Main 1968, S. 51.

12 Philipp Ruch, a. a. O., S. 191.

13 Karl Popper: *Die offene Gesellschaft und ihre Feinde*. 2 Bände. Bern 1957–58.

14 Ernst Bloch: *Das Prinzip Hoffnung*. Berlin 1954, S. 1279.

15 Stephane Hessel: *Empört Euch!* Berlin 2011.

16 Vgl. Carsten Brosda: *Die Zerstörung. Warum wir für den gesellschaftlichen Zusammenhalt streiten müssen*. Hamburg 2019.

17 Vgl. John L. Austin: *Zur Theorie der Sprechakte (How to do things with words)*. Stuttgart 1986.

18 Hannah Arendt: *Vita activa oder Vom tätigen Leben*. München 1960.

19 Vgl. zum Folgenden: Jürgen Habermas: *Theorie des kommunikativen Handelns. Zwei Bände*. Frankfurt am Main 1981.

20 Vgl. auch zum Folgenden: Steven Levitsky / David Ziblatt: *Wie Demokratien sterben: Und was wir dagegen tun können*. München 2018.

21 Ebd., S. 115.

22 Vgl. Colin Crouch: *Postdemokratie*. Frankfurt am Main 2008.

23 Simon Stephens: »The empty stage«, Rede anlässlich der Jubiläumsfeier 175 Jahre Thalia Theater. Hamburg 2018. [Hier nachzuhören: https://www.thalia-theater.de/beitraege/647]

24 Christina Weiss, a. a. O., S. 13.

25 Vgl. Otto Groth: *Die unerkannte Kulturmacht. Grundlegung der Zeitungswissenschaft (Periodik)*. 7 Bände. Berlin 1960–1972.

26 Vgl. Carsten Brosda: *Diskursiver Journalismus. Journalistisches Handeln zwischen kommunikativer Vernunft und mediensystemischem Zwang*. Wiesbaden 2007.

27 Zitiert nach: http://www.bloomberg.com/view/articles/2018-02-09/has-anyone-seen-the-president

28 Gemäß Report von 2017, abgerufen unter https://freedomhouse.org/report/freedom-press/freedom-press-2017

29 Heinz Bude: *Das Gefühl der Welt. Über die Macht von Stimmungen.* München 2016, S. 24f.

30 Wolfgang R. Langenbucher: »Verantwortbarer ›Katastrophenjournalismus‹? Fragen zum Ergebnis der Tagung«. In: Rainer Flöhl / Jürgen Fricke (Hrsg.): *Moral und Vermittlung in der Wissenschaftsvermittlung. Die Aufgabe von Wissenschaftler und Journalist.* Mainz 1987, S. 148.

31 Theodor W. Adorno, a. a. O., S. 428.

32 Philipp Ruch, a. a. O., S. 152.

33 Ebd., S. 159.

34 Rüdiger Bubner: »Adornos ästhetische Theorie oder Warum wir Kultur brauchen«, in: Der Tagesspiegel vom 5. 9. 2003. [Abgerufen unter: https://www.tagesspiegel.de/kultur/kunst-zeigt-die-welt-von-ihrer-anderen-seite/445328.html]

35 Vgl. dazu Armin Nassehi: *Muster. Theorie der digitalen Gesellschaft.* München 2019, S. 110f.

36 Michiko Kakutani: *Der Tod der Wahrheit. Gedanken zur Kultur der Lüge.* Stuttgart 2019.

37 Vgl. Max Horkheimer / Theodor W. Adorno: *Dialektik der Aufklärung. Philosophische Fragmente.* Frankfurt am Main 1969. [Erstausgabe 1944.]

38 Vgl. Jürgen Habermas, a. a. O., 1981.

39 Vgl. ebd.

40 George Orwell: *1984.* Übersetzt von Michael Walter. Berlin 1984, S. 101.

GEFÄHRDUNGEN DER KUNSTFREIHEIT

1 Falk Richter: Theater und Politik. Eröffnungsrede beim Festival »Körber Studio Junge Regie 2019« am Thalia Theater Hamburg. [Abgerufen unter: https://nachtkritik.de/index.php?option=com_content&view=article&id=16921:falk-richters-eroeffnungsrede-beim-festival-koerber-studio-junge-regie-2019-am-thalia-theater-hamburg&catid=101&Itemid=84]

2 Philipp Ruch, a. a. O., S. 160.

3 Eigene Übersetzung. Im Original: »Speaking truth to power is never easy, Mr. President. Art is about inclusion. The Humanities include a vibrant free press. You have attacked both. […] We know the importance of open and free dialogue […]. Your words and actions push us all further away from the freedoms we are guaranteed.« So äußerte sich Kal Penn, Mitglied des President's Committee on the Arts and the Humanities, in einem Tweet vom 18. 8. 2017.

4 Eigene Übersetzung. Im Original: »We cannot sit idly by […] without speaking out against your words and actions.«

5 Hanno Rauterberg: *Wie frei ist die Kunst? Der neue Kulturkampf und die Krise des Liberalismus.* Berlin 2018, S. 12.

6 Ein Begriff, der zuletzt 2019 im Rahmen der Feierlichkeiten zum 20jährigen Bestehen des Amtes der Beauftragten der Bundesregierung für Kultur und Medien nachgerade inflationär in der Aufgabenbeschreibung des Amtes verwendet wurde.

7 Eigene Übersetzung. Im Original: »Due to fears that Trump regime retaliation would threaten her visa status, the vocalist on this recording of ›Rata de dos Patas‹ has requested, that we delete all reference to her identity. We believe her fears are entirely justified and have complied with her wishes. We thank her for her wonderful performance and for her great courage in making the recording at all. And we look forward to a day, when political and artistic expression is no longer under the shadow of such vindictive and racist repression. Venceremos.«

8 Zitiert nach Peter Laudenbach: »Wir müssen lernen, uns dagegen zu wehren. Warum Künstler gegen die Rechten demonstrieren«. In: *Süddeutsche Zeitung* vom 17. Mai 2019.

9 Vgl. »Kampffeld Kultur. Theater, Opernhäuser und Museen im Visier der Neuen Rechten«. In: *Süddeutsche Zeitung* vom 28. August 2019, S. 10 f.

10 Zitiert nach Kampffeld Kultur, a. a. O., S. 10.

11 Vgl. auch zum Folgenden: Thomas Meyer: *Identitäts-Wahn. Die Politisierung des kulturellen Unterschieds*. Berlin 1997, S. 45 ff.

12 Ebd., S. 46.

13 Zitiert nach https://marcjongen.de/afd-fraktion-erhaelt-vorsitz-in-3-ausschuessen/

14 Vgl. Michael Bartsch: »Nicht mehr über Politik reden. Kuschen vor der AfD: Im Mittelsächsischen Theater Freiberg kann die Neue Rechte missliebige Diskussionen erfolgreich unterbinden«. In: *die tageszeitung* vom 15. Mai 2019, S. 16.

15 Vgl. Thomas Rogers: Demands of Far-Right Party Unsettle Artists in Germany. In: *New York Times* vom 19. Juli 2019. [Abgerufen unter: https://www.nytimes.com/2019/07/19/arts/afd-germany-culture.html]

16 Gemeinsame Erklärung der Kulturminister der Länder zur kulturellen und künstlerischen Freiheit. Beschluss der Kultusministerkonferenz vom 13.03.2019. [Abgerufen unter: https://www.kmk.org/fileadmin/Dateien/veroeffentlichungen_beschluesse/2019/2019_03_13-Erklaerung-kulturelle-und_kuenstl-Freiheit.pdf]

17 Armin Nassehi, Muster, a. a. O., 2019, S. 53.

18 Hanno Rauterberg, a. a. O., S. 15.

19 Ebd., S. 16.

20 Der Text des Gedichtes lautet »avenidas / avenidas y flores / flores / flores y mujeres / avenidas / avenidas y mujeres / avenidas y flores y mujeres y / un admirador« [deutsch: »Alleen / Alleen und Blumen / Blumen / Blumen und Frauen / Alleen / Alleen und Frauen / Alleen und Blumen und Frauen und / ein Bewunderer«]

21 https://www.faz.net/aktuell/feuilleton/buecher/themen/asta-der-alice-salomon-hochschule-will-ein-gedicht-von-der-fassade-entfernen-lassen-15172671.html

22 https://www.nmz.de/online/kunst-unter-druck-wie-die-buendnis-90-die-gruenen-zur-kunstfreiheit-stehen

23 Wolfgang Ullrich: »Auf dunkler Scholle«. In: *Die Zeit*, Nr. 21, vom 16. Mai 2019, S. 42.

24 Vgl. https://www.kuenstlersozialkasse.de/service/ksk-in-zahlen.html

ZWISCHEN PRAGMATISMUS UND VISION: SCHMIDT UND DIE MUSIK

1 Johann Hinrich Claussen: »So klingt das Gegenteil von Freiheit«. In: *Die Zeit* vom 31. Mai 2017. [Abgerufen unter: https://www.zeit.de/2017/23/g20-gipfel-elbphilharmonie-hamburg]

2 Vgl. Kent Nagano / Inge Kloepfer: *Erwarten Sie Wunder! Expect the unexpected.* Berlin 2014.

3 Vgl. Werner Irro: *»Mit großem Vergnügen und mit tiefer innerer Zustimmung …«. Helmut Schmidt und die schönen Künste.* Bremen 2018.

4 Zitiert nach ebd., S. 59 ff.

5 Vgl. Helmut Schmidt: »Politischer Rückblick auf eine unpolitische Jugend«, in: ders. u.a.: *Kindheit und Jugend unter Hitler.* Berlin 1992, S. 188–254.

6 Helmut Schmidt: *Was ich noch sagen wollte.* München 2015, S. 45.

7 Zitiert nach Werner Irro, a. a. O., S. 28.

8 Zitiert nach ebd., S. 30.

9 Zitiert nach Michael Köhler: »Fürsprecher der Künstler. Kulturpolitiker Helmut Schmidt«. Deutschlandfunk vom 10. 5. 2015. [Abgerufen unter: https://www.deutschlandfunk.de/kulturpolitiker-helmut-schmidt-fuersprecher-der-kuenstler.691.de.html?dram:article_id=336465]

10 Burkhard Reinartz: »Johann Sebastian Bach ›Zur Ehre Gottes und Recreation des Gemüths‹«, Deutschlandfunk vom 13. 12. 2013. [Abgerufen unter: https://www.deutschlandfunk.de/johann-sebastian-bach-zur-ehre-gottes-und-recreation-des.886.de.html?dram:article_id=271897]

11 Ebd.

12 Zitiert nach Rick Fulker: Helmut Schmidt: »Mehr als ein Liebhaber der Musik«. Deutsche Welle vom 11.11.2015. [Abgerufen unter: https://www.dw.com/de/helmut-schmidt-mehr-als-ein-liebhaber-der-musik/a-18843259]

13 Zum Beispiel bei der 9. Hamburger Zeit-Matinee am 19. Oktober 2003. [Transkript abgerufen unter: https://www.zeit.de/politik/Interview_031030]

14 Helmut Schmidt: Vorwort, in: Georg Lührs u.a. (Hrsg.): *Kritischer Rationalismus und Sozialdemokratie.* Berlin 1975, S. X.

15 Ebd.

16 Zitiert nach Werner Irro, a. a. O., S. 28.

17 Ebd., S. 26.

18 Peter Rühmkorf: *Haltbar bis Ende 1999: Gedichte.* Reinbek bei Hamburg 1987, S. 108.

19 Vgl. Ernst Bloch, a. a. O., S. 1242.

20 *Reichspost* Nr. 151 vom 1. April 1913, S. 7. [Abgerufen unter: http://anno.onb.ac.at/cgi-content/anno?aid=rpt&datum=19130401&seite=07]

21 Zitiert nach Werner Irro, a. a. O., S. 28.

GESELLSCHAFT IM WANDEL

1 Frz. »Point de vue du Gras«.

2 Hans Matthias Kepplinger: *Darstellungseffekte. Experimentelle Untersuchung zur Wirkung von Pressephotos und Fernsehfilmen.* Freiburg im Breisgau 1987, S. 303.

3 Lars Eidinger im Interview mit Johanna Adorján: »Ich bin schon ziemlich abhängig davon«. In: *Süddeutsche Zeitung* vom 27. April 2018. [Abgerufen unter: https://www.sueddeutsche.de/leben/lars-eidinger-im-interview-ich-bin-schon-ziemlich-abhaengig-davon-1.3957372?source=rss&reduced=true]

4 Walter Benjamin: »Über einige Motive bei Baudelaire«. In: ders.: *Gesammelte Schriften.* Bd. 1.2. Frankfurt am Main 1980, S. 630.

5 Vgl. Gabriel Almond / Sidney Verba: *The Civic Culture. Political Attitudes and Democracy in Five Nations.* Princeton 1963; dies.: *The Civic Culture Revisited.* Boston, Toronto 1980.

6 Steven Levitsky / David Ziblatt, a. a. O., S. 119 f.

7 Paolo Bianchi / Christoph Doswald: *Gegenspieler: Andy Warhol / Joseph Beuys.* Frankfurt am Main 2000, S. 20.

8 Roger Hallam im Gespräch mit Raphael Thelen: »Wenn eine Gesellschaft so unmoralisch handelt, wird Demokratie irrelevant«. [Abgerufen unter: https://www.spiegel.de/wissenschaft/technik/extinction-rebellion-gruender-roger-hallam-wenn-eine-gesellschaft-so-unmoralisch-handelt-wird-demokratie-irrelevant-a-1286561.html]

9 Karl Marx: *Das Kapital – Kritik der politischen Ökonomie. Erster Band. Der Produktionsprozeß des Kapitals.* [Karl Marx / Friedrich Engel, Werke, Band 23]. Berlin 1967.

10 Vgl. Michael Hardt / Antonio Negri: *Empire. Die neue Weltordnung.* Frankfurt am Main, New York 2003.

11 Vgl. Karl Polanyi: *The Great Transformation. Politische und ökonomische Ursprünge von Gesellschaften und Wirtschaftssystemen.* Frankfurt am Main 1978. [Erstausgabe 1944.]

12 Vgl. Antonio Gramsci: *Gedanken zur Kultur.* Frankfurt am Main 1987; Max Horkheimer / Theodor W. Adorno, a. a. O.

13 Vgl. Anthony Giddens: *Die Konstitution der Gesellschaft. Grundzüge einer Theorie der Strukturierung.* Frankfurt am Main, New York 1995.

14 Margret Thatcher im Interview mit *Woman's Own,* London 23. September 1987. Vollständig lautet das Zitat: »They are casting their problems at society. And, you know, there's no such thing as society. There are individual men and women and there are families. And no government can do anything except through people, and people must look after themselves first. It is our duty to look after ourselves and then, also, to look after our neighbours.«

15 Karl Marx: Thesen über Feuerbach, in: ders. / Friedrich Engels: *Ausgewählte Schriften in zwei Bänden. Band 2.* Berlin 1981, S. 372.

16 Johann Gottfried Herder: *Auch eine Philosophie der Geschichte zur Bildung der Menschheit,* In: ders.: *Sämtliche Werke, Bd. V.* Hrsg. von Bernhard Suphan. Berlin 1891, S. 509.

17 Vgl. Albert Camus: *Der Mythos des Sisyphos.* In neuer Übersetzung. Reinbek bei Hamburg 1999. [Frz. Erstausgabe 1942.]

18 Vgl. auch zum Folgenden: Körber-Stiftung: Die superdiverse Stadt. Empfehlungen und Praxis, Hamburg 2017. [Abgerufen unter: https://www.koerber-stiftung.de/fileadmin/user_upload/koerber-stiftung/redaktion/handlungsfeld_demografischer-wandel/pdf/2017/Koerber-Stiftung_Broschuere__Superdiverse_Stadt.pdf]

19 Terry Eagleton: *Kultur.* Berlin 2017, S. 188.

20 Francis Fukuyama, a. a. O., S. 209.

21 Initiative kulturelle Integration des Deutschen Kulturrates: Zusammenhalt in Vielfalt. 15 Thesen zu kultureller Integration und Zusammenhalt, Berlin 2017. [Abgerufen unter: https://www.kulturelle-integration.de/wp-content/uploads/2019/06/Thesen-IKI_deutsch_neu.pdf]

22 Vgl. Thomas de Maizière: Leitkultur für Deutschland, was ist das eigentlich? ›Wir sind nicht Burka‹«, in: *BILD am Sonntag* vom 29. April 2017. [Abgerufen unter https://www.bild.de/politik/inland/thomas-de-maiziere/leitkultur-fuer-deutschland-51509022.bild.html]

23 Francis Fukuyama, a. a. O., S. 191.

KULTUR FÜR ALLE

1 Zitiert nach Carsten Meyer-Tönnesmann: »Imperator der Kunst, Ein Porträt zum 100. Todestag«, in: *Zeit online* vom 9. Januar 2014. [Abgerufen unter: https://www.zeit.de/2014/03/alfred-lichtwark-kunst-todestag/komplettansicht]

2 Hilmar Hoffmann: *Kultur für alle.* Frankfurt am Main 1984.

3 Vgl. Thomas Renz: *Nicht-Besucherforschung. Die Förderung kultureller Teilhabe durch Audience Development.* Bielefeld 2016.

4 Ulli Koch: Was kann Kulturvermittlung? Und warum braucht sie Communities? Das internationale Symposium Kulturvermittlung 2017. [Abgerufen unter: https://kulturkonzepte.wordpress.com/2017/03/01/was-kann-kulturvermittlung-und-warum-braucht-sie-communities-das-internationale-symposium-kulturvermittlung-2017/]

5 Jürgen Habermas: *Strukturwandel der Öffentlichkeit. Untersuchung zu einer Kategorie der bürgerlichen Gesellschaft.* (Neuauflage mit aktualisierendem Vorwort.) Frankfurt am Main 1990, S. 105.

6 Wolfgang Tillmans im Interview mit Chris Dercon: »Dies zu verteidigen«. In: *Monopol – Magazin für Kunst und Leben,* August 2017. [Abgerufen unter: https://www.monopol-magazin.de/wolfgang-tillmans-interview-chris-dercon]

7 Vgl. https://www.museumvereniging.nl/media/nmv_more_than_worth_it.pdf

8 Joachim Baur: Messy Museums. Über Ordnung und Perspektiven des Museums, in: Reinhard Johler u.a. (Hrsg.): *Kultur_Kultur. Denken, Forschen, Darstellen*. Münster 2013, S. 401–410.

9 Vgl. Thomas E. Schmidt: »Der Vorhang hoch und alle Säle offen«. In: *Die Zeit*, Nr. 31, vom 28. Juli 2005.

10 Zitiert nach Hartmut John: »Hülle mit Fülle. Museumskultur für alle – 2.0«. In: ders. / Anja Dauschek (Hrsg.): *Museen neu denken. Perspektiven der Kulturvermittlung und Zielgruppenarbeit*. Bielefeld 2008, S. 16 f.

11 Suay Aksoy: Keynote zur ICOM-Konferenz »Difficult issues«, Helsingborg / Schweden 21. 9. 2017. [Abgerufen unter: http://www.icom-helsingborg-2017.org/conference/blog/blog_home/suay-aksoys-speech]

12 So zum Beispiel Antonio Rodriguez in ihrem Vortrag »The politics of diversity: excluding identities from the inclusivity moment« auf der ICOM-Konferenz in Helsingborg / Schweden am 22. 9. 2017.

13 Hannes Vollmuth: »Macht Platz«. In: *Süddeutsche Zeitung* vom 6./7. April 2019, S. 3.

KULTUR DER HEIMAT

1 Didier Eribon: *Rückkehr nach Reims*. Berlin 2016.

2 J. D. Vance: *Hillbilly-Elegie. Die Geschichte meiner Familie und einer Gesellschaft in der Krise*. Berlin 2016.

3 Christina Weiss, a. a. O., S. 24.

4 Ebd., S. 14.

5 Vgl. Richard Florida: *The Rise of the Creative Class: And How It's Transforming Work, Leisure, Community, and Everyday Life*. New York 2002.

6 Vgl. Richard Florida: *The New Urban Crisis. How Our Cities Are Increasing Inequality, Deepening Segregation, and Failing the Middle Class – and What We Can Do About It*. New York 2017.

7 Jeffrey Speck: *Walkable City. How Downtown Can Save America, One Step At A Time*. New York 2013.

8 Vgl. Doug Saunders: *Die neue Völkerwanderung. Arrival City*. München 2013.

9 Zitiert nach Daniela Krautsack: Kreative kulturelle Initiativen: Stadträume zur Vermittlung von zeitgenössischer Kunst und zur Förderung interdisziplinärer Zusammenarbeit. O. O. 2017. [Abgerufen unter: https://www.stadtmarketing.eu/kunst-im-urbanen-raum/]

10 Zitiert nach ebd.

11 O. V.: »München soll leuchten. Was der neue Konzertsaal über die gegenwärtige Rolle der Kultur sagt«. Kommentar. In: *Der Spiegel*, Nr. 44 vom 28. Oktober 2017.

12 Jörn Rüsen: Strukturwandel der kulturellen Öffentlichkeit – Folgen für die Kulturpolitik. In: *Kulturpolitische Mitteilungen. Zeitschrift für Kulturpolitik der Kulturpolitischen Gesellschaft* 110, III/2005, S. 35.

13 Alexander Mitscherlich: *Die Unwirtlichkeit der Städte. Anstiftung zum Unfrieden.* Frankfurt am Main 1976.

14 Zitiert nach Carsten Meyer-Tönnesmann, a. a. O.

BEWUSSTSEIN DURCH ERINNERUNG

1 Ingeborg Bachmann: Die Wahrheit ist dem Menschen zumutbar. Rede zur Verleihung des Hörspielpreises der Kriegsblinden. In: dies.: *Werke. Band 4 (Essays Reden Vermischte Schriften).* München 1978, S. 276.

2 Jörn Rüsen: *Zeit und Sinn. Strategien historischen Denkens.* Neuausgabe. Frankfurt am Main 2012, S. 152.

3 Martin Buber: *Das echte Gespräch und die Möglichkeit des Friedens.* Dankesrede Friedenspreis des deutschen Buchhandels. Frankfurt am Main 1953, S. 9. [Abgerufen unter: https://www.friedenspreis-des-deutschen-buchhandels.de/sixcms/media.php/1290/1953_buber.pdf]

4 Ralph Giordano: *Die zweite Schuld. Oder: Von der Last Deutscher zu sein.* Köln 1987.

5 Ralph Giordano: Rede anlässlich der Preisverleihung im Ernst Deutsch Theater, Hamburg 27. Januar 2014. [Hier nachzuhören: https://bertini-preis.hamburg.de/bertini-preis/der-preis/ralph-giordano-mischte-sich-ein-wenn-andere-schwiegen/rede-ralph-giordano-2014/]

6 Vgl. Aleida und Jan Assmann: »Wahr ist, was uns verbindet«. Dankesrede anlässlich der Verleihung des Friedenspreises 2018. [Abgerufen unter: https://www. goethe.de/ins/hu/de/kul/mag/21434671.html]

7 August Bebel: *Reichstagsrede gegen die Kolonialpolitik in Deutsch-Ostafrika vom 26. Januar 1889.* [Abgerufen unter http://germanhistorydocs.ghi-dc.org/docpage.cfm?docpage_id=2877&language=german]

8 Achille Mbembe: *Kritik der schwarzen Vernunft.* Berlin 2014.

9 https://www.buergerschaft-hh.de/parldok/dokument/45668/stellungnahme_des_senats_zu_dem_ersuchen_der_buergerschaft_vom_13_juni_2013_bericht_des_kulturausschusses_ueber_die_drucksache_20_3752_aufarbeitung_de.pdf

10 Zitiert nach Redemanuskript vom 29. 11. 2017. [Abgerufen unter: http://www.elysee.fr/declarations/article/discours-du-president-de-la-republique-emmanuel-macron-a-l-universite-ouaga-i-professeur-joseph-ki-zerbo-a-ouagadougou/]

11 ICOM – Internationaler Museumsrat: *Ethische Richtlinien für Museen von ICOM.* Paris 2010, S. 22.

12 Vgl. Deutscher Museumsbund e. V.: *Empfehlungen zum Umgang mit menschlichen Überresten in Museen und Sammlungen.* O. O. 2013.

13 Jürgen Zimmerer: »Kulturgut aus der Kolonialzeit – ein schwieriges Erbe?«. In: *Museumskunde*, Band 80, 2/15, S. 24.

14 Vgl. Felwine Sarr / Bénédicte Savoy: *Zurückgeben. Über die Restitution afrikanischer Kulturgüter.* Berlin 2019.

15 Vgl. auch Annette Rein: »Respektvolle Beziehungen, vor allem aber auch Restitution«. In: *Museum Aktuell*, Nr. 253, S. 19 f.

16 Zitiert nach https://www.deutschlandfunk.de/namibias-chefkuratorin-zu-kolonialer-raubkunst-die.1773.de.html?dram:article_id=434108

17 Ebd.

18 Vgl. Deutscher Museumsbund e. V.: *Leitfaden zum Umgang mit Sammlungsgut aus kolonialen Kontexten.* 2. Fassung. Berlin 2019.

19 Achille Mbembe: Dankesrede anlässlich der Verleihung des Gerda Henkel Preises 2018. [Hier nachzuhören: https://www.gerda-henkel-stiftung.de/preistraeger-2018?page_id=99597]

20 Achille Mbembe, a. a. O., 2014, S. 330.

DER DIGITALE KULTURBRUCH

1 Armin Nassehi, a. a. O., 2019, S. 42.

2 Vgl. Johannes Weber: »Zum 350. Geburtstag der Tageszeitung am 1. Juli 2000«. In: Arnulf Kutsch / ders. (Hrsg.): *350 Jahre Tageszeitung. Forschungen und Dokumente.* Bremen 2002, S. 9–22.

3 Vgl. Jürgen Habermas, a. a. O., 1990.

4 Vgl. Clayton M. Christensen: *The Innovator's Dilemma. Warum etablierte Unternehmen den Wettbewerb um bahnbrechende Innovationen verlieren.* Aus dem Amerikanischen übersetzt und überarbeitet von Kurt Matzler und Stephan Friedrich von den Eichen. München 2011. [US-Erstausgabe 1997.]

5 Armin Nassehi, a. a. O., 2019, S. 35.

6 Sascha Friesike: Digitalisierung kann man nicht kopieren. Vortrag anlässlich der 31. EUROPACE Konferenz. Berlin 2018. [Hier nachzuhören: https://www.youtube.com/watch?v=KpOATWoj48w]

7 Vgl. Arnold Gehlen: *Der Mensch – Seine Natur und seine Stellung in der Welt.* Frankfurt am Main 2016. [Erstausgabe: Berlin 1940.]

8 Ross Goodwin im Interview mit Michael Moorstedt: »Wie Computer zu Poeten werden«. In: *Süddeutsche Zeitung* vom 29. Mai 2018. [Abgerufen unter: https://www.sueddeutsche.de/digital/kuenstliche-intelligenz-wenn-computer-zu-poeten-werden-1.3993986]

9 Vgl. Walter Benjamin: *Das Kunstwerk im Zeitalter seiner technischen Reproduzierbarkeit.* In: ders.: Gesammelte Schriften. Band 1.2. Frankfurt am Main 1980, S. 431–469.

10 Douglas Adams: *Salmon Of The Doubt. Hitchhiking the Galaxy One Last Time.* New York 2002, S. 115.

DIE ÖKONOMIE KULTURELLER KREATIVITÄT

1 Vgl. Bundesministerium für Bildung und Forschung: Daten und Fakten zum deutschen Innovations- und Forschungssystem. Datenband Bundesbericht Forschung und Innovation. Berlin 2018. [Abgerufen unter: https://www.bmbf.de/upload_filestore/pub/Bufi_2018_Datenband.pdf]

2 Vgl. Richard Florida, a. a. O., 2002.

3 Vgl. Bundesministerium für Wirtschaft und Energie: Monitoringbericht Kultur- und Kreativwirtschaft 2018 Kurzfassung. Berlin 2018. [Abgerufen unter: https://www.bmwi.de/Redaktion/DE/Publikationen/Wirtschaft/monitoringbericht-kultur-und-kreativwirtschaft-2018-kurzfassung.pdf?__blob=publicationFile&v=10]

4 Vgl. Hamburg Kreativ Gesellschaft: 2. Kreativwirtschaftsbericht für Hamburg. Hamburg 2016. [Abgerufen unter: https://kreativgesellschaft.org/kreativwirtschaft/kreativwirtschaftsbericht-fur-hamburg/]

5 Vgl. https://www.buchmesse.de/news/arts-european-manifesto

6 Martin Blach u.a.: *Kreativiert Euch! Damit Deutschland wieder genial wird.* Berlin u.a. 2018.

7 Vgl. ebd., S. 86 f.

IN GEMEINSAMER VERANTWORTUNG

1 Friedrich Karl Fromme: »Warum Naumann die ›Kulturhoheit‹ nicht im Grundgesetz findet«. In: *Die Welt* vom 19. November 2000. [Abgerufen unter: https://www.welt.de/print-welt/article548136/Warum-Naumann-die-Kulturhoheit-nicht-im-Grundgesetz-findet.html]

2 Michael Naumann: »Zentralismus schadet nicht«. In: *Die Zeit*, 45/2000. [Abgerufen unter: https://www.zeit.de/2000/45/Zentralismus_schadet_nicht]

ANTWORTEN AUF DER HÖHE DER ZEIT

1 Vgl. Andreas Reckwitz, a. a. O.

2 Vgl. Gemeinsame Erklärung der Kulturminister der Länder zur kulturellen und künstlerischen Freiheit, a. a. O.

3 Vgl. https://www.zeit.de/serie/deutschland-spricht

4 Willy Brandt, a. a. O.

Carsten Brosda
Die Zerstörung
Warum wir für den gesellschaftlichen Zusammenhalt streiten müssen
176 Seiten, gebunden
ISBN 978-3-455-00879-1
Hoffmann und Campe Verlag

Klar wie kaum jemand zuvor analysiert Carsten Brosda die Ursachen für das aktuelle Abrutschen der großen Volksparteien in der Wählergunst. Er skizziert die neue, oft kompromisslose politische Landschaft und den wachsenden Einfluss der sozialen Medien, in denen zur Zerstörung der Volksparteien aufgerufen wird. Zerstörung bedeutet aber auch, dass der Blick frei wird auf die Fundamente unserer Demokratie. Kann demokratische Politik ohne Kompromisse und Ausgleich auf Dauer überhaupt erfolgreich sein? Wie können wir der Komplexität der Aufgaben, die vor uns liegen, gerecht werden? Und wie kann die Zukunft der SPD erfolgreich gestaltet werden?

»Gnadenlos pragmatisch.«
taz

»Hier schreibt jemand, der sich mit der Zerstörung der Gesellschaft nicht abfinden will. Es wäre ein Segen, mehr Politiker von der intellektuellen Brillanz Brosdas auf der Bühne zu haben.«
DIE ZEIT